黑龙江
住房和城乡建设
发展报告
(2016)

"十二五"回顾与"十三五"前瞻

ANNUAL REPORT ON HOUSING AND URBAN AND
RURAL CONSTRUCTION OF HEILONGJIANG (2016)

主　编／朱　宇　杨春青

副主编／李若冰　　王爱新

执行主编／程遥

社会科学文献出版社
SOCIAL SCIENCES ACADEMIC PRESS (CHINA)

主要编撰者简介

朱 宇 黑龙江省社会科学院院长、研究员，政治学博士，硕士研究生导师，省级领军人才梯队（政治学理论）学术带头人，黑龙江省政协委员、文化名家、科顾委专家，兼任中国政治学会常务理事、黑龙江省政治学会会长、黑龙江省公共管理学会副会长、黑龙江省政协理论与实践研究会副会长等职务。曾获黑龙江社会科学优秀科研成果一等奖1项、二等奖1项及其他若干奖项等。

杨春青 黑龙江省住房和城乡建设厅副厅长，党组成员。历任东煤基本建设局办公室副主任、黑龙江省建设厅城市规划处处长、黑龙江建筑职业技术学院党委书记（副厅级）。分管计划财务处、勘察设计处、城市建设处、"三供两治"办、文明城市创建办、省城镇建设研究所。

李若冰 黑龙江省城镇建设研究所所长，哲学博士，工程师。兼任黑龙江省城市科学研究会秘书长、黑龙江省应用经济研究会常务理事。研究领域为城乡建设发展、建设施工管理、新型城镇化。历任省委办公厅调研员、同江市委副书记、佳木斯市东风区区长、佳木斯市人民政府市长助理、黑龙江建筑职业技术学院副院长。近年来，在《学术交流》《黑龙江日报》发表了《推进我省特色城镇化建设的对策》《关于市政公用领域引入民间资本的思考》《建设美丽乡村要标准先行》等多篇文章。主持"黑龙江省农村新型城镇化规划发展路径研究"等多项省经济社会发展重点课题和《黑龙江省城市融雪剂》等地方标准制定。

王爱新　黑龙江省社会科学院经济研究所所长、研究员，兼任黑龙江省边疆经济学会副会长、黑龙江省数量经济学会副会长等职务。先后出版专著2部、编著7部，发表学术论文20余篇，主持或参与各类课题70余项，包括主持世行、亚行重大委托课题3项，撰写研究报告40余篇，曾获黑龙江社会科学优秀科研成果二等奖1项、三等奖1项及其他若干奖项等。

程　遥　黑龙江省社会科学院经济研究所副所长、研究员。多年、多次赴日访问、讲学及参与国际共同研究。曾受聘为日本庆应大学客座教授，哈尔滨市房地产协会特聘专家、《哈尔滨日报》特聘评论专家；兼任全国中日经济技术学会常务理事、黑龙江省数量经济学会常务理事、黑龙江省生产力学会及其他7个省级学会理事。

摘　要

本报告客观描述了"十二五"时期黑龙江省住房和城乡建设方面发生的巨大变化,深刻分析了尚存的困难和问题,对"十三五"时期黑龙江省住房和城乡建设发展的趋势进行了分析与预测,并提出了相应的对策建议。

报告指出,"十二五"时期,黑龙江省住房建设取得了快速发展,广大居民的住房水平、环境质量以及城乡基础设施均得到较大的改善,特别是房地产业在使人们安居乐业的同时拉动了全省的投资与消费,促进了经济发展与社会和谐。预计整个"十二五"期间,全省可完成房地产开发投资 7000 亿元,是"十一五"期间投资(2564 亿元)的 2.73 倍。商品房新开工面积数量巨大,预计"十二五"期间商品房新开工面积总量可达到 2 亿多平方米。商品房销售面积大幅扩张,预计"十二五"期间全省销售商品房面积总量可达 1.6 亿平方米。全省保障性住房建设连续五年居全国之首,预计到 2015 年底,全省共建设保障性住房 204.5 万套,投入资金 2822 亿元,建设总量和投入仍为全国第一。城乡人民住房水平和环境大幅提高和改善,城市居民人均住房建筑面积由 2010 年末的 25.7 平方米提高到 2014 年的 31 平方米,预计到 2015 年末将达到 31.5 平方米,人均增加近 6 平方米。同时,自 2008 年确立"八年基本完成农房改造任务"以来,累计改造农村泥草(危)房 160.3 万户,完成投资 1134 亿多元,提前一年实现"八年基本完成农房改造任务"的目标。进一步加强城乡建设的合理规划,开展了省域城镇体系规划实施评估工作,对哈尔滨等 22 个城市和开发区总体规划,以及棚户区改造等重点项目规划进行了技术审查。城镇化试点工程取得新进展,完成村镇建设投资,撤并自然屯,农民转移到中心村、小城镇和城市居住以及新型农村社区建设等工作。进一步加强城乡建设中的法治建设,完成了《黑龙江省城乡规划条例》《黑龙江省住房保障安居工程建设管理办法》的草案起草、调研、征求意见等工作，制定并下发了《黑龙江省住房公积金提取暂行规定》。

报告指出，当前还存在着一些影响黑龙江省住房建设稳定健康可持续发展的制约因素，主要是新开发地区基础设施建设有待加强、房地产资本市场不发达、居民住房消费能力低、房地产企业产业化发展程度低、绿色环保节能建筑少、保障性住房建设有待完善等。同时，在城乡建设中还存在着"三化"同步推进的矛盾突出、基础设施建设不平衡、趋利性与公益性矛盾，传统体制局限等问题。

报告对"十三五"时期黑龙江省住房和城乡建设发展状况进行了分析和预测，从城镇化进程看，黑龙江省的城市化率预计到 2015 年末可达到58.5%，与全国 70% 的目标还差近 12 个百分点，黑龙江省的住房需求仍将保持强劲。全省住房市场已由"卖方市场"转为"买方市场"，今后黑龙江的房地产业将深度调整，进行多元化发展，住房建设将向高质量、环保、多功能、智能型发展。

报告指出，今后在住房建设方面，应注意确保基础配套设施与新建小区同时开发，深化资本市场改革加速推进房地产业金融创新，推进二手房市场发展规范化管理和房屋租赁市场的发展，构建居民收入增长长效机制，提高住房消费水平，以税费减免等政策鼓励开发绿色节能环保建筑，构建保障性住房建设发展的长效机制。在城乡建设方面，应建立城乡建设统筹发展的协调机制，提高城乡建设规划设计的质量，全面整顿城乡建设的综合秩序，大力改善城乡建设的综合环境，进一步加强城乡建设中的制度建设，强化农村人居环境治理行动。

目　录

城乡建设篇

管理篇

案例篇

附　录

序

杨占报*

在全省上下深入实施"五大规划"发展战略，加快推进"十大重点产业"建设的新形势下，由住房和城乡建设厅与黑龙江省社会科学院共同编撰的《黑龙江住房和城乡建设发展报告（2016）》，与广大读者见面了。该书作为全省住房和城乡建设领域研究的重大成果，系统总结了"十二五"时期黑龙江省住房和城乡建设的发展历程，展现了住建系统求真务实、真抓实干、锐意进取、与时俱进的精神风采，多角度、全方位地反映了住建系统所取得的突出成就。全书内容丰富、结构严谨、文字流畅，是一部信息密度高、史料性强，具有较高权威性的资料参考书。

"十二五"时期，黑龙江住建系统认真落实全省经济发展总体战略，紧紧围绕"建住房、打基础、强管理、改面貌"四大任务，连续作战，攻坚克难，住房和城乡建设事业实现了较快发展，取得了巨大成就。保障性安居工程累计开工建设204.5万套，完成投资2822亿元，超额完成"十二五"规划的任务目标，650多万名城镇中低收入居民喜迁新居。改造农村泥草（危）房108.6万户（危房改造57.2万户），完成投资816亿元，380万名农民住上功能齐全、节能环保、结构安全、宽敞明亮的新型住房。完成既有居住建筑供热计量及节能改造9410万平方米，130余万户城市居民受益，改造后的房屋冬季室温普遍提升4℃~6℃。"三供三治"项目开复工718项，完成投资638.7亿元，新增日供水能力235万吨，新增供热面积20295万平方米，新增燃气用户86.7万户，新增污水日处理能力116万吨，新增

---

* 杨占报，黑龙江省住房和城乡建设厅厅长、党组书记。

垃圾日处理能力 9720 吨，购置专业清雪设备 2550 台（套），中心城市主次干道机械化清雪率达到 90%，城市综合承载能力进一步提升。房地产建筑业实现平稳健康发展，拉动了投资、带动了就业、增加了税收，为稳增长、调结构、惠民生做出了重大贡献。

适应新常态，迎接新挑战。放眼"十三五"，全省住建系统将以党的十八大和十八届三中全会、四中全会、五中全会精神为指导，以"四个全面"战略和"五大规划"为统领，以深化住房城乡建设改革、推动体制机制创新为动力，以转变发展方式、保障改善民生为主线，建住房、打基础、强管理、改面貌，全面提升城镇化建设质量，推动城乡建设绿色、文明、可持续发展。基本完成现有存量 90 万套棚户区改造，完成 60 万户常住户的农村危房改造；对县级以上城市供水厂进行升级改造，达到国家饮用水质标准；城市污水处理率达到 95% 左右；县以上城市全部建成垃圾处理厂，并形成完善的处理体系，城市垃圾处理率达到 90%；基本完成县级以上城市老旧供热管网改造，县城和较大的建制镇建成比较完善的集中供热体系，城市集中供热普及率达到 80%；城市建成区绿地率达到 36.8%；改造既有居住建筑 5000 万平方米；促进房地产市场持续健康发展，积极推动建筑业改革发展。

承载历史，憧憬未来。《黑龙江住房和城乡建设发展报告（2016）》是对全省住房和城乡建设事业的深入研究、系统总结和深入判断，是顺应经济发展的产物。真诚地希望以此为发端，把这套蓝皮书系列越办越好，使其成为黑龙江省住房和城乡建设发展的风向标，成为省委、省政府决策的重要参考和依据。

总 报 告

General Report

黑龙江房地产业发展"十二五"
现状与"十三五"展望

程 遥*

摘　要：　"十二五"期间，黑龙江省房地产业得到了快速发展，特别是"十二五"开局的前三年，年均完成房地产开发投资额、商品房开竣工面积、商品房质量和功能同比大幅提高，保障房建设取得巨大成就，城乡人居环境显著改善。2014 年以来，受经济下行压力影响，全省房地产市场"购销"低迷，房地产企业、居民投资、置业热情减退，观望情绪浓厚，虽然政府出台了一系列利好政策，但整体处于"有价无市"缓慢恢复状态。本文通过翔实统计数据对"十二五"以来黑龙江省房地产业发展历程进行了深入分析与回顾，提出了存在的主要问题及破解对策，并对未来黑龙江省房地产业的发展进行了科学展望。

* 程遥，黑龙江省社会科学院经济研究所副所长、研究员，研究方向为房地产和农业经济。

关键词： 黑龙江 房地产 商品房价格 房地产市场

一 "十二五"以来黑龙江省房地产业快速发展

"十二五"以来，在省委、省政府的正确领导下和省住建厅等有关部门科学引领与指导下，黑龙江省房地产业取得了快速发展，广大居民的住房水平、环境质量以及城乡基础设施均得到较大的改善。房地产业在使人们安居乐业的同时也拉动了全省的投资与消费，促进了经济发展与社会和谐。2015年是"十二五"收官之年，对"十二五"期间黑龙江省房地产业的发展进行科学总结，汲取经验和教训，对"十三五"乃至更长远的将来全省房地产业的稳定健康发展都具有重要意义。

（一）房地产开发投资创历史最高水平

"十二五"以来，黑龙江省房地产企业坚定发展信心和造福于民理念，克服重重困难筹集了大量资金进行房屋开发与建设。据统计，2011~2014年，全省共完成房地产开发投资 5692.3 亿元（见表1），预计整个"十二五"期间可完成房地产开发投资 7000 亿元，是"十一五"期间投资（2564亿元）的 2.73 倍。正是这些巨大数额的投资保障了全省居民住房供给，提高了居民住房水平与质量，有力改善了人居环境。

表1 2011~2014 房地产发展状况

单位：亿元，万平方米

项目 \ 年份	2011	2012	2013	2014	累计
投资金额	1227.6	1535.8	1604.8	1324.1	5692.3
商品房新开工面积	7274.2	5074.3	4030	3281.4	19659.9
商品房竣工面积	3231.3	3245.7	2932.7	3000.9	12410.6
商品房销售面积	3397.8	3806.8	3340.0	2475.7	13020.3

"十二五"的前三年,黑龙江省房地产企业投资热情高涨,开工建设马力十足。截至 2014 年末,商品房新开工面积总量为 19659.9 万平方米,预计"十二五"期间商品房新开工面积总量可达到 2 亿多平方米,商品房竣工面积数量空前。

"十二五"以来,随着全省经济快速发展,人民安家置业意愿旺盛,房地产企业服务积极热情。截至 2014 年末,全省共销售商品房面积 1.3 亿平方米,预计"十二五"期间全省销售商品房面积总量可达 1.6 亿平方米。

(二)保障性住房建设成就辉煌

黑龙江省委、省政府高度重视保障性安居工程建设,安居保障工程被列为全省"十大民生工程"之首。"十二五"以来,各级政府及住建系统抢抓机遇,聚焦民生,扎实推进有关工作,全省保障性住房建设连续五年居全国之首,城乡居民住房条件和环境面貌发生重大变化。预计到 2015 年底,全省共建设保障性住房 204.5 万套,投入资金 2822 亿元,建设总量和投入仍为全国第一。同时,2008 年确立"八年基本完成农房改造任务"以来,累计改造农村泥草(危)房 160.3 万户,完成投资 1134 亿多元,提前一年实现"八年基本完成农房改造任务"的目标。

(三)绿色节能环保建筑逐年增多

绿色节能环保建筑是房地产业未来发展的方向,也是人类追求的终极建筑产品,但由于目前造价昂贵,在我国尚未得到大规模开发。但黑龙江省委、省政府及住建系统对此高度重视,大力倡导,克服重重困难使绿色节能环保建筑得到逐年发展,并已经成为趋势。例如,黑龙江辰能集团开发的"溪树庭院"项目被列入住建部中德合作被动房试点工程,其"溪树河谷"项目则是高优设计的生态、环保、多功能、高空间利用,引入国际蓝卡医疗机构的高品质小区。特别是 2014 年,黑龙江省绿色建筑取得了实质性突破,大型公共建筑和政府投资项目全面执行绿色建筑标准,新建绿色建筑 372 万平方米,可再生能源建筑面积达到 1683 万平方米,有 12 个项目 182 万平方米获得国家绿色建筑设计标识。晨能"溪树庭院"建成全国第二个超低能耗建筑。全省高强筋应用率达到 70%，钢筋配送工厂化生产走在全国前列。农村新改造的房屋几乎全部为节能住房。今后，随着经济社会的迅速发展和科学技术的不断进步，绿色节能环保建筑将逐步扩大其市场份额。

（四）城乡人民住房水平和环境大幅提高和改善

"十二五"以来，随着经济社会特别是房地产业快速发展，黑龙江省居民住房整体水平稳步提高，城市居民人均住房建筑面积由 2010 年末的 25.7平方米提高到 2014 年的 31 平方米，预计到 2015 年末将达到 31.5 平方米，人均增加近 6 平方米；房屋建筑质量明显提高，居住的舒适度大幅提升。仅2014 年，对全省既有建筑的节能改造完成投资 58.3 亿元，争取国家奖励资金 13.75 亿元，改造面积 2538 万平方米，占全国的 1/10。新建商品房中科技含量不断扩大，如内外保温的墙体、建筑部品部件的工厂化制造、楼型房屋的科学合理设计，都向着多功能型、智能型、"四节"建筑方向发展。新建小区的绿化及周边商场、医院、学校、交通等基础配套设施都有了显著改善。这对全省居民安居乐业、经济创新发展、社会和谐稳定都起到了巨大的保障作用。

二　黑龙江省房地产发展现存的主要问题

在黑龙江省委、省政府的正确领导下，在省住建系统认真落实与科学规划下，"十二五"期间全省房地产业取得了快速、平稳的发展。但还存在着一些影响房地产业稳定健康可持续发展的制约因素。

（一）新开发地区基础设施建设有待完善

在东北三省房地产年完成开发投资额中，到 2011 年黑龙江省才超过吉林省（1165.39 亿元）达到 1227.57 亿元，但黑龙江省人口比吉林省要多1000 多万人，可见黑龙江房地产业快速发展主要是"十二五"以来的事情。

由于黑龙江省很多住宅小区都是近几年开发的，所以大多基础设施建设配套差，有些楼盘虽已售卖完毕，但房屋入住率低，在造成资源浪费的同时，更给人们"鬼城"的印象，对房地产业的可持续发展产生极大不良影响。例如，哈尔滨市松北区、群力小区，由于交通不便、好的小学少、好的医院少，大多年轻夫妇，退休老年人虽在那里有住房，但还在市中心区租房居住。类似状况黑龙江省其他城市也很普遍。

（二）房地产资本市场不发达

资金需求量大是房地产业的基本特征之一，无论是房地产业的产品开发还是消费，都需要大量资金来支撑。房地产资本市场发达与否，金融环境是否优良，对房地产业的长远发展起着决定性作用。

1. 居民收入低，融资难，降低了住房需求

黑龙江省居民收入低（2014 年城镇居民人均可支配收入为 22609 元，比全国平均水平 28844 元低了 6235 元），因而购买住房能力低；同时，黑龙江省房地产资本市场不发达使居民贷款路径少、贷款数额小，这就影响了自住型需求和改善型需求者实现购买住房、提高居住水平的愿望。

2. 融资成本高，影响了房地产品质量的提高

黑龙江省房地产金融市场不发达，房地产开发企业贷款难，贷款路径少，缺少资金，难以优化产品开发并形成规模开发赚取规模经济效益，不能实行产业化发展，只能在粗放式的数量上进行扩张，房地产业的产品生命周期短，造成资源浪费严重，影响了有效供给。

3. 资本市场不发达影响银行和社会稳定

黑龙江省房地产金融市场不发达，融资渠道窄，开发商和消费者都严重依赖银行贷款，极大地增加了银行不良债权风险，也容易产生私人高利贷现象。一旦经济出现波动，债务纠纷杂乱，"跑路"现象严重，造成社会混乱。

（三）二手房与房屋租赁市场不成熟

人们收入不同，工作性质不同，对住房的需求不同，因而对住房有的购

买、有的租赁。房屋租赁市场是房地产市场的重要组成部分，对于一个区域房地产市场的稳定、健康持续发展起着稳定器作用。近年来，哈尔滨等大城市房屋租赁价格快速上涨，特别是校区房，以年涨幅15%～20%的速度上涨。由于管理不到位，私自租赁不纳税，不仅造成国家税收损失，而且中介欺诈、有法不依、合同违规租赁纠纷频发；住房改为商用乱拆乱装扰民案件频现。据统计，近年来查获的违法犯罪案件中，以出租房屋为窝点场所的案件一直呈现上升趋势，出租房屋成为诸如制造假冒伪劣商品、打架斗殴、嫖娼卖淫等一系列社会问题的发源地，成为流动人口管理的关键所在，直接牵动着城市的社会治安、工商、税务、计生等一系列问题。房屋租赁市场发展不足，且不规范，是黑龙江房地产业发展一个短板。

（四）居民住房消费能力低

与南方经济发达地区及全国平均水平相比，黑龙江省居民住房水平较低。2012年末，黑龙江省城市居民人均住房建筑面积为29.0平方米，低于全国平均水平（32.9平方米）3.9平方米；黑龙江省农村居民人均住房面积为24.8平方米，比全国平均水平低（37.1平方米）低12.3平方米。此外，黑龙江省居民住房质量、功能等方面也相差很多。可见，黑龙江省居民住房水平有待于进一步提高，特别是农村居民。

（五）房地产企产业化发展程度低

"十二五"以来，黑龙江省房地产业在开发规模快速扩大，供给产品快速增加的同时，新产品制造的科技含量也在不断增加，施工期也在不断缩短，但由于黑龙江省房地产开发企业规模较小，资质等级高的知名大企业进驻省内较少，比之发达国家及我国南方发达省份，黑龙江的房地产业产业化程度低。截至2014年，黑龙江省房地产开发企业中具有一级资质的企业只有14家，具有二级资质的企业320家，其余的皆为三级资质企业或更低资质企业。而黑龙江省为地处国家最高寒地带，室外作业期非常短，每年施工期仅有6～7个月，房地产业产品部件规格化、工厂化生产、产业化发展是必走之路。

（六）绿色环保节能建筑少

绿色环保节能建筑是当今世界所共同提倡的。在发达国家已达到80%以上。黑龙江省各级政府及建筑系统虽然也在大力倡导，但迄今尚未形成房地企业开发的主要产品。主要是绿色节能建筑产品开发成本高、价格昂贵，百姓无购买能力，但其是未来房地产品发展的方向，关系到房地产业的可持续发展，因此黑龙江省房地产企业应加大研究力度，进一步降低建造成本以便逐步快速普及推广。

（七）精装修住宅少

近年来，黑龙江省委、省政府及住建系统一再号召、引导房地产开发企业进行精装修开发，但尚未引起开发企业的重视，开发的房地产品大多是毛坯房。这固然有顾客对房屋设计和装修的过分挑剔，但出卖毛坯房直接恶果非常大。一些人重面子，"讲装修""比装修"，甚至新入户者将原有房屋格局打乱重新设计房间格局，不但造成大量建筑垃圾，还严重影响了房屋安全及使用寿命，为此引起的邻里纠纷也时有发生。这不但影响黑龙江房地产业的可持续发展，也极大地破坏了人类居住生态环境，应尽快立法杜绝。

（八）保障性住房建设任重道远

"十二五"以来，黑龙江省安居保障工程虽然取得了建设总量和投入全国第一的巨大成就，但由于历史的原因，黑龙江省尚有大量的煤矿沉陷区需要整区（如鸡西等地）的搬迁改造，在农村也还有大量的泥草（危）房需要改造。这些剩下的棚户区都是远离市中心（商业价值低、企业不愿参与）难以改造的地块。农村泥草（危）房也是地处边远山区零散的、交通不便、周边环境恶劣项目。因此，黑龙江省的安居保障工程将是一个长期的系统工程，未来建设任重道远。

三　黑龙江省房地产展望

2015 年是全面完成"十二五"规划的收官之年，也是谋划"十三五"长远发展的重要一年，因此，科学预测黑龙江房地产未来发展趋势，准确掌握其发展规律，及时采取调控措施对其稳健、可持续发展具有重要意义。

（一）黑龙江房地产尚有一定发展空间

黑龙江房地产经历多年快速发展，在房地产品得到极大开发的同时，居民住房水平也获得很大提高，居民的基本住房需求已得到满足，房地产市场上供需处于基本平衡状态。虽然进入新常态以来，特别是 2014 年黑龙江省的房地产开发投资，商品房销售面积等都有所下降，但从以下几方面看，黑龙江房地产依然有很大发展空间。

1. 从城镇化进程看

2013 年，黑龙江省城市化率为 56.7%，预计到 2015 年末，黑龙江省的城市化率可达到 58.5%，与全国 70% 的目标还差近 12 个百分点，黑龙江省还处于城市化快速发展阶段，每年将有大量的农村人口进入城市生活，这些人都需要住房。可见，在一段时期内，黑龙江省的住房需求是相当强劲的。

2. 从人均住房面积看

2012 年，黑龙江省城市人均住房建筑面积为 29.0 平方米，与全国平均水平（32.9 平方米）相比差距 3.9 平方米，这说明随着经济发展、收入增加，人们还会不断购房置业，改善、提高自己的住房水平。

（二）房地产品将多元化发展

2014 年黑龙江房地产业的低迷，一方面是受到总体宏观经济进入新常态的影响；另一方面也是房地产企业多年来一直过快、单一发展住房市场，且开发产品比较单一的结果。目前，黑龙江省的住房市场已基本达到供需平衡，由"卖方市场"转为"买方市场"，今后黑龙江的房地产必将出现深度调整，为此要进行多元化发展，不断创新，开发出"质高价低"、功能齐全、经济环保、舒适宜居的新产品，向适合广大普通收入阶层家庭居住的中小户型发展，且应该依据各地自然优势，大力开发旅游地产、养老地产、文化地产等产品。

（三）房地产品将向高质量、环保、多功能、智能型发展

黑龙江省房地产经过多年发展，特别是经过"十二五"以来的快速发展，居民住房问题已基本解决，房地产市场供不应求局面已成为历史，预计今后房企之间的竞争将会加剧，想在这样激烈竞争中生存发展就要向提高品质、提高住宅功能型产品发展，唯有使人们居住得既舒适、健康又便捷，既省神又省力，才能满足人们的需求，这就要进一步向环保产品、智能型产品发展。

四　对策建议

（一）基础配套设施应与新建小区同时开发

国内外新区开发、建设成功的项目都是基础配套设施建设与新住宅小区开发协调发展。在住宅新区竣工的同时，其周边的商场、医院、学校、交通等基础设施建设也基本完成，或至少能够满足人们的基本生活需要。买了即可入住，售者痛快出手，使投资在房地产的巨大资金得到活用、减少浪费，实现企业和消费者双赢。消费者在新区买的住房大多是"婚房"和"养老房"，年轻夫妇因小孩入学问题、老年人因医疗问题不能入住者甚多。由于入住者少，给人一种"鬼城"感觉，是对资金、资源极大的浪费。同时造成人们对房地产预期上的错觉，这对房地产业的可持续发展，对经济社会的发展都是极其不利的。

（二）深化资本市场改革加速推进房地产业金融创新

黑龙江房地产经过"十二五"的快速发展已具有相当规模。在市场日

益发展、居民住房需求日益高涨的同时，企业和居民都为资金所困。有关专家认为，由于黑龙江省资本市场不发达，省内有些银行将大量的存款资金贷给外省市，而不带给本省企业和居民。同时，黑龙江又是低收入省份，这严重影响了黑龙江省居民住房消费和企业生产。为此，黑龙江省应借助国家深化改革、产业结构调整的时机，大力深化资本市场改革，加速推进房地产金融创新，促进全省房地产业发展。

第一，在省内应加快建立住房金融二级市场，此过程必须由政府主导。政府作为所有经济主体中资信最高者，应为住房贷款提供担保或保险保证，降低信用风险，为贷款债权的转让创造条件。第二，政府应建立专门调节二级市场的机构，在二级市场趋于收缩时大量收购住房贷款债权，在二级市场需求过旺时卖出所持有的贷款债权，保持二级市场的稳定发展。第三，政府应制定一套规范二级市场交易行为的法规体系，为二级市场良好、稳定发展提供制度基础。同时，借鉴美国在 1968 年以来推出的抵押贷款证券（担保抵押贷款证券和切块抵押贷款证券）和日本实行的"抵押贷款证券"经验，并实行"倒抵押"，以此来深化全省资本市场改革，促进房地产业金融创新。

（三）推进二手房市场发展，规范化管理房屋租赁市场

二手房市场和房屋租赁市场是房地产稳健可持续发展的基石。黑龙江省房地产管理部门应更加重视二手房市场的发展及对房屋租赁市场的规范管理。第一，对二手房进行详细登记，对二手房源的地址、建筑年龄、建筑材料、所有权人等详细记录保存。第二，对二手房的价值进行准确、科学评估，合理征收交易税费，尽量做到交易公平，让利于民。第三，严格审查交易合同的各项条款，保证其真实性，以免产生欺诈行为。第四，简化交易手续，建立二手房综合交易市场，强化管理人员的服务能力，优化二手房交易市场环境，充分发挥二手房的过滤效应。第五，应加强对二手房的研究统计工作。黑龙江房地产市场发展至今已形成相当规模，二手房交易对房地产市场的影响越来越重要，今后黑龙江省统计局应加强对二手房市场数据的统计

工作,向国家统计局学习,对二手房的交易数量、交易价格等基础数据进行适时公布,以备大学教授、房地产业科研工作者分析、研究房地产市场之用。同时,应加强对房屋租赁市场的监督管理,出台房屋租赁法律条例。一方面加强对房屋出租者登记管理,使其合理定价、依法出租;另一方面加强对租户管理,建立租赁合同制,信守承诺,按合同办事,避免"二房东"出现、产生纠纷,防止扰乱社会治安的事件发生。

(四)构建居民收入增长长效机制提高住房消费水平

黑龙江省居民的住房问题,主要是住房消费能力低,这主要是由省内的居民收入过低所致。今后,黑龙江省应高度重视居民收入的重要意义,认真研讨、制定出切实可行的提高省内居民收入稳步增长机制和规划。应使全省各地居民年收入增长幅度超过当地住房价格增长幅度,使全省居民收入增幅超过全国居民收入增幅,如此才能逐步提升黑龙江省居民住房支出消费的能力,改善全省人民居住环境,提高省内居民住房水平。

(五)提高房地产业管理水平,促其产业化快速发展

从目前黑龙江省宏观经济形势看,房地产业下行趋势较大。稳定黑龙江省房地产市场,以带动其他关联产业发展是黑龙江省经济增长的基础保障。因而,提高房地产业管理水平促其快速产业化发展是当务之急。第一,认真落实国家和省出台的一系列政策措施,加强房地产市场分析研判,科学引导投资消费预期,综合考虑库存和新建商品房价格、市场需求及保障房建设,合理把握开发建设规模和节奏。第二,为消化库存可灵活运用棚改资金购买商品房用于回迁安置,开展多样促销活动。第三,抓住市场调整期,引导企业转型升级,支持企业兼并重组,扶持品牌企业做大做强,培育发展符合黑龙江特色的养老、旅游、健康地产。第四,建设 5 ~ 8 个大型住宅企业集团、1 个开发企业联盟型国家住宅产业化基地、23 个国家级 A 级住宅项目、5 个国家康居示范工程项目,要求新建住宅应用新产品、新技术比率要达到85% 以上,进一步提高住宅品质和科技含量,以加快其产业化发展。

（六）以税费减免等政策鼓励开发绿色节能环保建筑

绿色节能环保建筑之所以在黑龙江发展不快，主要是其科技难度大，开发成本高，在黑龙江居民现有收入下有效需求不足。但它是房地产品的未来发展方向。为此，政府应高度重视、进一步加大力度研究、培育，促其逐步发展。对研究和开发绿色、节能环保建筑的房地产企业采取产业倾斜政策，在税收、缴费等方面尽可能地给予减免，并在融资及金融支持上加大力度，减轻企业开发成本，使企业轻装上阵，提高企业竞争力，促进黑龙江省房地产业转型升级，优化其发展环境。

（七）以优惠政策鼓励开发企业大力开发精装修住宅

精装修住宅是指开发企业建造的"日常生活设施一应俱全的、消费者购买即可入住"的房地产品。这种房地产品免去消费者购买后自己装修的麻烦，同时也防止了由于消费者按个人喜好乱拆乱改、随意装修而造成大量装修垃圾现象。当然，这对房地产开发企业要求相当严格。第一，开发企业应科学规划、设计房型结构，使之尽量符合大众审美需求。第二，开发企业所用室内装修材料应尽量使用对人健康无害的环保产品。第三，开发企业室内日常生活用品的颜色搭配等应尽量具有艺术性给人美而舒适的感觉。第四，开发企业所收精装修费用价位应使消费者愿意接受，能够接受。

（八）构建保障性住房建设发展长效机制

黑龙江省是国家老工业基地的长子，历史上"先生产，后生活"的政策致使旧城改造、棚户区改造数量巨大。改革开放后经济发展又大幅落后于沿海及南方发达省份，需要国家住房保障援助的群体量大。因此，黑龙江省保障性住房建设是一项长期的系统工程，其主要瓶颈就是资金的筹集。为此，第一，应建立稳定长期的资金筹措机制。由省政府的住房保障部门牵头、负责，并联合其他有关部门进行实地调查、研究，在对以往的做法进行认真总结归纳后，进行科学的顶层设计，并随时间、主客观条件变化不断进行修改、完善。第二，坚持以政府出资为主（土地出让金的部分为基础资金），企业、私人出资为辅的既有做法外，不断扩大社会参与度，多渠道、多元化进行筹资，形成一个坚强的资金供应体系。第三，加强房地产资本市场的改革、创新，大力推进资产证券化，为保障性住房建设提供强大的资金保障。

（九）科学制定"十三五"规划，保障房地产平稳健康发展

迄今为止，黑龙江房地产发展一直比较平稳，得益于省委、省政府及住建部门的科学规划与实地指导。2015 年是"十二五"收官之年，为促进黑龙江房地产平稳、可持续发展，应提前调查、认真研究，制定出一个科学合理的"十三五"房地产发展规划。黑龙江省应根据自身禀赋及房地产需求提前谋划、认真计划、科学规划制定出"十三五"房地产发展规划，各市县也应如此。为此，建议结合不动产登记实现居民住房信息联网，认真实地调查研究，根据当前居民的住房现状及开发建设量、城镇化进程中的动态需求等，制定"十三五"房地产（含保障房）发展规划，落实土地供应计划，按真实需求指导开发、建设。防止某些市县政府盲目开发和过度依赖土地财政造成房地产业过度波动的问题。

参考文献

马建堂：《中国房地产市场运行监测报告》，中国人民大学出版社，2015。

倪鹏飞：《中国住房发展报告（2014～2015）》，社会科学文献出版社，2014。

任兴洲：《中国住房市场发展趋势与政策研究》，中国发展出版社，2012。

康耀江、张健铭、文伟：《住房保障制度》，清华大学出版社，2011。

董藩、丁宏、陶斐斐：《房地产经济学》，清华大学出版社，2012。

黑龙江城乡建设发展"十二五"现状与"十三五"展望

孙浩进　陈　虹*

摘　要： 改革开放以来，随着经济社会的不断发展，黑龙江省城乡建设发展水平一直不断提高。2011~2015年，黑龙江省城乡建设发展水平再上一个新台阶，城乡建设的合理规划进一步加强，城乡建设的重要工程项目更有效的推进，保障性安居工程以及农村泥草（危）房改造较好完成任务，城镇化试点工程取得新进展；但城乡建设中"三化"同步推进的矛盾突出、基础设施建设的不平衡、城乡建设中趋利性与公益性的矛盾、产业基础支撑能力不强等问题仍然存在。黑龙江省应在城乡建设中加快推进城乡规划一体化，提升城镇化增长极核的辐射力，建立城乡建设统筹发展的协调机制，并完善城乡建设的市场运作机制，进一步加强城乡建设的制度建设。

关键词： 城乡建设　城乡规划　城镇化　保障房建设　农村泥草（危）房改造　黑龙江

一　2011~2015年黑龙江城乡建设发展回顾

从总体上看，黑龙江省城乡建设发展自新中国成立以来呈现出了4个不

---

* 孙浩进，黑龙江省社会科学院经济研究所副研究员，硕士生导师，理论经济学博士，应用经济学博士后，研究方向为区域经济学；陈虹，黑龙江省社会科学院经济研究所硕士研究生，研究方向为区域经济学。

同的发展阶段，即较快发展时期（1949~1957年）、大起大落时期（1958~1962年）、停顿时期（1963~1979年）、稳步发展时期（1980年至今）。改革开放以来，随着经济社会的不断发展，黑龙江省城乡建设发展水平也不断提高。

2008年以来，全省各级政府及住建系统在省委、省政府的正确领导下，抢抓机遇，聚焦民生，扎实推进各项工作，城乡居民住房条件和环境面貌发生重大变化。全省开工保障性安居工程313万套，完成投资3927亿元，850万名城镇居民喜迁新居，建设总量和投入全国第一。全省改造农村泥草（危）房160.3万户，其中农村危房48.4万户，完成投资1134亿元，提前一年完成"八年基本完成改造任务"的目标。全省完成既有居住建筑供热计量及节能改造9535万平方米，占全国改造总量的1/10，完成投资264亿元，取得了节能减排、增温增值、提升形象的好效果，深受基层群众欢迎。全省开复工"三供两治"项目886项，完成投资953.8亿元，市政基础设施逐渐完善，城市综合承载能力显著增强。省政府安排专项补助，改造中心城市老旧供热管网1907公里，撤并小锅炉1535台，城市供热能力和质量大幅度提升。全省污水处理厂由13座增至121座，县城污水处理厂实现全覆盖，城市污水处理率提高了26个百分点。全省垃圾处理厂由17座增至74座，生活垃圾日处理能力由9383吨增至22407吨，生活垃圾处理率提高了24.8个百分点。省市共投入资金8.37亿元，新购置各类专业清雪设备2550台（套），中心城市主次干道机械化清雪率达到90%，增长47个百分点，实现了由人工清雪向以机械化清雪为主的实质性转变。全省房地产、建筑业对拉动全省经济增长的贡献十分突出，每年房地产投资占全省固定资产投资的15%以上，税收占地方税收的30%以上，建筑业增加值占全省GDP的5%以上。

2009~2015年，黑龙江省进一步强化城乡建设的顶层设计。黑龙江省对城乡建设十分重视，出台了一系列关于城乡建设发展的政策，并在这些指导思想基础上不断细化和具体（见表1）。在党的十八届三中全会和四中全会的指导下，在省委经济工作会议的带领下，在全省"两会"和全国住房城乡建设工作会议精神的影响下，黑龙江省在过去的五年中，在城乡建设发展方面有明确的指导思想，发挥了重要的顶层设计作用，黑龙江省城乡建设发展水平再上一个新台阶。

表1　2009～2015年黑龙江省重要文件与政策中关于城乡建设的主要思想

时间	具体表述	工作重点
2009～2010年	稳妥推进城镇化	合理确定大中小城市和小城镇的功能定位,形成基础设施和公共服务一体化、网络化,增加城乡居民特别是低收入群众收入,加强城乡市场流通体系建设
2011～2013年	城乡一体化	抓好"三农"工作,推动城乡一体化发展,着力提高城镇化质量
2014年至今	新型工农城乡关系完善城镇化发展体制	健全体制机制,形成以工促农、以城带乡、工农互惠、城乡一体的新型工农城乡关系,让广大农民平等参与现代化进程、共同分享现代化成果。加快构建新型农业经营体系,赋予农民更多财产权利,推进城乡要素平等交换和公共资源均衡配置,完善城镇化健康发展体制

资料来源：根据历年黑龙江省政府工作报告资料整理。

2011～2015年，黑龙江省进一步加强城乡建设的合理规划，城乡规划的引领作用进一步显现。加强城乡规划编制管理，不断完善城乡规划体系，开展了省域城镇体系规划实施评估工作，对哈尔滨等22个城市和开发区总体规划，以及棚户区改造等重点项目规划进行了技术审查，启动了哈尔滨阿城区、佳木斯同江市"多规合一"试点工作。强化规划实施管理，对总体规划的实施情况进行了评估检查，应用卫星遥感变化图斑协调处理了哈尔滨等4个城市涉及违法建设行为。加强历史文化名城、名镇、名村和历史街区的保护，齐齐哈尔市被国务院批准为国家历史文化名城，富裕县富裕屯等5个村屯被评为中国传统村落。目前黑龙江省城乡规划队伍建设得到加强，可以说已形成了较为完善的城乡管理体系。各级城乡规划主管部门已经在全省县级以上政府和农垦、森工系统扎根落户，其中进入政府序列局的有31个（12个地级以上城市和19个县）。城乡规划委员会在黑龙江省县以上人民政府以及省农垦、森工总局都已经成立。省长兼任省城乡规划委员会主任，下面一般由市长（专员）或县长兼任市（地）或县的城乡规划委员会主任，日常办事机构有的设在各级规划委员会，有的设在规划主管部门。全省城乡规划编制单位总共有 95 家，其中甲级 8 家、乙级 35 家和丙级 52 家；全省现有 2000 多名规划管理人员和 4000 多名规划专业技术人员，还有国家注册城市规划师 300 余名。这些都是《中华人民共和国城乡规划法》得以贯彻落实的重要保障，同时也为城乡规划工作更好地开展奠定了坚实基础。目前，区域城镇体系规划、城市总体规划、分区规划（大城市）、控制性详细规划、修建性详细规划、专项规划和城市设计等门类齐全的规划体系已经在黑龙江省逐步形成，全省城乡规划已经开始从数量型向数量、质量并举的方向转变，与此同时《黑龙江省城镇体系规划（2007～2030）》纲要已编制完成。《黑龙江省村镇体系规划》《黑龙江省风景名胜区体系规划》等省级规划是黑龙江省在国内的首创，这些规划得到了国家、住建部和国内知名专家的高度评价。现在，黑龙江省已经全面启动规划期至 2030 年的第四轮城市总体规划，这在国内各省份之中也是领先的。最近三年，在黑龙江各地的共同努力下完成了 15 万公顷的控制性详细规划编制任务，控制性详细规划基本覆盖了城区重点地块。滨水区、住房、绿地、供热、环卫、燃气、风景名胜区、历史文化名城、旅游名镇等专项规划也在各地完成了编制，同时战略规划、都市圈规划、城市总体设计、城市色彩规划等非法定规划也在逐步完善。在村镇规划方面，全省已编制出 25 个《县（市）域村镇体系规划》、783 个《小城镇总体规划》、4349 个行政村和 7850 个自然村建设规划，小城镇和行政村规划编制覆盖率分别达到 82.5% 和 46%。

2011～2015 年，黑龙江省进一步推进城乡建设的重要工程项目。黑龙江省各地市政工程的不断推进，是促进地方经济社会发展的有效手段。2014 年，黑龙江省"三供两治"项目投资总计 152 亿人民币，其中开复工项目 353 个。全省投入 81 亿元，改造老旧供热管网 2050 公里，拆并小锅炉 1423 台，其中中心城市改造老旧热管网 1216 公里，拆并小锅炉 930 台，供热质量有大幅度改善，与此同时也保障了空气环境质量。市政建设离不开科技的进步与发展，全省既有的建筑节能改造完成投资 58.3 亿元，争取到国家的奖励资金 13.75 亿元，总投资高达 264 亿元，改造面积达到 2538 万平方米占全国的 1/10，市政建设的完善和科技的进步不仅仅实现了节能减排、增温增值，而且使城市形象得到提升，让基层人民群众共同受益。在"三供两治"项目中，供热和老旧管道的改造成为重中之重。不仅室内的供热温度达标，而且实现了集中供热的智能化，新增集中供热面积 3200 万平方米。

2011～2015 年，黑龙江省保障性安居工程以及农村泥草（危）房改造较好完成任务。黑龙江省积极破解资金、征拆两大难题，积极对上争取、多方筹措资金，协调落实贷款，狠抓规划和建筑设计，抢抓工程进度，强化质量安全，建立永久性标牌制度，开展棚改示范项目评选，高标准、高质量完成了保障房建设任务。2012 年，全省保障性安居工程超额完成任务。投资金额达到 811.9 亿元，已经开工开建的保障性安居工程有 52.9 万套，其中已经竣工的 48 万套，开竣工总量居全国前列；黑龙江省完成投资 196 亿元，有 26 万户农村泥草（危）房得到改造，超额完成年初计划 4 万户，其中 19 万改造好的农村泥草（危）房顺利通过了国家验收。整村改造试点有 200 个，特色村庄建设有 20 个，都得到了良好效果，从风格、造型、式样都呈现出了农房建设的新亮点。新建节能住房 24.18 万户，节能房的比重达到 93%，全省的农村泥草（危）房建筑节能改造居全国第一位，在全国农村泥草（危）房改造会议上介绍了经验。2013 年，全省保障性安居工程建设完成投资 417.36 亿元，已经开工的保障性安居房 26.83 万套，开工率达103.12%；基本建成 38 万套，基本建成率达到 126.6%。争取到的国家保障性住房补助资金 117.8 亿元，另有 4.82 亿元政府安排资金，73.6 亿元信贷融资，住房公积金为保障房建设试点发放贷款 21.1 亿元，同时获得哈尔滨棚户区改造信贷额度 188 亿元，这是资金投入效果最好的一年。全省农村泥草（危）房改造完成投资 180 亿元，改造 22 万户（包括农村危房改造7.3 万户）1805 万平方米，喜迁新居的农民高达 60 多万人。此外，还争取国家农村危房改造补助资金 6.51 亿元，缓解了农房改造资金压力。在全省范围内评出了数十个棚改示范项目，有多个保障房项目被评为国家 A 级住宅。与此同时，积极推进住房公积金贷款以支持保障房建设试点工作，完成了矿区公积金机构归并，历史遗留贷款被收回，继哈尔滨市之后，齐齐哈尔、牡丹江、佳木斯三个城市被国家纳入保障房建设试点范围，进一步促进了保障房的建设。2014 年，全省保障性安居工程建设超额完成任务。完成投资 320 亿元，开工 16.58 万套，开工率 107.4%；基本建成 19.1 万套；工程在建总量为 45.4 万套，仍居全国前列，50 多万名城镇居民喜迁新居。积极破解征拆难题，全年征拆 10.2 万户，哈尔滨、齐齐哈尔、牡丹江三市均征拆过万户，力度大、效果好。筹融资力度进一步加大，争取到国家补助 63.3 亿元，银行贷款 86.7 亿元；住房公积金支持贷款累计为 46.14 亿元，提取廉租住房补充资金 12.2 亿元；搭建省级融资平台，获得国开行棚户区改造贷款授信额度 500 亿元，这是近几年筹融资力度最大的一年。保障房规划设计水平大幅度提高，配套设施和环境建设质量显著增强，分配管理更加规范，群众满意度明显提升。

2011~2015 年，全省农村泥草（危）房改造实现新突破。抢抓国家加大对农村泥草（危）房改造投入机遇，坚持与城镇化、新农村建设相结合，整村推进、沿线辐射、农村社区建设和节能改造并举，将改造重点放在绥化、齐齐哈尔、哈尔滨、大庆 4 市和乌苏里江等地和公路铁路沿线、景区景点周边和无房五保户、低保户、残疾人、单亲母亲家庭、优抚军属等的特困群体，大力推广太阳能、EPS 模块、新型节能墙板等多种形式的节能住房建设，加快整屯、整村、整镇改造步伐。2014 年，全省农村泥草（危）房改造推进有力。完成投资 163.5 亿元，改造 22 万户，其中争取国家农村泥草（危）房改造补助资金 7.3 亿元改造了 7.8 万户，支持困难群体力度不断加大。坚持新建与改造相结合，创新改造模式，推进了 200 个整村改造试点，密山等县（市）实施了"穿衣戴帽"工程，森工林场泥草（危）房改造效果显著，牡丹江、鸡西等地率先完成全部改造任务。新建和修缮损毁房屋 22858 户，受灾群众全部得到妥善安置。开发、施工企业向重灾区捐建的 8 个幸福大院、2 所学校全部竣工；大庆油田援建的同江八岔乡项目进展顺利，92 栋住宅已达到入住标准，一些公共服务和基础设施项目已投入使用。省住建厅被中华慈善总会授予"中华慈善突出贡献奖"。

2011～2015年，城镇化试点工程在黑龙江省取得新进展。全省完成村镇建设投资，撤并自然屯，将农民转移到中心村、小城镇和城市居住，建设新型农村社区等工作。重点旅游名镇建设完成投资，相继开始建设一大批基础设施、商业设施和旅游服务设施，有的已经开始投入使用。百镇试点镇完成投资，在绥阳、通北、横道河子等一些重点镇以及20个绿色低碳小城镇的建设中初见成效，鹤岗的新华镇、宁安的渤海镇、虎林的虎头镇三个镇都被纳入国家绿色低碳小城镇的备选名单。区域、行业一体化试点深入推进，整乡（镇）推进城镇化起步良好，场镇、局县共建取得新成果。农垦、森工城镇化走在全省前列，为全省城镇化提供了样板。沿乌苏里江四县（市）城镇化建设开了一个好头，完成投资开发建设项目，承载吸纳能力进一步提升。黑龙江省城镇化建设实现了由典型引领向整乡（镇）、整区域、整系统推进方向发展。严格规划设计把关，建成了饶河县金域蓝湾、甘南县兴十四村兴旺嘉园等一批建设标准高、配套功能完善、风格特色突出的回迁小区，规划总体布局、色彩和建筑工程立面造型均有很大程度的改善，环境建设质量包括绿化和硬化设施都有了明显提高。完成了《黑龙江省保障性安居工程建设管理办法》的调研、论证工作。严格落实"三审两公示"和信息公开制度，全省保障性安居工程信息系统已经建立，初步实现了保障房动态管理和实时管理。大力推广农村节能建筑技术。提倡使用复合墙体、外挂苯板、装配式、太阳能等多种节能建房技术，新建节能住房比重达95%以上。继续开展整村改造试点。全省泥草（危）房整村改造试点已完成村庄建设规划编制。对特困群体帮扶力度大大增加。为他们专门建设了一批五保家园、幸福大院和农民公寓，贫困群体的住房条件从此有了很大的改善。地方与垦区、林区、油区、矿区合作共建由住宅、基础设施建设向旅游文化、产业发展、生态建设等方面拓展。海林长汀镇与海林林业局共建了河北大桥、雪乡文化广场、林海大街等项目；大庆市与石油石化企业完善了联合联建机制，在农副产品加工、绿色食品供应、生态环境建设等方面实现了相互支撑、深度融合。随着城镇化的不断发展，黑龙江省各城市及主要县城市政公用设施水平建设迈上了新的台阶（见表2、表3）。

表2　2014年黑龙江省城市设施建设水平表

地区	城市供水管道密度（公里/平方公里）	城市人均道路面积（平方米）	城市排水管道密度（公里/平方公里）	城市污水处理率（%）		城市人均公园绿地面积（平方米）	城市绿化覆盖率（%）	城市生活垃圾处理率（%）	
				污水整体处理率	污水处理厂集中处理率			生活垃圾整体处理率	生活垃圾无害化处理率
黑龙江省	7.91	13.32	5.56	77.22	63.35	12.10	35.98	69.63	58.86
哈尔滨市	5.34	14.22	7.06	89.30	89.30	10.41	35.50	85.00	85.00
齐齐哈尔市	8.04	9.03	5.54	73.06	64.59	10.02	38.61	61.73	61.73
鸡西市	9.03	8.96	4.03	32.47	32.47	10.71	40.12	48.08	48.08
鹤岗市	11.03	8.13	5.82	50.14	50.14	14.90	42.16	0.00	0.00
双鸭山市	7.08	8.46	4.51	89.51	44.76	14.71	43.55	81.11	0.00
大庆市	10.56	22.79	6.24	97.61	41.11	14.20	45.40	97.90	97.90
伊春市	7.64	11.29	2.66	41.74	41.74	20.51	26.78	10.40	4.23
佳木斯市	6.55	9.50	4.87	81.98	81.98	14.02	41.57	100.00	100.00
七台河市	10.42	11.88	2.42	39.72	39.72	11.84	38.12	100.00	100.00
牡丹江市	7.36	13.63	5.28	41.95	22.31	11.24	37.63	98.28	98.28
黑河市	9.22	12.35	5.10	90.09	90.09	13.45	40.36	100.00	100.00
绥化市	11.32	7.20	5.47	100.00	100.00	8.69	29.76	83.71	83.71

资料来源：黑龙江省住建厅。

表3　2014年黑龙江省各城市及主要县级市市政公用设施水平表

地区	人口密度（人/平方公里）	用水普及率（%）	燃气普及率（%）	人均城市道路面积（平方米）	污水处理率（%）		人均公园绿地面积（平方米）	建成区绿化覆盖率（%）	生活垃圾处理率（%）	
					污水整体处理率	污水处理厂集中处理率			生活垃圾处理率	生活垃圾无害化处理率
黑龙江	4946	96.20	86.23	13.32	77.22	63.35	12.10	35.98	69.63	58.86
哈尔滨市	10418	100.00	100.00	14.22	89.30	89.30	10.41	35.50	85.00	85.00
双城市	3535	95.68	86.42	12.68	100.00	100.00	11.83	17.23	0.00	0.00
尚志市	844	100.00	78.64	15.85	94.67	94.67	11.30	15.08	100.00	100.00
五常市	1385	99.57	93.32	11.35	99.09	99.09	14.21	17.25	100.00	0.00
齐齐哈尔市	7799	100.00	97.61	9.03	73.06	64.59	10.02	38.61	61.73	61.73
讷河市	5060	94.17	90.32	12.57	100.00	100.00	12.75	35.36	99.79	0.00
鸡西市	9137	98.38	86.53	8.96	32.47	32.47	10.71	40.12	48.08	48.08
虎林市	565	100.00	83.91	14.45	90.91	90.91	14.99	39.89	100.00	100.00

续表

地区	人口密度（人/平方公里）	用水普及率（%）	燃气普及率（%）	人均城市道路面积（平方米）	污水处理率（%）		人均公园绿地面积（平方米）	建成区绿化覆盖率（%）	生活垃圾处理率（%）	
					污水整体处理率	污水处理厂集中处理率			生活垃圾处理率	生活垃圾无害化处理率
密山市	1016	98.92	95.03	21.30	100.00	100.00	12.32	21.43	100.00	0.00
鹤岗市	6506	96.51	64.01	8.13	50.14	50.14	14.90	42.16	0.00	0.00
双鸭山市	3975	99.57	52.45	8.46	89.51	44.76	14.71	43.55	81.11	0.00
大庆市	4761	92.44	99.78	22.79	97.61	41.11	14.20	45.40	97.90	97.90
伊春市	4383	75.52	36.53	11.29	41.74	41.74	20.51	26.78	10.40	4.23
铁力市	5864	86.77	58.17	15.25	88.28	88.28	15.06	40.55	90.16	0.00
佳木斯市	6228	95.53	91.46	9.50	81.98	81.98	14.02	41.57	100.00	100.00
同江市	4647	94.26	23.53	20.27	100.00	100.00	14.78	41.26	8.89	8.89
富锦市	7331	100.00	97.96	15.51	100.00	100.00	7.59	28.64	100.00	100.00
七台河市	1314	94.36	68.75	11.88	39.72	39.72	11.84	38.12	100.00	100.00
牡丹江市	7768	94.94	88.35	13.63	41.95	22.31	11.24	37.63	98.28	98.28
绥芬河市	3313	100.00	98.47	18.87	100.00	100.00	13.48	38.26	100.00	100.00
海林市	4140	99.70	94.12	26.99	100.00	100.00	13.94	32.82	100.00	100.00
宁安市	5556	100.00	99.33	12.61	100.00	100.00	14.60	36.10	100.00	100.00
穆棱市	7461	100.00	95.79	12.97	100.00	100.00	15.02	35.48	100.00	100.00
黑河市	5179	96.95	90.72	12.35	90.09	90.09	13.45	40.36	100.00	100.00
北安市	2384	98.39	36.60	21.00	97.62	97.62	12.23	23.41	0.00	0.00
五大连池市	5000	90.00	20.00	6.88	100.00	100.00	8.80	13.52	3.24	0.00
绥化市	3784	95.44	61.25	7.20	100.00	100.00	8.69	29.76	83.71	83.71
安达市	9287	94.89	90.09	9.51	100.00	100.00	3.72	14.25	100.00	100.00
肇东市	6541	94.98	90.91	9.51	100.00	100.00	13.04	43.36	98.40	0.00
海伦市	4071	92.67	52.91	7.90	96.57	96.57	5.59	20.36	0.00	0.00

资料来源：黑龙江省住建厅。

2011～2015 年，黑龙江省进一步加强城乡建设中的法制建设。黑龙江省积极推进行政立法，完成了《黑龙江省城乡规划条例》《黑龙江省物业条例》《黑龙江省住房保障安居工程建设管理办法》的草案起草、调研、征求意见等工作，制定并下发了《黑龙江省住房公积金提取暂行规定》。深入推进"六五"普法，加大建设行政执法监察和案件查办力度，系统法制观念和执法水平有所提高。

总体来看，在 2011～2015 年，黑龙江的城乡建设发展取得了显著成绩。随着经济社会的不断发展，黑龙江在"新常态"中把握机遇，应对挑战，在以统筹城乡发展的科学发展观指导下，走出了一条具有龙江特色、龙江精神的城乡建设之路。

二　黑龙江在城乡建设发展中存在的主要问题

（一）黑龙江在城乡建设中"三化"同步推进的矛盾突出

目前，黑龙江省已经进入经济"新常态"，保障国家粮食安全、保护资源环境、促进城乡共同繁荣成为十分艰巨的任务。尽管工业化和城市化进程在不断加快，但一些农村地区的经济发展水平仍然比较低，导致外部资源的资金、技术、人力资源、管理和其他因素难以进入并发挥作用，很多资源都从农村和农业流出；一些地区的农业生产规模小，标准化、规模化、集约化水平不高，农业市场体系、农业社会服务体系不健全，这些问题造成黑龙江省城乡发展水平差距扩大等一系列的问题。目前，包括农产品市场体系、农业社会化服务体系和国家农业支持保护体系在内的体系制度并不完善，导致黑龙江在城乡建设中工业化、城镇化、农业现代化三化同步推进的矛盾比较突出。

（二）黑龙江在城乡建设中基础设施建设不平衡

虽然全省大城市的基础设施建设发展较快，但小城镇建设基础还比较薄弱，村镇基础设施建设水平有待进一步提高，农村居住环境改善和发展工作与其他省份相比处于落后水平。各地乡村基层对于国家和省里的指导思想在理解上还存在一定的偏差，建设经营小城镇的方法措施还不够具体，存在固有的体制性障碍。黑龙江在城乡建设中质量安全问题值得重视，质量安全形势有待进一步巩固，特别是保障性住房、大型公共建筑、中小学校、城中村改造等项目，未批先建问题依然存在，极易造成质量安全隐患。在建设工程质量安全、文明施工、违法建设监管等方面有待进一步提高。

（三）黑龙江在城乡建设中存在趋利性与公益性的矛盾

目前，急功近利的倾向和经营谋利的取向在城乡建设过程中出现，这些问题通常会造成城市乡（镇）的历史文化景观受到破坏。城乡建设规划的限制被一些房产开发单位忽视，偷梁换柱的现象出现在开发过程中，受到破坏的都是一些路段或公园绿地以及历史文化景观；还有一些开发建设项目更是以牺牲环境为代价换取更高的经济效益，他们认为这样才是所谓的城市经营，这给城乡建设带来的却是不可挽回的损失，城乡建设的可持续发展将被这些问题所阻碍。

（四）黑龙江省城乡建设中集体土地征收制度存在漏洞

城乡建设的快速推进，部分地区在集体土地征拆和城中村改造的信访问题也较多。基础设施建设和城市建设速度加快，集体土地征拆和城中村改造征迁工作随意性较大，引发的信访问题明显增加，影响了项目拆迁建设进度，成为黑龙江省城乡建设的制约因素。

（五）黑龙江在城乡建设中的产业基础支撑能力不足

黑龙江的城市大多属于集贸型或是资源型城市，除了个别大城市外，多数城市整体产业结构不合理，企业发展水平不高，主要是以初级产品为主，缺乏技术升级，甚至缺少具有自主知识产权和核心竞争力的企业，因此缺乏足够的产业支撑，制约和影响黑龙江城镇的自身发展和管理功能优化升级。城镇的自身发展受到限制和影响，就无法发挥其内在潜力及其对周边农村的辐射和带动作用。

（六）黑龙江在城乡建设中的传统体制局限

黑龙江的林区、垦区存在着城市管理中条块分割的体制限制现象。黑龙江城市管理所需的内在动力存在明显不足，小城镇数量多、规模小的分散布局；城市经济以农业为主，城市功能不健全，缺乏功能分工和横向联系；实行从中央到地方的农垦系统垂直管理体制，在地方上行政体制较为独立，经济和社会相对封闭，缺乏条块之间的有效合作，与地方经济的融合不足，有些地区还存在一定的利益冲突；林区、垦区小城镇建设受到传统体制下独立层级系统的管理，影响到更广范围的人口增长和城镇群发展；城镇建设与管理的资金主要依靠农场企业，缺乏政府投融资体制的支持等问题存在，导致这类地区的城市管理业务存在一定的制度缺陷，影响了城市管理的质量。

三 "十三五"时期进一步促进黑龙江省城乡建设发展的主要思路与实施路径

进一步促进黑龙江省城乡建设发展的主要思路在于：从城乡总体建设的全视角，加快推进城乡规划一体化进程；在城乡建设中提升城镇化增长极核的辐射力，在发展城市集群过程中把产业园区的功能进一步发挥；在城乡建设中推进工业化、城镇化的同时推进农业现代化，推进现代农业示范区建设；在城乡建设中探索农村城镇化新途径，应在城乡建设中有效进行户籍制度的探索和改革，从积极探索垦区、林区等方面入手，促进小城镇和农垦中心城市的发展。

从以上思路来看，在"十三五"时期进一步促进黑龙江省城乡建设发展的实施路径在于以下几点。

（一）建立城乡建设统筹发展的协调机制

黑龙江省应建立统一的城乡建设协调机制，加强组织领导，以新型城镇化规划为指导，加快以重点镇为主的城镇建设步伐，全面提升城镇综合承载力和吸纳能力；正确处理政府的分权与集权关系，形成上下配合、分工合作、比较完善的网络化管理体制。每个城市的政府部门要建立以主要领导亲自负责、有关部门协调配合的工作的机制，对城乡建设中的重大问题需要研究协调解决。根据责权利相统一原则，合理界定在城乡建设中各部门机构的管理职能。

（二）提高城乡建设规划设计的质量

城乡规划的目的是围绕城乡发展目标，让行政与技术的有机结合，从而对土地和空间资源以及各项建设进行合理配置，而不在于绘制图纸、编制文本。为此，要形成政府研究机构与市场竞争相结合的编制体制，改革城市规划编制管理体制，同时推进政府以专题研究及综合指导的落实。贯彻执行《黑龙江省城乡规划条例》，修订完善规划行政审批、技术标准、法定规划备案等规范性文件；遵循先规划后建设的原则，严格按照法定程序实施，加强规划监督检查，防止出现新的违法违规建设。推进城乡设计工作，制定城乡设计技术导则和管理规定，规范城乡设计编制、审批、管理，各市县要全面启动城乡设计编制工作，对于城乡建设的具体公共空间和重要建筑造型、色彩、高度、体量等进行规划管理。加快城镇化规划编制，完成省内115个重点镇规划编制。

（三）全面整顿城乡建设秩序

在黑龙江省大中城市中，一是贯彻住建部推进城乡"洁净工程"要求，集中整治背街背巷、城市郊区、城乡接合部、城中村、出城口以及居住小区"脏乱差"问题，推进供排水、供热管线、环卫设施向城市郊区、城乡接合部、出城口延伸。二是发展和规范物业产业，出台《物业管理条例》，会同有关部门制定物业服务收费等相关配套政策，加强对物业企业日常监管，探索引入第三方对物业企业服务情况进行评价，加强在物业人员培训中服务意识的培养。三是整顿和规范城乡地面停车秩序，例如新建公共停车场，制定政策鼓励在既有建筑下建设地下停车场（位）。

（四）不断完善城乡建设的市场运作机制

黑龙江省各城市政府部门应该转变经营管理模式，落实并开放城乡建设作业市场。各地要积极争取申报国家试点城市，编制专项规划，制定相关建设标准、管理政策，建立投融资机制，采取市场化运作模式开展城乡建设运营管理。应促进城乡建设的道路清雪、园林绿化养护、环境卫生保洁、市政设施维护等领域向市场化、专业化经营方向发展，通过招标选择专业公司，也可以通过社会组织承担日常管理和养护工作。应促进城乡建设中的供排水、供热、供气、污水处理、垃圾处理等重要基础设施，按照有关规定实行特许经营制度或许可制度，采用 BOT、TOT、BT 和委托运营等方式，引导社会资本参与投资和运营。

（五）大力改善城乡建设的综合环境

黑龙江省各城市的政府部门应该真正从源头抓起，从根本上彻底改善城乡综合环境。持续推进"三供两治"项目建设。重点推进净水厂升级改造和供水、供热、污水等老旧管网改造，推动集中供热智能化等新技术、新工艺推广应用，加快老旧供热管网改造和分散供热小锅炉的拆并。加大城市路桥改造建设、主街路综合整饰和主次干道改造力度，加强人行道、自行车道及公交专用道建设。积极推进海绵城市和地下综合管廊建设，城市新区和各类园区地下管网要按照综合管廊模式进行开发建设。通过以上的努力，不断提升黑龙江省城市基础设施综合承载能力和综合环境水平。

（六）进一步加强城乡建设的制度建设

黑龙江省应进一步推进有关城乡建设的社会听证制度，促进信息在社会公众和城乡建设管理部门之间的双向传递和交流；加大城乡建设的行政执法监察力度，促进干部队伍提高法制观念和执法水平；进一步完善审批制度，清理行政审批事项，在省建设网全面公开审批项目清单，搭建建设与运营市场化信息对接平台，采用政府购买或 PPP 模式，进一步完善健全市政基础设施投资主体招标公告及其监督管理。

（七）强化农村人居环境治理

黑龙江省应进一步深入贯彻落实《黑龙江省改善农村人居环境实施意

见》，集中开展"百村示范、千村达标"创建活动，指导市县加快示范村和达标村建设规划编制，将垃圾治理作为改善农村人居环境的重点，逐步形成"村收集、乡运输、县处理"的运作体系，每年对 200 个左右的乡（镇）、2000 个左右行政村的垃圾进行专项治理，提高村庄硬化、绿化、亮化建设水平，打造一批基础设施完善、环境整洁良好、生态保护优良、风貌特色鲜明的宜居村庄。

四　黑龙江省城乡建设发展趋势预测与展望

经过全省各级部门的努力，预计到 2015 年底，比较完善的城乡建设体系可以在全省县级以上城市得到初步建立。全省基本实现了各个城市建设的"数字化、网络化、信息化"；城市供热能力得到很大程度的加强，市（地）级以上城市集中供热普及率平均达到 70%；市（地）级以上城市清雪机械化、道路清扫率达到 70%，其中主次干道达到 90%，县级城市主次干道也可以达到 80%；城市垃圾和污水处理得到进一步强化，城市生活垃圾无害化处理率达到 80%，污水处理率达到 70%；90% 的县级以上城市的市容市貌和环境卫生水平达到优良，城市道路桥梁完好率达到 90%；50% 的市（地）级以上城市达到国家级园林城市水平，100% 的设区城市和 30% 的县城达到省级园林城市水平。

展望"十三五"时期，黑龙江省将以党的十八届三中全会、四中全会，中央和省委经济工作会议精神为指导，以新型城镇化建设为引领，以深化住房城乡建设改革为动力，继续绘好城乡规划画卷，加快美丽城乡建设；深入贯彻、切实落实省委、省政府关于城乡建设的各项工作要求，以转变发展方式、保障改善民生为主线，坚持建住房、打基础、强管理、改面貌，力争在城乡建设领域率先突破，尽快形成统筹城乡建设的良性机制，着力建成一批有特色、有影响力、有文化内涵、有竞争力的城市和乡镇；区域城乡发展迈上新台阶，推动住房城乡建设向绿色、文明、可持续的方向发展，使全省城乡建设总体发展水平再上新的台阶。

住 房 篇

Report Housing

黑龙江城镇保障性安居工程建设现状及对策建议

赵 砚*

摘　要： 加快城镇保障性安居工程建设是完善黑龙江省住房政策和供应体系的必然要求。本文客观阐述了黑龙江省城镇保障性安居工程建设的基本现状及成效，指出了黑龙江省保障房安居工程建设在市场化运作、资金筹措、征收拆迁、公平分配等方面面临的困难与问题，有针对性地提出了完善黑龙江省保障性安居工程建设的对策建议。

关键词： 黑龙江　安居工程　保障性住房

保障性安居工程是一项重大的民生工程，也是完善住房政策和供应体系

---

* 赵砚，黑龙江省社会科学院经济研究所副研究员，研究方向为区域经济。

的必然要求。黑龙江作为全国保障性安居工程建设量最大的省份，启动建设早，对上争取多，开竣工率高，工程总量大，惠及群众广，走在了全国前列。

一　黑龙江省城镇保障性安居工程建设的基本情况

2008 年以来，黑龙江将实施保障性安居工程建设列为省委、省政府全力推进的"一号民生工程"，认真贯彻落实国家基本住房保障制度，加快棚户区改造步伐，增加保障性住房供应，积极解决城镇居民基本住房问题。

（一）保障性安居工程建设任务完成情况

按照《黑龙江省城镇保障性安居工程建设管理办法》的有关规定，城镇保障性安居工程是指以公共租赁住房为主的保障性住房建设和为改善城镇居民基本居住条件而实施的棚户区改造工程。截至 2014 年底，全省累计开工保障性安居工程 313 万套，有 850 万名城镇居民喜迁新居，建设总量居全国第一位。其中，2011 年新开工 86.87 万套，建成 40.0 万套；2012 年新开工 52.90 万套，建成 48.0 万套；2013 年新开工 26.83 万套，建成 38.0 万套；2014 年新开工 16.60 万套，建成 19.1 万套；2015 年计划开工 21.40 万套，基本建成 11.1 万套。截至 2015 年 10 月 15 日，已开工 20.90 万套，开工率为 97.7%。

（二）保障性安居工程建设资金情况

黑龙江省坚持多渠道、多元化筹措资金，努力破解资金难题。一是抢抓政策机遇，对上积极争取中央各项保障性住房建设补助资金。二是采取多项措施，最大限度加大各级财政资金投入。明确规定将省市县三级财政一般预算超收部分、土地出让净收益、住房公积金增值收益、国家代地方发行债券等，按照相应比例统筹用于保障性安居工程建设。同时，严格执行保障性安居工程建设所涉及的各项税收优惠政策。三是千方百计，拓宽融资渠道。搭建融资平台，争取银行贷款支持，鼓励和吸引社会资本参与建设改造。2014年，完成投资320亿元；争取到国家补助资金63.3亿元，占全年完成投资的19.8%；全省信贷资金投入86.7亿元，占全年总投资的27.1%；住房公积金支持贷款累计46.14亿元，提取廉租住房补充资金12.2亿元；搭建省级融资平台，获得国开行棚户区改造贷款授信额度500亿元。

（三）保障性安居工程建设质量情况

黑龙江省以"确保主体结构质量安全、确保主要使用功能完善"为目标，严格规范设计、建筑施工、监理检查各环节，形成了"横向到边、纵向到底"的质量责任监管体系。在保障性安居工程建设过程中，始终坚持质量第一，严把勘察设计关、施工队伍资质关、建设材料采购核验关、施工环节监管和竣工分户验收关。层层落实质量责任制，严格落实建设单位、勘察单位、设计单位、施工单位、监理单位、工程质量检测机构等工程建设各方的主体责任，严格执行终身负责制和永久性标牌制度，一旦出现问题，将严格进行责任追究。

（四）保障性住房分配使用情况

黑龙江省把公平分配作为大规模实施保障性安居工程建设的"生命线"，严格规范准入、审核、轮候、分配、退出等各项制度。各市（地）结合本地区实际情况，合理确定保障对象和保障标准。在此基础上，由个人提出申请，严格按照街道办事处初审、公示，住房保障部门审核，民政部门审核，最后返回住房保障部门公示的"三审两公示"审核流程，确定出符合条件的保障对象。对符合条件的，采取"公开摇号、评分排序"等方式进行配租配售，分配房源、分配过程、分配结果要向社会进行公开。同时，对保障家庭实行动态管理，按户建立住房档案，采取定期走访、随机抽查等方式，及时掌握保障家庭成员、收入、住房变动等情况，对已经不符合保障条件的家庭及时清退，确保房源的有效配置。

二　黑龙江省城镇保障性安居工程建设取得的成效

黑龙江大力推进保障性安居工程建设，极大改善了城乡居民住房条件，有力地拉动了经济增长，带动了城市功能完善，加快了城镇化和城乡一体化步伐。

（一）在改善群众居住条件方面取得的成效

黑龙江老城区、老工业区、林区、矿区、垦区多种因素叠加，群众住房多年投入不足，历史欠账多、数量大。黑龙江省政府部门统计显示，截至2007年底，全省有集中连片的棚户区1.19亿平方米；廉租住房保障对象71.88万户。经过连续7年的大规模改造建设，目前保障性安居工程已涵盖所有城市及矿区、林区、垦区和广大农村，城镇中等偏下收入和低收入家庭住房困难问题在短时间内得到了极大改善，全省近40%的人口受益。保障性安居工程建设推进了城乡基础设施和公共服务配套设施建设，改善了城乡面貌，优化了人居环境。"遍地平房区、处处火柴盒，夏天脏乱差、冬天满城烟"的景象正在成为历史，昔日脏乱差的旧城区正在变成市民购物新商圈、休闲新去处、宜居新选择，城乡住房困难群众真真切切得到了实惠、享受到了改革发展成果。

（二）在促进地方经济增长方面取得的成效

政府不断增加保障性安居工程建设资金的投入力度，可以发挥乘数效应，有利于优化投资结构，扩大消费需求，促进就业，带动相关产业发展。2008年以来，全省保障性安居工程建设累计完成投资3927亿元，投入总量居全国第一位。其中，2011年完成投资937.0亿元，2012年完成投资811.9亿元，2013年完成投资329.1亿元，2014年完成投资320.0亿元，这些投资拉动了固定资产投资的增长。2011年全省房地产开发投资1219亿元，同比增长44.6%，占全省固定资产投资的17%。同时，带动了建筑、建材、运输、物业、餐饮、家电、家具等十几个甚至几十个相关行业的发展。

（三）在抑制商品房价格过快上涨方面取得的成效

从全国范围来看，黑龙江保障性安居工程开工建设量最大、门类最全，涵盖了城市、国有工矿、林区、垦区、煤矿棚改和廉租房、经济适用房、公租房、限价商品房等 9 种类型的保障房建设。在大大增加城镇住房有效供应量的同时，也改善了城镇住宅销售和租赁市场的供需结构，推动了多层次住房供应体系的形成，对抑制房价过快上涨起到了较强的调控作用。近年来，全省商品房和住宅销售均价均低于全国平均数，多数县（市）、系统的普通商品房价格维持在每平方米 3000 元以下。《黑龙江经济发展报告（2015）》预测，2015 年全省商品房平均销售价格约为 5415 元/平方米；中国科学院预测科学研究中心预测，2015 年全国商品房平均销售价格约为 6400 元/平方米。

三　当前黑龙江省城镇保障性安居工程建设存在的困难和问题

黑龙江保障性安居工程建设尽管在投资、建设、分配、运营等方面取得了明显成效，但是也面临着市场化运作难、资金筹措难、征地拆迁难、公平分配难等一系列现实困难和问题。

（一）市场化运作难

2008 年以来，黑龙江本着"政府主导，市场运作"的原则，在坚持政府主导作用的同时，积极发挥市场作用，引进民营资本参与保障性住房建设，用市场化手段破解融资难题，保障性住房建设市场化运作取得了城市居民、企业和政府多赢的良好效果。但是，经过连续 7 年的大规模改造建设，尚未改造的棚户区都是地处偏远、人口密度大、基础设施配套成本高的

"硬骨头"地块，有开发价值的地块越来越少。房地产市场从 2014 年下半年开始房价和成交量下行压力加大，房地产开发投资完成 1324.1 亿元，同比下降 17.5%，是降幅最大的一年。黑龙江省房地产企业投资积极性下降，土地储备减少，新开工项目、大的地产项目少，棚户区改造支撑能力有限，增加了市场化运作的难度。

（二）资金筹措难

黑龙江作为我国重要的老工业基地，自身城乡建设"欠账"较多。经过 7 年的攻坚，保障性安居工程建设取得了很大进展，但棚户区存量仍然居全国首位，建设任务较重。资金筹措困难始终是黑龙江保障性安居工程建设亟待解决的问题。虽然每年都能顺利或超额完成中央下达的保障性安居工程建设任务，但巨大的资金缺口，对于全省及各市县政府都是个严峻的考验。2015 年，全省保障性安居工程建设计划投资 336 亿元，截至 10 月 15 日，已完成投资 236.3 亿元，还有近 100 亿元的缺口，特别是 4 个煤矿城市和林业地区资金缺口矛盾更加突出。

（三）征收拆迁难

征地拆迁涉及大量的补偿和安置问题，协调难度大、处理时间长。近年来，全省各地采取了一些积极措施，按照"一年净地、两年建成"的建设周期考量，严格执行国家的《国有土地上房屋征收与补偿条例》，做好征收立项、房屋调查登记、征收补偿方案论证、征求公众意见等工作，按规定流程依法组织征收。但是，由于群众对补偿和安置的预期偏高及对今后生活保障的担忧，个别滞迁户影响整体征收拆迁进度和项目如期开工的现象还较为普遍。有的项目征地、拆迁长达半年之久，或久征不下，前期工作准备时间长，严重影响项目进展。特别是城市规划区外的棚户区改造，普遍面临着企业职工经济困难、职工意愿不统一、各方协调推进难度大等困难，征收拆迁阻力和社会矛盾依然存在。

四 完善黑龙江省保障性安居工程建设的对策建议

（一）多渠道筹措资金

建立以政府财政预算投入为主，企业、居民、全社会投资为辅的多渠道、多层次融资机制。保障性住房建设离不开资金。黑龙江省是经济欠发达省份，需保障的人口数量众多、资金缺口巨大，单纯依靠政府投资建设无法完全解决资金问题，必须创新机制，发挥公共财政资金的撬动作用。这就要求政府必须坚持每年的财政预算按一定比例增加，应积极探索政府和社会资本合作（PPP）的模式建设公租房。

（二）统筹推进规划设计和配套建设

高水平的规划设计和完善的设施配套是提升保障性安居工程品质的重要保障。高质量的保障性安居工程建设是拉开城市架构，加快城市建设，促进城市发展的重要推动力量。要加快征收步伐，坚持依法征收、阳光征收、和谐征收，耐心细致做好群众工作，努力破解征拆难题，为项目建设争取更多时间。要坚持棚户区改造与城市功能布局相适应，与旧城改造相结合，与基础设施配套相衔接，不能单打一，要实现同步推进、一体建设，提高城市的整体功能。要把提高住房建设品质作为重要指标，注重空间布局的合理性，高质量、高水平搞好规划设计，尤其要做好房屋的功能设计，使之更加合理、舒适和人性化。严把规划和建筑设计单位资质准入关，通过公开招标、多个方案竞选等方式，优化规划设计和建筑设计。抓好棚改示范项目，打造精品项目和样板房，带动棚改整体水平的提升。加强棚户区改造和保障性住房的配套设施建设，完善水电气热和道路、环境绿化、公共交通等基础设施和公共服务设施，切实提升保障性安居工程配套能力和环境质量。

（三）建立健全公平分配机制

建立完善的保障对象登记制度，对受保对象的家庭收入状况、住房状况进行详细登记，跟踪记录。建立严密的分配管理制度，对房屋征收补偿标准、年度项目计划、项目地块、形象进度和保障房源、保障对象、分配过程、分配结果等全部实现信息公开，并实行轮候制，以防权力寻租，真正做到公开、公正、公平。建立动态的准入、退出机制，入住的保障对象一旦经济条件变好，超出受保条件，可及时劝退，让更符合保障条件的居民入住，充分发挥有限资源的保障作用。

（四）全面推进"公廉"并轨运行

保障性住房管理方法和制度应随经济社会发展适时进行调整。为方便统一管理、节省管理成本、简化管理机构、提高保障性住房资金配置效率，黑龙江省出台了《关于推进公共租赁住房和廉租住房并轨运行的实施意见》，各地应根据该意见结合实际及时制定具体实施细则。

（五）棚改房货币化安置

在充分尊重居民意愿的前提下，以政府组织棚户区居民自主购买、政府购买存量房源、长期租赁社会房源等方式，做好保障房市场和存量商品住房市场的衔接工作。对各地商品房存量、户型结构、价格走势等情况进行调查摸底，将小户型和户型合适的存量商品房纳入安置房房源储备；学习借鉴先进地区经验，指导各地调整房屋征收补偿办法，引导鼓励棚户区居民选择货币化安置；积极协调国开行，完善细化贷款项目申报审核办法、简化手续、提高效率，特事特办，为推进棚改房货币化安置提供资金支持。

黑龙江主要城市房地产市场
形势分析与预测

程遥 刘月 陈欢欢*

摘　要：　住房市场是房地产业的基础，其存在的问题是政治问题、经济问题和社会问题的集中体现。认识不到位和错误的分析都会带来房地产泡沫的形成，为经济的发展埋下隐患，造成巨大损失或导致经济衰退。随着黑龙江省经济的发展，黑龙江省主要城市的住房市场也取得了巨大的成就，同时也面临着诸多的困难。在"十二五"收官之际，本文分析了黑龙江省主要城市，即哈尔滨、大庆、齐齐哈尔、牡丹江、佳木斯（简称哈、大、齐、牡、佳）住房市场现状及存在的问题，并做出相关预测，提出具有一定前瞻性、针对性和可行性的建议。

关键词：　黑龙江　住房市场　房产政策

一　黑龙江主要城市房地产发展现状

"十二五"的前三年，我国整体处于经济稳健发展状态，黑龙江省主要城市的房地产市场和全国房地产市场的运行态势一样，"购销两旺，房价快速上

---

* 程遥，黑龙江省社会科学院经济研究所副所长、研究员，主要研究方向为房地产和农业经济；刘月，黑龙江省社会科学院研究生学院硕士研究生，研究方向为产业经济；陈欢欢，黑龙江省社会科学院研究生学院硕士研究生，研究方向为产业经济。

涨"，并且一直处于上行状态。黑龙江主要城市房地产业在快速发展的同时推进了黑龙江省的城镇化进程，带动了黑龙江的经济发展。但自从2013年下半年以来，我国经济进入新常态，黑龙江主要城市宏观经济及房地产业受经济新常态的影响，房地产投资业大幅缩水，民众购房置业热情下降，选择持币观望。

（一）住房施工面积和竣工面积逐年增加

随着黑龙江省经济的高速发展，黑龙江省主要城市的房地产大多处于购销两旺的态势，住房的施工面积及竣工面积连年增加（见图1）。在这些主要城市中，哈尔滨住房施工面积增加较为明显，哈尔滨住房施工面积2010年同比增长12.4%，2011年同比增长47.2%，2012年同比增长15.5%，2013年同比增长3.9%，2014年同比增长－2.5%。齐齐哈尔与牡丹江增幅较为相似，大庆在2013年增幅较大，佳木斯在"十二五"期间增减幅度较为平稳。在"十二五"期间，不仅施工面积增幅明显，而且竣工面积增幅也较为平稳（见图2）。

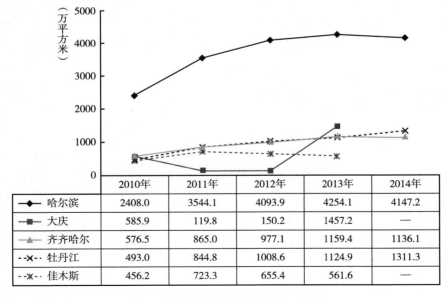

（万平方米）	2010年	2011年	2012年	2013年	2014年
哈尔滨	2408.0	3544.1	4093.9	4254.1	4147.2
大庆	585.9	119.8	150.2	1457.2	—
齐齐哈尔	576.5	865.0	977.1	1159.4	1136.1
牡丹江	493.0	844.8	1008.6	1124.9	1311.3
佳木斯	456.2	723.3	655.4	561.6	—

图1 黑龙江主要城市住房施工面积

数据来源：《黑龙江省统计年鉴》及各大城市统计公报。

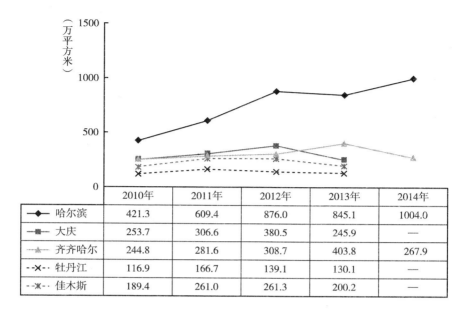

	2010年	2011年	2012年	2013年	2014年
哈尔滨	421.3	609.4	876.0	845.1	1004.0
大庆	253.7	306.6	380.5	245.9	—
齐齐哈尔	244.8	281.6	308.7	403.8	267.9
牡丹江	116.9	166.7	139.1	130.1	—
佳木斯	189.4	261.0	261.3	200.2	—

图 2　黑龙江主要城市住房竣工面积

数据来源：《黑龙江省统计年鉴》及各大城市统计公报。

（二）住房销售面积升中有降

黑龙江住房市场受国家政策的影响，哈、大、齐、牡、佳城市住房的销售面积呈现先稳定增长，又有所回落的走势。除齐齐哈尔外，其余城市均有不同程度的增长，直至2013年。2013年，哈尔滨住房销售面积达到1206.6万平方米，同比增长20%；大庆达到541万平方米，同比增长22%；齐齐哈尔为242.8万平方米，同比增长14.8%；牡丹江住房销售面积达到289.2万平方米，同比增长23.1%；佳木斯达到169.5万平方米，同比增长24.5%。这些城市于2014年又纷纷回落，哈、大、齐、牡、佳分别回落至900.7万、326.5万、182.8万、159.8万、96.9万平方米（见图3）。由此可以看出黑龙江住房市场进入新常态后，开始出现深度调整，向健康方向发展。

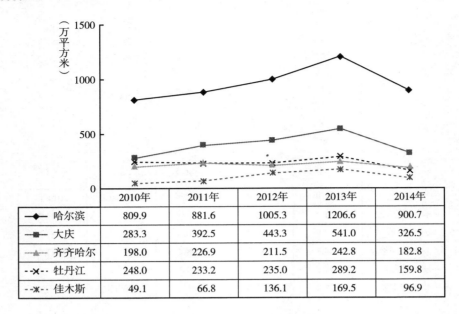

（万平方米）	2010年	2011年	2012年	2013年	2014年
━◆━ 哈尔滨	809.9	881.6	1005.3	1206.6	900.7
━■━ 大庆	283.3	392.5	443.3	541.0	326.5
━▲━ 齐齐哈尔	198.0	226.9	211.5	242.8	182.8
‒✕‒ 牡丹江	248.0	233.2	235.0	289.2	159.8
‒✳‒ 佳木斯	49.1	66.8	136.1	169.5	96.9

图 3　黑龙江主要城市住房销售面积

数据来源：《黑龙江省统计年鉴》及各大城市统计公报。

（三）房地产开发投资额有增有减

在经济快速发展形势下，黑龙江房地产开发投资额平稳增加。2010～2013 年投资额大幅增加，尤其哈尔滨、大庆增幅较大。哈尔滨 2010 年投资额为 360.7 亿元，2013 年增至 849.7 亿元；大庆 2010 年投资额为 119.5 亿元，2013 年增至 277.2 亿元。齐齐哈尔、牡丹江、佳木斯增幅较为平稳。2014 年，全国经济进入新常态，房地产业步入深度整改时期，投资谨慎，部分城市房地产开发投资额有所减少。除齐齐哈尔和牡丹江外，其他城市房地产开发投资额大幅下降，哈尔滨减少至 673.6 亿元，同比增长 −20.7%；大庆减少至 157.4 亿元，同比增长 −43.2%；佳木斯减少至 54.8 亿元，同比增长 −20.8%（见图 4）。齐齐哈尔和牡丹江在"十二五"期间一直保持平稳增加。

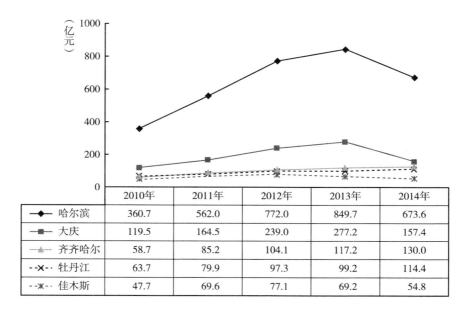

	2010年	2011年	2012年	2013年	2014年
哈尔滨	360.7	562.0	772.0	849.7	673.6
大庆	119.5	164.5	239.0	277.2	157.4
齐齐哈尔	58.7	85.2	104.1	117.2	130.0
牡丹江	63.7	79.9	97.3	99.2	114.4
佳木斯	47.7	69.6	77.1	69.2	54.8

图4 黑龙江主要城市房地产开发投资额

数据来源:《黑龙江省统计年鉴》及各大城市统计公报。

(四)人均住房面积稳中有增

自2010年以来,哈、大、齐、牡、佳等一些主要城市的人均居住面积一直趋于平稳,且部分城市有所增长。以哈尔滨、佳木斯及齐齐哈尔为例(见图5、图6),2010～2014年,哈尔滨城市人均居住面积每年大约以1平方米的速度增加,于2014年达到26平方米;哈尔滨农村人均居住面积每年以0.6平方米的速度增加,于2014年增至26.7平方米。佳木斯城镇人均居住面积有较小幅度的波动,人均住房面积以每年平均0.4平方米的速度增加;农村人均居住面积2013年和2014年增幅较大,2013年人均居住面积28平方米,同比增加5.7平方米;2014年人均居住面积达到32.06平方米,比上年增加4.06平方米。齐齐哈尔在"十二五"期间,城镇和农村的人均居住面积均无大幅度波动,相对平稳。

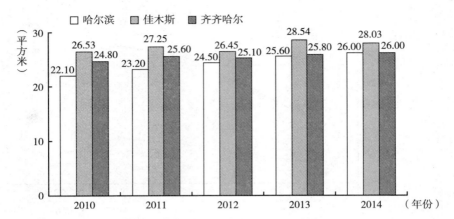

图5 2010～2014年哈尔滨、佳木斯、齐齐哈尔城镇人均居住面积

数据来源：《黑龙江省统计年鉴》及各城市统计公报。

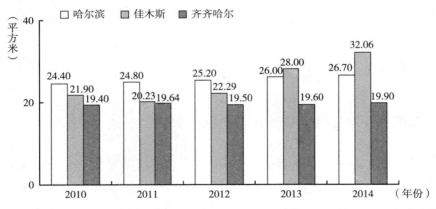

图6 2010～2014年哈尔滨、佳木斯、齐齐哈尔农村人均居住面积

数据来源：《黑龙江省统计年鉴》及各城市统计公报。

二 黑龙江主要城市住房市场存在的主要问题

（一）居民人均可支配收入仍然较低

居民人均可支配收入是影响住房市场的一个重要的原因，群众只有在解决温饱问题后，才会考虑外在的住房条件。哈、大、齐、牡、佳等主要城市的居民收入虽然几乎都在逐年增加，但与全国相比，仍普遍较低。2014 年，哈、大、齐、牡、佳等城市的城镇居民人均收入分别为 28815. 9 元、32307 元、21352 元、24735 元、21581 元（见图 7），而 2014 年全国城镇居民人均可支配收入为 28844 元，除大庆外，其他城市的城镇人均可支配收入均低于全国城镇人均可支配收入。

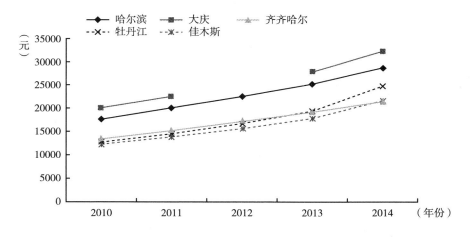

图 7　黑龙江主要城市城镇居民人均可支配收入

数据来源：《黑龙江省统计年鉴》及各城市统计公报。

（二）土地购置政策不完善

在全国大环境下，我国在土地买卖方面的政策尚不规范，地方政府缺少对土地的有效管理，黑龙江省也存在这种情况。房地产高度市场化，土地"招拍挂"供应模式致使地价不断上涨并推高房价；利益集团及境内外投资群体哄抬房价，调控政策温和加上部分地区的土地政策不健全致使房价逆调控而上涨，房价屡调屡涨，坚定了民众"中国房价必涨"的心理预期，导致投资投机需求不断膨胀。按照相关规定，土地转让应该按照先进行招标，再进行买卖的流程办理，而据目前看，大多数都是以私下协议交易的方式进行。这种不透明的交易，不仅违反了相关规定，而且往往抬高了土地的价格，增加了房地产投资商的成本，从而最终导致房价过高，部分群众买不起。

（三）部分区域供给和需求不均衡

一个市场想要稳定健康发展，必然要求供给与需求基本均衡。在上述黑龙江主要城市中都或多或少出现供给、需求不均衡的情况。施工面积远远超出销售面积，造成房产积压。例如，哈尔滨2014年住宅施工面积4147.2万平方米，增速为 - 2.5%；而住宅销售面积为900.7万平方米，增速为 - 25.4%。齐齐哈尔2014年房屋施工面积1136.1万平方米，增速为 - 2.0%；住宅销售面积182.8万平方米，增速 - 24.7%。哈尔滨统计公报和齐齐哈尔统计公报数据显示，住宅的施工面积远高于销售面积，增速也大于销售面积，这就会造成房产积压，使房地产市场资金无法快速回笼，严重了就会造成资金链断裂。

（四）居民观望情绪浓厚

房地产市场的冷热受国家政策影响极大，国家政策利好，房地产业就繁荣；国家政策限制，房地产业就紧缩。近年来，我国对房地产行业的政策波动较大，2013年2月出台了新"国五条"，不仅重申坚持执行以限购、限贷为核心的调控政策，坚决打击投资投机性购房，还提出要求：各地公布年度房价控制目标。2013年3月国务院发布《关于进一步做好房地产市场调控工作有关问题的通知》，其中对二手房交易的个人所得税由交易总额的1%调整为按差额20%征收。政策颁发后，开发商于下半年以价换量，房价缓缓增长。而群众更加谨慎对待购房，观望情绪浓厚。

（五）受城镇化及城市基础设施条件影响严重

在黑龙江省，尤其在哈尔滨市，同大小、同户型的房子因地段不同价格也不同，销量也不相同。例如，在哈尔滨江南的房子就要比江北的贵，且容易卖。一些房地产投资商倾向于投资江南的楼盘，因为江南交通便利、医疗设施健全、教育水平较高。所以百姓都愿意花更高的价钱去买江南的房子，这就造成了住房市场的局部热现象。现在，各地区的学区房都特别热卖，可见住房市场的冷热是受外界条件影响的，一个地区城镇化进程较快，就会促进这个地区的房地产业的发展，影响住房销售价格。而这个现象在黑龙江尤为严重。

三 黑龙江省住房市场发展趋势预测

（一）房地产市场深度调整

近年来，受复杂的国际和国内因素影响，黑龙江省经济发展经历着强大的挑战。以2014年为例，黑龙江省在较强的经济下行压力影响下，全省地区生产总值（GDP）比上年增长5.6%（按可比价格计算），比全国其他省份GDP的增长速度低。因此，黑龙江省进入"新常态"后，刺激经济稳定增长十分关键。同时，房地产业对黑龙江省经济发展的贡献较为突出，在黑龙江省有着举足轻重的作用。我国房地产业自2014年开始对经济的支撑作用开始减弱，房地产的买卖出现"购销两低迷"的状态，黑龙江省房地产市场的表现同样不佳。从供给方面来看，房地产开发规模缩减，全年完成房地产开发投资比上年下降17.5%，为1324.1亿元；从购买方面来看，购买力表现较弱，商品房销售额下降23.6%，为1208.5亿元。

受"东北新现象影响"，预期黑龙江省房地产市场将进行深度调整。较为低缓的经济发展速度使得房地产市场投资需求及潜在的投机需求急剧减少，房地产开发将会面临较长一段时间的调整，竞争增大，对中小房地产开发商会产生较大冲击，使得他们面临破产倒闭的风险。因此，未来一段时间内，房地产开发商的格局将会发生较大变化。对于黑龙江省来讲，机遇与挑战并存，黑龙江省未来应努力把握"一带一路"战略规划的机遇，实现房地产市场的国际化，积极健康地发展房地产市场。

（二）住房开发投资小幅回暖

受房地产调控政策和货币政策等因素影响，黑龙江省房地产投资下滑明显，房地产市场明显进入调整状态。2014 年，黑龙江省完成的固定资产投资（不包括农户）比上年增长 1.5%，表示固定资产投资放缓。房地产投资通常占固定资产投资的 20% 左右，固定资产投资增速的减慢将会影响住房开发投资的增速。一般来讲，房地产投资增速与行业销售额及行业到位资金来源紧密相关。2014 年，商品房销售额下降 23.6%，为 1208.5 亿元，在一定程度上影响房地产投资速度的增长。但现阶段国家鼓励旧城改造，黑龙江省同样有较多旧城改造项目。旧城改造项目的实施，会给房地产开发商带来新的投资机会，将会小幅带动开发投资的回暖。因此综合来看，虽然房地产开发商会减少拿地规模、放缓新工程项目的开发节奏，但是在去存库的过程中，房地产产业链会逐渐恢复正常。房地产开发商将会发现并把握住未来住房需求转向"居住升级"和"旧城改造"，投资需求的增加带动资金的投入，预期黑龙江省未来住房开发投资会小幅回暖。

（三）房价走势趋于平稳

房价的高低受各种复杂因素的影响，近年来黑龙江省的房价一直连年攀升，居高不下。以齐齐哈尔市为例，2010～2014 年住宅平均销售价格由每平方米 2726 元上涨到 3804 元，期间一直连续上涨。但是，房价关乎民生，在新常态背景下，房价应将趋于平缓，给购买方一定的选择空间，同时稳定房地产市场的运行。

在新常态背景下，黑龙江省房价将进行合理回归。房价的升降预期会受多方面影响，一般来讲，房价与实际利率呈现负相关关系，而且居民存款定期化速度则对房价具有一定的领先作用。2015 年央行多次降息、降准政策的出台，在一定程度上有利于房价趋于平缓。此外，居民仍然有较强的住房改善性需求和资产保值增值需求，因此房价在短期内不会大幅下降。在新常态背景下，多种力量的相互影响势必会有利于房价趋于平稳。

（四）住房市场趋于健康发展

住房市场的供给与需求的配比在一定程度上影响着住房市场的健康发展，在供给方面，房地产开发商占据主导地位，较大程度地决定了住房的新开工以及完成施工情况；在需求方面，普通居民以及具有投资意愿的投资者影响较大，在很大程度上决定了住房的销售情况。房地产开发商对住房供给量的多少除受自身投资计划的影响外，在很大程度上受国家及地方政府的政策的影响。需求方实际购买量的多少除受自身经济条件的影响外，同样在较大程度上受相关政策的影响。因此，国家政策的宏观调控对住房市场趋于健康发展至关重要。

在"新常态"背景下，国家政策将支持居民自住和改善性住房需求、促进住房市场平稳健康发展作为一项重要工作。政府出台的一系列政策诸如央行2015年首次降息，国土资源部、住建部联合下发《关于2015年住房及用地供应结构促进房地产市场平稳健康发展的通知》，央行宣布二套房贷款首付比例可低至四成，财政部宣布购买两年以上普通住房销售免征营业税，这些政策都有助于房地产市场平稳健康的发展。同时，黑龙江省在中央政策基础上出台了一些细则以保持房地产市场平稳发展。例如，黑龙江省在取消"限购""限贷""限价"的行政限制政策后，也出台了对于房地产也更加利好的政策。随着黑龙江省房地产调控政策效果的显现，市场预期会发生转变，增加购房者的信心，同时房地产开发商以量换价，加快去库存，都有利于黑龙江省房地产市场健康发展。

四　黑龙江省稳定住房市场的建议

（一）提高居民的可支配住房消费资金

居民的购房欲望转化为真正的购房需求，城市居民人均可支配收入起着重要作用。黑龙江省城市居民人均可支配收入与全国相比较低，而且其他生活成本高，因而住房消费能力低。为提高黑龙江省居民住房消费水平，黑龙江省政府应从以下两个方面着手，一方面努力增加居民的实际收入，政府可以积极建立健全收入分配调节机制，对行业收入分配进行合理调节，鼓励居民自主创业，同时加快将机关事业单位的福利待遇货币化；另一方面降低住房以外的消费支出，如交通、教育、医疗等方面的支出，政府应加快社会保险、医疗保险的制度完善工作，加快理赔进程，提供更好的社会保障。

（二）促进土地市场的健康发展

房地产商的投资积极性在很大程度上取决于取得土地的难易程度，只有良好的土地市场运行机制才能保障房地产开发商的土地来源。现阶段，黑龙江省土地市场仍有诸多不足，比如寻租现象依然存在。黑龙江省政府应积极构建健康合理的土地取得供给运营体系，加强各相关部门之间的协调配合。对黑龙江省的闲置土地实施更严格的监测，做到对建设用地开发建设真正的实时监控。为避免寻租现象，黑龙江省政府应增加普通住房建设用地的有效供应，加强对土地开发招标过程的监管，切实提高土地供应和开发利用效率，积极促进土地市场的健康发展。

（三）健全住房的市场调控机制

最大程度发挥市场的决定性作用，有利于解决现阶段黑龙江省部分地区的供给与需求不均衡的问题。因此，健全住房市场调节机制至关重要。政府应避免出台大量刺激房地产经济的政策，积极进行去行政化进程，为保障居民的自住性需求和改善性需求，应侧重房地产市场的结构转型。同时，政府应建立政府保障和市场配置相结合的住房制度，推动形成良好健康的住房需求格局，达成房价与消费能力基本适应的目标。另外，调整货币政策以及棚户区改造等政策，有利于给供需双方带来投资活力，促进住房市场调控机制的健全。

（四）加强住房政策的宣传工作

住房政策会在很大程度上影响居民的购买热情。黑龙江省房地产市场的冷热与居民的购买热情息息相关。居民对政府出台的住房相关政策的解读决定了其对住房市场的反馈。近年来，我国出台的房地产业相关政策波动较大，由限购、限贷政策到二套房首付低至40%政策的转化，使得居民难以正确解读并把握房地产政策。因此，政府应加强住房相关政策的宣传工作。例如，政府可以制作通俗易懂的宣传片在电视节目上不定时滚动播放，可以组织相关单位人员走进社区，为普通居民答疑解惑。

（五）加速新型城镇化的进程

新型城镇化为黑龙江省房地产市场发展带来较大的发展潜力。新型城镇化进程的推进，需要各项配套设施建设。黑龙江省政府应进一步加大基础设施的建设力度，为城市居民提供更好的生活环境。新型城镇化进程的推进，为房地产开发商带来较大的投资机会，完善城镇的商业、教育、医疗等各种设施必定会增建新的工程项目。同时，适合居住的良好环境会调动居民的改善性需求，实现供给与需求双方的双赢。同时，政府可出台一系列政策，大力发展在新型城镇化进程中的相关产业。

参考文献

董藩、丁宏、陶斐斐：《房地产经济学》，清华大学出版社，2012。

任兴洲：《中国住房市场发展趋势与政策研究》，中国发展出版社，2012。

黑龙江城镇职工住房公积金
管理运营分析与预测

赵 蕾*

摘 要： "十二五"期间，黑龙江省城镇职工住房公积金管理严格执行"控高保低"缴存政策，确保住房公积金缴存、提取和贷款业务持续健康发展，但在管理运营中仍存在一些问题。"十三五"期间，黑龙江省应主动适应本地区房地产市场发展的新常态，以"保障刚需、释放需求、发挥作用"为工作指导，进一步优化服务办事流程、创新管理运营方式、加强社会监督力度、加大对保障性住房的支持。

关键词： 黑龙江 城镇职工 住房公积金 管理运营

1991 年，我国在上海推出强制储蓄性质的住房公积金制度，之后逐渐在全国推广并执行城镇职工住房公积金管理制度。住房公积金作为城镇职工长期住房储金，在减轻中低收入购房者压力、扩大住房消费、拉动区域经济发展等方面起到了积极的引导和推动作用。住房公积金制度作为支撑住房市场化、商品化改革的重要保障之一，在加快住房建设、改善住房条件等方面发挥着重要作用。随着住房市场化改革的不断深入、城镇化建设的全面推进，居民在住房保障供求方面的矛盾愈加凸

---

* 赵蕾，黑龙江省社会科学院经济研究所助理研究员，研究方向为产业经济。

显，住房公积金的有效管理和运营成为当前我国经济社会发展必须直面的重要课题。

一 黑龙江城镇职工住房公积金管理运营的基本概况

"十二五"期间，黑龙江省住房公积金管理系统在省委、省政府的正确领导下，在黑龙江省住建厅的科学引领规划下，主动适应新常态，践行科学发展观，在规范管理运营的同时进一步提高服务水平，加大监督和检查力度，确保全省住房公积金的缴存、提取和贷款业务保持健康有序的发展。

（一）完善法规制度建设

"十二五"期间，黑龙江省将完善住房公积金法规制度建设作为重点工作，先后制定并印发了《黑龙江省住房公积金行业文明服务规范》《黑龙江省住房公积金提取管理暂行规定》《黑龙江省住房公积金受委托银行年度业务管理考核办法（试行）》《黑龙江省住房公积金业务档案管理办法》《黑龙江省住房公积金个人住房异地贷款管理暂行规定》等规范性文件。同时，黑龙江省以为缴存职工提供高效便捷服务为出发点，进一步完善服务承诺，简化业务办理流程，缩短业务审批时限，基本上建立了"一站式"办理、"一柜式"服务的模式。

（二）开展专项监督检查工作

根据住建部等七部门《关于开展加强住房公积金管理专项治理工作的实施意见》精神，由省住房和城乡建设厅、纠风办、监察厅、财政厅、审计厅、银监局、中国人民银行哈中心支行成立了住房公积金专项治理领导小组，负责协调研究住房公积金专项治理工作的重大问题和制度建设。定期对各城市公积金管委会决策、公积金中心管理制度执行、财务管理和内审计稽核等情况进行专项检查，并采取有效措施，全面完成历史遗留项目贷款的清收工作，以及鸡西、鹤岗、双鸭山、七台河四矿区住房公积金机构归并工作，切实维护了公积金交存人的利益；同时，对全省17个住房公积金管理中心、近20余个管理部住房公积金廉政风险防控工作进行专项督查，将监管工作重心向基层延伸，有效地避免了资金运营风险，为促进住房公积金健康持续发展起到了重要作用。

（三）支持保障性住房建设项目

为贯彻落实党中央、国务院关于进一步扩大内需、促进经济平稳较快增长的决策部署，更好地解决和改善中低收入缴存职工住房需求，"十二五"期间，黑龙江省按照住建部等七部委要求，积极开展了利用住房公积金贷款支持保障性住房建设试点工作（哈尔滨、齐齐哈尔、牡丹江、佳木斯为试点城市），5个棚改项目和1个公租房项目，项目贷款额度56.78亿元，总建设规模为432.61万平方米，为4.51万户低收入住房困难家庭解决了住房问题。

（四）缴存数额有所提升

2014年，黑龙江省住房公积金实缴单位31818家，实缴职工289.91万人；当年新开户单位2207家，新开户职工16.17万人，净增单位2254家，净增职工6.51万人，缴存279.19亿元，缴存额同比增长1.65%。截至2014年底，缴存总额1805.84亿元，同比增长18.32%；缴存余额966.82亿元，同比增长12.84%。"十二五"期间（截至2015年9月底），全省城镇职工住房公积金实际缴存人数达到264.00万人，缴存总额累计为2022.53亿元，缴存余额为1040.73亿元（见表1），各项缴存指标均明显好于"十一五"。

表1 "十二五"期间黑龙江省住房公积金缴存情况

单位：万人、亿元

年份	实际缴存人数	缴存总额	缴存余额
2011	268.33	1024.54	608.05
2012	278.57	1251.60	732.69
2013	294.46	1526.25	856.79
2014	289.91	1805.84	966.82
2015年9月	264.00	2022.53	1040.73

数据来源：黑龙江省住房和城乡建设厅。

（五）公积金提取业务不断增加

黑龙江省为满足全省城镇职工的进一步需要，扩大了住房公积金的提取用途。黑龙江省住建厅的统计数据表明，在提取公积金的总额中有七成是用于住房方面的消费，大体归为三个方面，一是购买、建造、翻建、大修自住住房，二是偿还购房贷款本息，三是租赁住房。"十二五"期间（截至2015年9月底），黑龙江省住房公积金提取总额为981.80亿元，占缴存总额2022.53亿元的48.54%（见表2），提取比例逐年提高，增幅超过"十一五"近10个百分点。

表2 "十二五"期间黑龙江省住房公积金提取情况

单位：亿元，%

年份	缴存总额	提取总额	提取总额占缴存总额的比率
2011	1024.54	416.49	40.65
2012	1251.60	518.91	41.46
2013	1526.65	669.87	43.88
2014	1805.84	839.02	46.46
2015年9月	2022.53	981.80	48.54

数据来源：黑龙江省住房和城乡建设厅。

二 黑龙江城镇职工住房公积金管理运营中存在的问题

"十二五"期间，黑龙江省严格执行"控高保低"缴存政策，确保城镇职工住房公积金缴存、提取和贷款业务持续健康发展，但在管理运营中仍存在一些制度上、管理上的问题。

（一）缴存覆盖面有待进一步扩大

住房公积金归集扩面工作是住房公积金保障工作的重要组成部分，既是反映城镇职工住房公积金制度惠及面的重要指标，又是反映健全住房保障体系的重要内容。2011~2014 年，黑龙江省住房公积金应缴职工人数分别为 362.03 万人、358.42 万人、371.61 万人、378.13 万人，实缴职工人数分别为 268.33 万人、278.57 万人、294.46 万人、289.91 万人，全省住房公积金覆盖率分别为 74.12%、77.72%、79.24%、76.67%。横向比较，2014 年，海南省城镇职工住房公积金缴存覆盖率为 83.59%，高于黑龙江省近 7 个百分点。分析黑龙江省住房公积金缴存情况后发现：省内各城市缴存情况各不相同，国家机关和事业单位已实现 100% 缴存，但部分国有企业、城镇企业、外商投资企业等单位缴存面不大，没有做到应缴尽缴。总之，黑龙江省住房公积金缴存覆盖面有待进一步扩大。

（二）个人住房贷款率有待进一步提高

经过多年的努力，黑龙江省发放个人住房贷款的笔数和金额明显增加，2014 年，黑龙江省共发放个人住房贷款 4.94 万笔 121.23 亿元，同比分别增长 9.20% 和 14.77%，个人住房贷款回收额达到 86.81 亿元。截至 2015 年 9 月底，黑龙江省发放个人住房贷款累计达到 63.18 万笔 1069.87 亿元，同比增长均超过 10%。此外，2014 年黑龙江省个人住房贷款的市场占有率为 14%，低于全国 19.22% 的均值，但到了 2015 年 9 月底黑龙江省个人住房贷款的市场占有率提高到 26.77%。虽然"十二五"期间黑龙江省住房公积金的个人贷款率均超过 50%，但是与经济发达地区的差距较明显，《全国住房公积金 2014 年年度报告》显示，2014 年全国个人住房贷款比率均值为 68.89%。这个数据表明黑龙江省住房公积金在个人贷款方面还有提升的空间，应尽快提高个贷比率，加大公积金对房地产的支持，满足城镇职工的购房需求。

（三）资金使用率有待进一步提升

住房公积金使用率是衡量住房公积金使用情况的重要指标。省 2011 年至 2015 年 9 月底，黑龙江各年住房公积金使用率分别为 73.11%、72.18%、75.67%、75.23%、77.31%，处于平稳发展中。然而，为更好地发挥住房公积金对房地产的支持作用，缓解城镇职工住房压力，只有不断探索研究，不断提高管理水平，才能更好地服务于广大城镇职工，真正发挥住房公积金对房地产的支持作用。

（四）信息化水平有待进一步完善

信息化作为当今社会发展的重要组成部分，在住房公积金行业的快速发展中也必然是不可缺少的管理手段。目前，各城市中心已开通 12329 住房公积金服务热线，12329 短信服务平台建设正有序开展；全省各城市公积金管理中心均建立了网站，开通了网上政策宣传、材料下载、网上投诉等功能。为更好地适应网络信息化的快速发展，为缴存职工提供高效便捷服务，提高工作效率，防范资金运作风险，应进一步加强信息化建设，提升信息化管理服务水平，开通网上业务办理功能，实现与人民银行征信系统联网，做到与民政、公安、社保等部门信息共享。

三　提高黑龙江城镇职工住房公积金
管理运营水平的对策建议

2015 年是"十二五"的收官之年，黑龙江省住房公积金行业深入贯彻落实党的十八届三中全会《关于全面深化改革若干重大问题的决定》（以下简称《决定》），严格执行"控高保低"缴存政策，确保住房公积金缴存、提取和贷款业务持续健康发展，城镇职工住房公积金的资金归集面将进一步扩大，管理制度正在不断完善，监督力度不断加大，住房公积金对房地产市场将发挥更大的支持作用。"十三五"是黑龙江省研究推进住房公积金制度改革的关键时期，黑龙江省将按照党的十八届三中全会《决定》精神，建立更加公开、规范的住房公积金监管制度，住房公积金提取、使用、监管机制将更加完善，住房公积金对住房建设方面的支持作用将更加明显。

我国经济发展进入新常态，住房公积金制度的改革发展将面临新形势新任务。"发展是第一要务"。"十三五"期间，黑龙江省住房公积金行业应以加快城乡一体化发展为指导，进一步解放思想、打破束缚，主动适应本地区房地产市场新常态，以"保障刚需、释放需求、发挥作用"为工作指导，密切关注本省房地产市场趋势，注重在使用政策、运行机制、服务方式上积极创新，以满足全省城镇职工的刚性住房需求，充分挖潜并不断提高资金使用率，加大深化改革力度，刺激住房消费，以更好地发挥住房公积金对房地产的保障作用。

（一）优化服务办事流程

一是转变观念。住房公积金是我国重要的社会保障制度之一，是国家给予城镇职工的一项利益。住房公积金管理人员应以为缴存职工服务为目的，将服务的理念根植于心，只有这样才能真正从保障全省城镇职工的权利出发，不断推出便民利民的服务措施，最大限度地方便职工，提高服务质量承诺、优化服务办事流程，做实、做细各项工作。二是优化服务。通过落实岗位责任、明确工作内容、规范业务流程、限定落实时限等方法，加快住房公积金"一站式"窗口服务的建设速度。从保障全省城镇职工的权利出发，进一步完善相关的服务机制；从履行公民义务出发，进一步优化服务手段，以方便职工缴存、提取等业务的办理。三是健全机制。内控机制建设是实现规范化管理的前提。黑龙江省住房城乡建设厅作为住房公积金监管部门，应进一步确保公积金使用的有效性和安全性，在认真贯彻执行国家住房公积金政策的同时，会同有关部门制定全省城镇职工住房公积金的发展规划，确立目标、分解计划，进一步完善住房公积金的缴存、使用、管理规定和监管理制度。

（二）创新管理运营方式

"十三五"期间，黑龙江省应将住房公积金缴存强制手段纳入劳动合同文本中，全力扩大住房公积金的归集面，推进民营企业、非公有制经济组织建立住房公积金保障制度，确保缴存人数、缴存金额、缴存覆盖率的稳步提高，这是城镇职工住房公积金健康、持续发展的基础。一是聚焦民生。黑龙江城镇职工收入较低，而住房消费却较高，住房公积金管理中心应关注民生，结合地方特点，研究地方对策，减少沉淀资金，提高住房公积金使用率、个人住房贷款比率等指标，在创新中提升住房公积金管理水准。二是推动科技创新。"互联网＋"对住房公积金综合服务平台建设提出了新的要求。黑龙江省应运用科技手段，实现城镇职工住房公积金网上业务的办理，使住房公积金的查询、开户、汇（补）缴、离职提取、离（退）休提取、贷款办理等业务在网上直接办理。全面推行提取业务电子档案拍照存档，完善提取业务事后的稽核跟进制度，以实现事前、事中、事后全程监管的模式，使公积金的执法检查成为常态化，确保城镇职工住房公积金的科学运作。三是推进住房公积金由行政化向金融化转变。"研究建立住宅政策性金融机构"是党的十八届三中全会提出的新思想。住房公积金具有住房政策性金融的功能，理应成为公积金管理改革的主体。黑龙江省应探索住房公积金由行政化向金融化转变的发展之路，一方面推进"公转商业务"，为城镇职工提供与住房公积金贷款无差别化利率的商业贷款；另一方面积极探索政策性住房储蓄银行、政策性住房公积金资产管理公司的发展之路。

（三）加强社会监督力度

住房公积金是"人民群众的安居钱"，作为公共财政的重要内容，理应接受社会各界的广泛监督，做到信息的公开和透明。2015年，我国首次就住房公积金的信息披露做出明确规定，出台了《关于健全住房公积金信息披露制度的通知》（建金〔2015〕26号），这一规定表明了政府接受社会监督的态度。黑龙江省可从以下几个方面加强社会监督力度。一是主动接受职工的监督。通过主动告知、网上查询等方式使城镇职工随时随地可以查到个人住房公积金的缴存基数、缴存比例等缴存情况。特别是在审核调整后，更要通过缴存单位、公众媒体、官方网站等方式及时告知职工本人核定后的详细情况。二是尽快将住房公积金纳入审计监督的范畴。近几年，黑龙江住房公积金的覆盖面不断扩大、使用范围不断增加、管理要求日趋严格，建议黑龙江省将住房公积金纳入审计监督的范畴。三是广泛接受社会各界的监督。可通过电话专线、投诉信箱等方式建立群众诉求渠道；可在官网上开辟满意度调查，以接受群众的广泛监督。总之，应重视互动交流，进而发现问题、改进方法、提高管理监督水平。

（四）加大对保障性住房的支持

如今，我国以廉租住房、经济适用住房等为主要形式的住房保障制度已初步形成，正在进入保障性住房建设的"加速跑"阶段。住房公积金对住房市场化的支撑作用越来越明显、对商品化改革的保障效用越来越突出，住房公积金制度在整个房地产金融体系中的作用不容忽视。黑龙江省作为老工业基地，国有破产企业较多，保障性安居工程的建设压力较大；多年来城镇职工人均收入较低的事实，导致住房公积金的归集面小、资金金额受限、个人贷款率和资金使用率不高，这对住房公积金的监管提出了更高的要求。如何用住房公积金解决城市低收入、棚户区住房困难家庭的住房问题，加强住房公积金对经济适用住房的支持，充分发挥住房公积金的使用效益，更大效用地发挥住房公积金对保障性安居工程的支持，在全国"加速跑"的格局中实现跨越追赶是公积金管理改革所要解决的系列问题。总之，新时期、新常态，黑龙江省应加大住房公积金对保障性住房建设的支持力度，通过主动对接、规范操作、全程监管等措施，努力探索出一条龙江特色之路。

黑龙江住房金融形势与预测

王继源 程 遥*

摘　要：　本文对 2014 年至 2015 年上半年黑龙江省房地产金融市场运
行情况进行了总结，对房地产资金来源结构、房地产信贷、
住房公积金运行情况进行了重点分析，提出了当前房地产金
融市场存在的主要问题，并对 2016 年房地产金融形势进行了
分析预测。本文提出，在全省房地产业下行背景下，更应强
化金融支持力度，提高直接融资比重拓宽房地产企业融资渠
道，发展住房抵押贷款证券化，有效分散房地产金融风险，
促进房地产市场平稳健康发展。

关键词：　房地产金融　房地产信贷　住房公积金　资产证券化　黑龙江

　　2015 年是"十二五"规划的收官之年，也是谋划"十三五"蓝图的重
要之年。2015 年上半年黑龙江乃至整个东北地区经济延续了 2014 年以来的
放缓态势，下行压力持续加大。数据显示，2014 年黑龙江地区生产总值
15039.38 亿元，增长 5.6%，增速比 2013 年回落 2.4 个百分点；固定资产
投资 9587.09 亿元，增长 1.5%，比上年回落 17.1 个百分点。2015 年上半
年地区生产总值 5435.25 亿元，同比增长 5.1%，固定资产投资 3323.19 亿
元，同比增长 1.6%。受宏观经济下行影响，黑龙江房地产市场也出现深度

＊　王继源，中国人民大学博士研究生，主要研究方向为产业结构和投入产出分析；程遥，黑龙
江省社会科学院经济研究所副所长，研究员，主要研究方向为房地产和农业经济。

调整，上半年房屋建筑施工面积、商品房销售面积和房地产开发投资同时出现罕见负增长，其中房屋建筑施工面积同比下降5.9%，商品房销售面积同比下降17.7%，房地产开发投资同比下降19.8%。由于金融顺周期的影响，房地产市场的深度调整必然影响房地产金融走势。在经济新常态背景下，黑龙江房地产金融的演变呈现哪些新特点、未来走势如何、有哪些应对思路是本文所涉及的重点议题。

一 形势分析

房地产金融是现代金融重要组成部分，它是围绕房地产再生产，并通过金融机构运用各种金融工具进行的资金融通及相应的服务活动。房地产业是资金高度密集型行业，通常情况下，无论是开发商的开发投资还是居民个人购房，都需要一定的金融支持。因此，房地产金融主要包括房地产开发经营资金的融通和房地产消费资金的融通两个方面。本文将从房地产资金来源结构、房地产信贷、住房公积金三个方面进行重点阐述。

（一）房地产资金来源分析：总量下滑，结构仍由信贷主导

关于房地产投资资金来源主要数据，目前披露最详细的是国家信息中心下辖的中国房地产信息网。从资金来源总量看，黑龙江省房地产开发投资自2008以来先后经历了快速增长、逐步放缓、绝对下降三个阶段。第一阶段是2008～2011年，房地产开发投资快速增长，资金总额从472.35亿元迅速增加到1536.48亿元，年均增长率48.17%。第二阶段是2012年和2013年，房地产开发投资再创新高，但增速明显放缓，资金总额分别达到1711.04亿元和1833.64亿元，同比增长分别回落到11.36%和7.17%。第三阶段是2014年至今，房地产开发投资出现十多年以来的首次负增长，2014年投资总额为1405.75亿元，均低于2011～2013年，增速同比下降了23.19%。2015年上半年，黑龙江省房地产开发投资延续了2014年的下滑趋势，资金来源合计为457.38亿元，同比下降16.93%，增速仅高于辽宁，排名全国倒数第2位（见表1）。

表 1 2011～2015 年上半年黑龙江房地产开发投资资金来源情况

单位：亿元，%

年份	资金来源合计		国内贷款			自筹资金			其他资金来源		
	数额	同比	数额	同比	占比	数额	同比	占比	数额	同比	占比
2011	1533.13	47.09	59.53	22.62	3.87	1045.60	61.92	68.20	428.00	22.71	27.92
2012	1711.03	11.36	87.64	47.22	5.12	1104.07	5.59	64.53	519.32	21.34	30.35
2013	1833.64	7.17	130.19	48.55	7.10	1102.62	-0.13	60.13	600.83	15.70	32.77
2014	1405.70	-23.19	97.82	-24.86	6.96	909.94	-17.47	64.73	397.94	-33.77	28.31
2015*	457.37	-16.93	65.75	53.12	14.38	252.63	-25.60	55.23	138.99	-17.33	30.39

*2015 年为上半年数据。

从资金来源结构看，黑龙江省房地产开发企业资金来源主要由国内贷款、自筹资金和其他资金三部分构成。2014 年三者总量分别为 97.82 亿元、909.94 亿元和 397.94 亿元，占比分别为 6.96%、64.73% 和 28.31%。仅从数据看，自筹资金是开发资金的主要来源，而国内贷款比例最低，似乎显示房地产业对外部资金"需求很低"，对金融业的"依赖有限"。其实，这是对统计口径的误读。中国人民银行和银监会曾就房地产资金来源中的贷款进行针对性调研，发现在房地产企业自筹资金中有 70% 来自银行贷款，在订金和预售款中有 30% 来自银行贷款。如果根据央行和银监会的调研结论对口径进行调整，房地产企业对银行信贷的实际依赖程度会大大提高，在黑龙江省金融业发展相对滞后、直接融资比例偏低的情况下，银行信贷是房地产业资产的最重要支持。

尽管统计口径使国内贷款对信贷总量反映不全，但仍提供了一面反映融资结构的镜子。观察历年数据可以发现，影响国内贷款的最重要因素是全国性房地产信贷政策。回顾过去，2008 年末中央为对抗国际金融危机出台了"4 万亿"救市计划，实施积极的财政政策和适度宽松的货币政策，加大对房地产的刺激力度，对部分房贷利率实行七折优惠。受此利好影响，2009 年黑龙江省的国内贷款同比增长 152.21%，占全部资金来源的比重从 2008 年 6.19% 提高到 10.87%。2010 年国务院为遏制房价过快上涨，在 1 月和 4 月先后出台调控房地产市场的"国十一条"和"新国十条"，大幅提高二套房首付比例和贷款利率，受此影响当年黑龙江省的国内贷款同比下降了34.19%，占全部资金来源的比重从2009年10.87%回落到4.65%。2014年，为防止房地产投资过快下滑，促进房地产业健康发展，央行于9月30日出台房贷新政，首套房利率最低可至七折，并在随后数月内多次降息、降准；2015年3月30日，央行进一步放松房地产信贷政策，将二套房商业贷款首付从以前的七成降低为四成，营业税免征为期限由5年改为2年。受此利好影响，2015年上半年黑龙江省的国内贷款扭转了下降态势，逆势增长53.12%，占全部资金来源的比重也达到14.38%的历史新高。

（二）房地产信贷分析：增速趋降但仍高于其他贷款项系额的增速

关于黑龙江房地产信贷数据，目前披露最详细的是中国人民银行哈尔滨中心支行历年《黑龙江金融运行报告》。近年来黑龙江房地产信贷余额同比增速在2012年11月达到73.74%峰值后，呈现快速下降的态势，至2013年10月增速降为最低点，仅为6.13%；此后数月曾一度反弹，于2014年7月到达高点（同比增长50.88%），但随后又开始快速回落，2014年12月的同比增速为24.11%（见图1）。

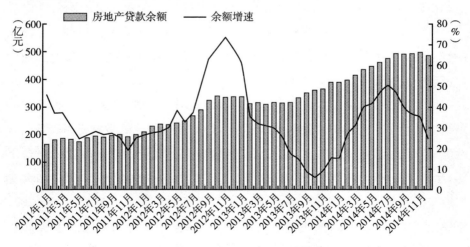

图1　2011年1月至2014年12月黑龙江房地产信贷余额同比增长率走势

　　尽管黑龙江房地产信贷余额增速出现了趋势性下降，但在 2015 年以前的绝大多数月份均高于金融机构全部各项贷款余额增速。从 2011 年 1 月到 2014 年 12 月，仅在 2013 年下半年房地产信贷余额增速短时低于金融机构全部各项贷款余额增速（见图 2）。这反映出房地产业是银行信贷资金的重点投向，房地产业和金融业存在事实上的相互影响、相互促进的关系，一方面来自银行的信贷资金支持了从购地、建筑开发到住房抵押贷款的完整产业链条，推动黑龙江房地产业的快速发展；另一方面黑龙江房地产业的快速发展又增加了信贷资金需求，进一步拉动了金融业繁荣。

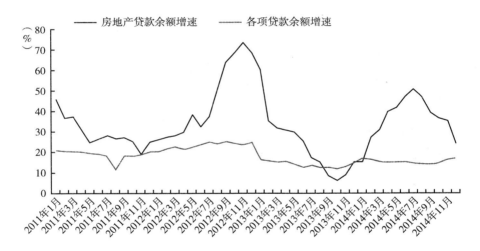

图 2　2011 年 1 月至 2014 年 12 月黑龙江房地产信贷余额与各项贷款余额走势比较

　　但值得注意的是，央行哈尔滨中心支行最新数据显示，2015 年上半年黑龙江省房地产贷款余额同比仅增长 3.2%，低于全省金融机构本外币各项贷款余额 16.7% 的增速，这是近年来非常罕见的现象。造成这种现象有两方面原因，一是从资金需求来看，持续加大的宏观经济下行压力导致居民收入信心指数下降，持币待购、推迟购房行为明显增加，个人住房按揭贷款需求下滑，开发商投资需求也随之放缓，整个房地产业对资金需求出现萎缩。二是从资金供给来看，由于国家及黑龙江省在产业结构调整过程中，银行金融机构出于防控风险、寻找新利润增长点的需要，在一定程度上调整了信贷投放结构，加强了战略性新兴产业的支持力度，而对房地产业、传统制造业等产能过剩行业的资金支持有所减弱。随着我国经济发展进入新常态，经济增速从高速进入中高速，增长动力从要素投资驱动转向创新驱动，原先的房地产与银行的共生关系会有所弱化，但当前银行若过快地调整资产结构，造成对房地产业的流动性约束，反而容易造成房地产硬着陆，加剧系统性风险。

（三）住房公积金运行

历史上，住房公积金数据属于政府内部资料，从公开渠道无法获得。直至 2015 年，住房和城乡建设部、财政部、中国人民银行联合下发了《关于健全住房公积金信息披露制度的通知》，全国各地相继公布了住房公积金运行情况。2015 年 5 月，黑龙江省住建厅联合省财政厅、中国人民银行哈尔滨中心支行首次公布了《黑龙江省住房公积金 2014 年年度报告》，对黑龙江住房公积金运行情况进行了详细披露。报告显示，住房公积金对房地产市场的资金支持主要是从个人住房消费贷款和保障性住房建设贷款两个渠道展开的。

从住房公积金支持个人住房消费看，2014 年黑龙江省共发放个人住房贷款 4.94 万笔 121.23 亿元，同比分别增长 9.20%、14.77%。回收个人住房贷款 86.81 亿元。截至 2014 年底，全省累计发放个人住房贷款 58.60 万笔 941.77 亿元，贷款余额 513.22 亿元，同比分别增长 9.19%、14.77%、7.18%。个贷率为 53.08%，比上年同期减少 2.81 个百分点。从公积金支持保障性住房建设项目看。根据经国务院同意，住建部、财政部等七部委印发的《关于利用住房公积金贷款支持保障性住房建设试点工作的实施意见》（建金〔2009〕160 号）规定，经住建部会同财政部、人民银行批准，2014 年全国共有项目贷款试点城市 93 个，试点项目 439 个，贷款额度 1248.03 亿元。其中黑龙江省试点项目 5 个，2014 年发放支持保障性住房建设项目贷款 1.64 亿元，应还贷款本金 10 亿元，实际回收贷款本金 10 亿元。截至 2014 年底，项目贷款余额为 13.14 亿元，累计发放项目贷款 46.14 亿元。

二　存在问题

（一）房地产投资下降较快，资金来源不足

2014 年以来，由于周期性和结构性因素的影响，黑龙江地区经济发展遇到了一些困难和挑战，GDP 增速回落，房地产投资下滑，房地产金融市场受到较大冲击。尽管中国政府在近一年内多次下调存贷款利率和个人住房公积金利率，但金融机构风险偏好降低，惜贷、慎贷、断贷现象增加。银行业对房地产信贷支持力度有所减弱，市场整体流动性偏紧，房地产企业资金来源不足，部分中小开发商面临巨大资金链断裂压力。由于房地产行业杠杆率高、上下游关联性强，当经济处在下行和衰退周期时，房地产投资下滑过快将加剧宏观经济波动，对稳增长、防风险带来严峻挑战。

（二）住房金融市场过度集中于间接融资市场的问题突出

无论是前面的房地产资金来源结构分析，还是后面的房地产信贷分析均显示，在房地产企业资金来源中（银行）金融机构贷款比重远高于资本市场融资比重。这样的融资结构实际上是黑龙江省金融市场不均衡在房地产金融市场中的间接反映。数据显示，2014 年黑龙江省社会融资规模达 2731 亿元，其中人民币本外币贷款高达 1975 亿元，间接融资比重达 71.2%，高于全国 10 个百分点。间接融资比重过高，一方面抬高了开发商融资门槛和融资成本，另一方面在房地产市场下滑时期容易加大银行体系的资产风险，不利于金融机构形成稳健的资产结构。

（三）住房公积金对房地产市场支持力度有待加强

黑龙江住房公积金对个人住房消费和保障性住房建设都发挥了一定的积极作用，但与全国其他省份相比，个贷率偏低、保障房贷款金额较小，公积金对房地产市场的支持力度有待加强。一般来说，公积金个贷率的理想水平为 85%

左右，如果高于85%，说明贷款需求旺盛而资金池供应紧张，可能出现缓贷或断贷现象，但如果低于85%，说明贷款需求不足而资金池供应过剩。2014年，黑龙江住房公积金个贷率仅为53.08%，居全国倒数第6位，不但远低于江苏（91.33%）、上海（82.05%）、北京（74.19%）等发达地区，也低于68.89%的全国平均水平，黑龙江公积金利用率整体不足，存在资金闲置和资源浪费。

从公积金支持保障性住房建设项目贷款来看，2014年全国共有439个试点项目，发放贷款143.21亿元，而黑龙江省仅为5个，发放贷款1.64亿元，资金支持力度总体偏弱。鉴于2015年黑龙江省计划开工建设保障性安居工程214702套，需投资约336亿元，新开工和结转项目数量多、资金需求量较大，在房地产税收、土地出让金双减少、银根收紧、贷款困难的多重影响下，资金短缺问题比较突出。有必要进一步发挥公积金对保障性住房的支持力度，争取扩大省内试点项目范围，加大公积金贷款投放总额。

三　未来预测

在我国经济发展进入新常态的大背景下，黑龙江的经济处在结构调整阵痛加剧、挖掘释放发展潜力势在必行的关键阶段，既面临全国三期叠加、东北地区经济下行压力加大的共性问题，也面临自身的特殊困难。对于房地产金融市场来说，既存在机遇和潜力，也面临风险挑战。

从不利因素看，一是黑龙江产业转型等长期结构性问题很难在短期内取得根本性改善，在全国经济放缓的背景下这一矛盾又被进一步放大，企业利润下滑、平均失业率攀升形成经济失速的连锁反应。房地产、金融业都是顺周期行业，宏观经济不景气造成商品房投资销售额锐减，房地产金融市场面临资金需求不足、违约风险加大、不确定性因素增多，行业下行趋势很难在短期明显逆转。二是黑龙江面临人口老龄化、低生育率和劳动力外流等深层次问题，制约了未来房地产市场的发展空间，对房地产金融市场的发展将产生负面影响。

从有利方面看，一是黑龙江省城镇化进程尚未完成，人均住房面积低于全国平均水平，长期看刚性住房需求仍有增长空间。2014年全省城镇化率达到 58.03%，离发达国家尚有很大差距，2013 年黑龙江省城镇居民人均住房建筑面积 30.0 平方米，低于全国 3 平方米。二是 2014 年下半年来，中央政府稳增长措施不断加码，财政货币政策相继发力，经济有望在 2016 年探明底部。宏观经济企稳回升将有力提振房地产市场信心指数，对房地产金融需求起到明显带动作用。三是原先针对房地产市场的限制政策相继松绑，新的房地产刺激政策不断出台。去年 12 月底黑龙江就出台了《关于促进全省房地产市场持续平稳发展的若干意见》，加大对购房缴存职工的支持力度，并在住房公积金个人住房贷款发放率低于 85% 的设区城市，适当提高首套自住住房贷款额度。对于贷款购买首套普通自住房的家庭，贷款最低首付款比例为 30%，贷款利率下限为贷款基准利率的 0.7 倍。2015 年"两会"以后，中央又相继出台了一系列促进房地产发展的利好政策：3 月底公积金贷款购买首套住房首付比例降为 20%。10 月初非限购城市居民家庭首次购买普通住房的商业性个人住房贷款，最低首付款比例从 30% 降低为 25%。截至 9 月底，央行已在 2015 年内四度降息、降准，五年期以上商业贷款和公积金贷款利率已从 2014 年同期的 6.55%、4.50% 下调至 5.15%、3.25%。2016 年，随着黑龙江宏观经济逐步企稳，房地产金融市场的快速下滑态势也有望得到遏制，预计房地产开发投资的负增长将收窄至个位数甚至转为正增长，房地产贷款余额增长率会从当前的接近零增长回升到 10% 左右，5 年期商业贷款和公积金贷款利率将分别维持在 5% 和 3% 左右。

四 政策建议

（一）强化金融支持 促进房地产市场平稳健康发展

进入 2014 年后，全国房地产市场进入下行周期，央行陆续推出了"930 新政""330 新政"，并多次降息、降准。黑龙江省政府也于 2014 年 12 月出台了《关于促进全省房地产市场持续平稳发展的若干意见》，对相关政策进行了调整，引导合理住房消费。当前黑龙江省面临整个东北地区经济失速，宏观经济形势严峻，尽管降息、降准使银行可动用资金明显增多，但房地产信贷环境发生了变化，金融机构大规模调整信贷结构，对房地产开发企业的支持力度有所减弱。为促进房地产市场平稳发展，黑龙江省一方面要鼓励银行金融机构、住房公积金对棚户区改造和保障性住房建设的资金支持力度，发行一定规模的地方政府债券用于筹集保障房建设资金，从而发挥保障性住房投资对房地产投资的拖底作用；另一方面要鼓励银行金融机构在防范风险的前提下继续支持房地产开发企业的合理融资需求，支持资质良好、诚信经营的房地产开发企业开发建设普通住房，积极支持有市场前景的在建、续建项目的合理融资需求，促进房地产市场平稳健康发展。

（二）提高直接融资比重　拓宽房地产企业融资渠道

黑龙江省现阶段房地产融资方式主要是间接融资。间接融资虽然可使房地产融资过程简单易于实施，但在一定程度上造成了企业融资难和融资成本高。间接融资高度依赖银行体系，而黑龙江省银行业市场集中度很高，银行规模效应强，主要服务于大型企业客户，很多中小开发商无法通过银行系统获得足够的资金支持。这种情况一方面限制了企业拿地、开发、销售进度，造成房地产供给不足；另一方面迫使中小开发商通过非正规渠道获取"高价资金"，抬高了企业开发成本，进而推高房地产品销售价格。因此，改变融资渠道过于单一，降低房地产企业融资成本就显得尤为重要。黑龙江省房地产业要积极探索直接融资模式，开展银团贷款、融资租赁、集合信托、在建工程抵押等业务，推进房地产信贷产品创新和担保方式创新。要抓住我国证券市场注册制改革契机，推动一批省内房地产开发企业上市融资；要充分利用银行间债券市场，通过担保、抵押、质押等信用增进方式发行中小企业集合票据，使原低于债券发行门槛的开发商具备债券发行资格、降低债券发行成本。

（三）发展住房抵押贷款证券化　有效分散房地产金融风险

间接主导的融资方式，一方面使银行业充分分享了房地产业的发展红利，另一方面也加剧了房地产金融风险向银行业集中。商业银行主要依靠存贷资金的利差收入获得利润，银行的负债端是期限较短的企业和居民储蓄，而资产端的个人住房贷款往往周期很长，这种短借长贷的经营模式使银行面临流动性、利率和信用风险，特别是购房人的还款意愿和还款能力会受到经济周期等外部因素影响，导致银行的资产端面临相同程度的不确定性。当经济衰退导致房地产泡沫破裂必然造成借款大量违约，银行坏账就会产生，对经济平稳运行和房地产业健康发展造成负面影响。在一系列缓释房地产金融风险的策略选项中，最为有效的就是住房抵押贷款证券化，资产证券化能够将期限较长的住房抵押贷款通过重新组合、打包切割的方式销售给投资者，从而移出银行的资产负债表，分散金融风险、释放商业银行的放贷能力。2013 年 8 月，国务院常务会议要求扩大信贷资产证券化试点，盘活存量资金。2015 年 5 月，国务院决定进一步推进信贷资产证券化改革，新增 5000 亿试点规模。2015 年 6 月，国内首单以个人住房公积金贷款为基础资产的资产支持证券——"汇富武汉住房公积金贷款 1 号资产支持专项计划"成功发行。黑龙江省要抓住机遇，发展个人住房抵押贷款、住房公积金贷款、棚户区改造和保障房信贷资金的资产证券化，有效分散房地产金融风险。

五　房地产投资下滑对金融业影响的实证模拟

基于房地产对宏观经济的重要作用，本文选择投入产出模型实证模拟黑龙江省房地产投资下滑对包括金融业在内的所有国民经济部门的冲击程度。以下介绍测算方法、结果及意义。

（一）模型与方法

投入产出法是一种数量经济分析方法，它通过编制投入产出表，揭示国民经济各部门生产和分配的内在联系。投入产出法的优势在于它能够一次性测算经济中某个部门的变化对其他所有行业的影响，这是普通计量方法无法实现的。利用投入产出 Leontief 需求拉动模型，可以模拟黑龙江省房地产投资下滑对包括金融业在内的所有国民经济部门总产出的影响程度（见表 2）。

表2　非竞争型投入产出简化模型

		中间使用	最终使用				进口	总产出
			消费	资本形成	出口	合计		
中间投入	本省产品中间投入	x_{ij}^d	c_i^d	in_i^d	ex_i^d	F_i^d		M_i
	调入产品中间投入	x_{ij}^m	c_i^m	in_i^m	ex_i^m	F_i^m	X_i	
增加值		V_j						
总投入		X_j						

x_{ij}^d 和 x_{ij}^m 分别表示本省中间产品、调入中间产品，F_i^d 和 F_i^m 分别表示本省最终产品、调入最终产品。V_j、X_j、M_i 分别表示增加值、总产出、总调入。非竞争型投入产出表的第一象限和第二象限是生产过程中的中间使用和最终投入。从使用的角度来看，存在行向平衡式：

$$\sum_{j=1}^{n} x_{ij}^d + F_i^d = X_i (i = 1, 2, \cdots, n) \tag{1}$$

现在令本省产品的直接消耗系数为 $a_{ij}^d = x_{ij}^d / X_j$，代入（1）式可得：

$$\sum_{j=1}^{n} a_{ij}^d X_j + F_i^d = X_i (i = 1, 2, \cdots, n) \tag{2}$$

将（2）式改写为矩阵形式，

$$A^d X + F^d = X \tag{3}$$

式中，A^d 是本身产品的直接消耗系数矩阵，X 是总产出列向量。对（3）式恒等变化得到：

$$X = (I - A^d)^{-1} F^d \tag{4}$$

当已知最终需求增加（ΔF_1^d, ΔF_2^d, $\cdots$, ΔF_n^d）^{T} 的基础上，就可以利用（4）式，计算得到本省各部门总产品增加量，这就是最终需求对总产品的拉动作用：

$$\begin{pmatrix} \Delta X_1 \\ \Delta X_2 \\ \vdots \\ \Delta X_n \end{pmatrix} = \begin{pmatrix} 1 - a_{11}^d & - a_{12}^d & \cdots & - a_{1,n}^d \\ - a_{21}^d & 1 - a_{22}^d & \cdots & - a_{2,n}^d \\ \vdots & & & \\ - a_{n1}^d & - a_{n2}^d & \cdots & 1 - a_{n,n}^d \end{pmatrix}^{-1} \cdot \begin{pmatrix} \Delta F_1^d \\ \Delta F_2^d \\ \vdots \\ \Delta F_n^d \end{pmatrix} \tag{5}$$

（二）实证测算

我们利用投入产出表模拟黑龙江省房地产投资下滑 20% 的情况下，对包括金融业在内的各行业总产出的最大影响（见表 3）。

表 3　房地产投资下降 20% 对各部门总产值的影响

排名	部门	跌幅（%）	排名	部门	跌幅（%）
1	非金属矿及其他矿采选业	13.95	21	化学工业	2.02
2	金属冶炼及压延加工业	10.30	22	木材加工及家具制造业	1.96
3	非金属矿物制品业	9.20	23	煤炭开采和洗选业	1.86
4	研究与试验发展业	9.11	24	造纸印刷及文教体育用品制造业	1.73
5	仪器仪表及文化办公用机械制造业	8.28	25	住宿和餐饮业	1.54
6	金属矿采选业	7.01	26	信息传输、计算机服务和软件业	1.50
7	废品废料	5.58	27	通信设备、计算机及其他电子设备制造业	1.46
8	电气机械及器材制造业	5.57	28	文化、体育和娱乐业	1.25
9	水的生产和供应业	4.64	29	综合技术服务业	1.18
10	工艺品及其他制造业	4.57	30	燃气生产和供应业	1.12
11	交通运输及仓储业	4.16	31	石油和天然气开采业	0.99
12	批发和零售业	3.31	32	交通运输设备制造业	0.98
13	租赁和商务服务业	3.25	33	纺织服装鞋帽皮革羽绒及其制品业	0.55
14	通用、专用设备制造业	3.22	34	水利、环境和公共设施管理业	0.45
15	居民服务和其他服务业	2.90	35	纺织业	0.38
16	金属制品业	2.69	36	教育	0.21
17	邮政业	2.63	37	卫生、社会保障和社会福利业	0.21
18	石油加工、炼焦及核燃料加工业	2.62	38	农林牧渔业	0.17
19	电力、热力的生产和供应业	2.24	39	食品制造及烟草加工业	0.15
20	金融业	2.15	40	公共管理和社会组织	0.01

表 3 的数据显示，房地产投资下滑将带动诸多部门总产值的下降，特别是采矿、冶金、设备制造等重工业部门和交通运输、批发零售、租赁商务等生产性服务业部门都会受到明显的需求冲击。对于金融业来说，如果房地产投资下降 20%，金融业总产值将下降 2.15%。需要指出的是，投入产出表反映的是经济各部门间的技术联系，各类消耗系数总体较为稳定，但考虑到近年黑龙江省房地产业和金融业都实现了快速发展，占 GDP 的比重进一步提高，两者之间的联系更加紧密，2015 年房地产投资下滑 20% 对金融业的实际影响会高于测算值，值得有关部门重视。

参考资料

中国人民银行哈尔滨中心支行网站。

黑龙江省住房和城乡建设厅网站。

倪鹏飞：《中国住房发展报告（2014~2015）》，社会科学文献出版社，2014。

房地产金融市场分析小组：《中国房地产金融报告2014》，中国金融出版社，2015。

夏明：《从投入产出数据看房地产发展对我国经济的影响》，《经济学动态》2009 年第 11 期。

黑龙江农村泥草（危）房
改造问题研究*

冉政语**

摘　要：　2008～2014 年，黑龙江省农村泥草（危）房改造160.3 万
户，其中危房48.4 万户，投资1134 亿元，提前一年完成
"八年基本完成改造任务"的目标。2015 年，黑龙江省又进
一步加快了农村泥草（危）房改造进程，预计投资80 亿元，
改造农村泥草（危）房12 万户，但在农村泥草（危）房改
造进程中仍然存在着一些发展桎梏，如何破解这一难题，改
善农户住房条件，逐渐成为新农村建设发展的重要课题。本
文结合黑龙江省农村泥草（危）房改造的基本现状和问题，
提出相应的改造措施，以加快农村泥草（危）房改造进程。

关键词：　黑龙江省　农村　泥草（危）房

一　黑龙江省农村泥草（危）房改造的基本状况

（一）农村泥草（危）房改造进程逐步加快

2015 年，黑龙江省乡村人口约为1869 万人，乡村户数517 万户。农房

＊　本文是2015年黑龙江省哲学社会科学规划项目"黑龙江省农业生产经营模式与县域经济发展
问题研究"（15Jyc02）阶段性研究成果。
＊＊　冉政语，黑龙江省社会科学院经济研究所实习研究员，博士研究生，研究方向为宏观经济、
农业经济研究。

砖瓦化率由 2011 年的 77.39% 增加到 2015 年的 96.20%，增长了约 18.81 个百分点；农村泥草（危）房户由 2011 年的 115.9 万户减少到 2015 年的 19.7 万户，减少了 96.2 万户（见表 1）。经过"十二五"期间的改造建设，2014 年，提前一年完成农村泥草（危）房"八年基本完成改造任务"的目标。"十二五"期间，黑龙江省各级政府采取了一系列措施，推动农村泥草（危）房改造进程，2011 年，黑龙江省农村泥草（危）房改造工作全面推展，农村人均住房面积由 2011 年的 24.8 平方米增长到 2015 年的 26 平方米左右，完成改造的泥草（危）房有 70% 为节能房，90% 达到 26 平方米/人，基本实现小康住房标准。截至 2014 年底，黑龙江省农村泥草（危）房改造获得国家补助 40.32 亿元，这进一步加快了黑龙江省泥草（危）房改造进程，农村住房条件得到了明显改善。

表1 "十二五"期间黑龙江省农村住房基本情况

单位：万人，万户，%

年份	乡村人口	农房	农房砖瓦化率	泥草(危)房
2011	1874.2	512.5	77.39	115.9
2012	1869.2	514.1	82.53	89.8
2013	1869.1	517.7	87.70	63.7
2014	1869.1	517.7	91.96	41.7
2015	1869.1	517.7	96.20	19.7

资料来源：根据黑龙江省 2011~2015 年《政府工作报告》和 2011~2015 年统计公报整理。

（二）农村泥草（危）房改造能力逐年提升

2011~2015 年，黑龙江省改造农村泥草（危）房 108.2 万户，投资 819.5 亿元，住房改造能力逐步提升，农民生活大有改善。2014 年，黑龙江省改造农村泥草（危）房 22 万户，投资 163.5 亿元，其中国家补助 7.3 亿元，推进整村改造试点 200 个。密山等市县在农村泥草（危）房改造进程中的"穿衣戴帽"工程效果显著，牡丹江、鸡西等地率先完成了农村泥草（危）房改造任务。黑龙江省在农村泥草（危）房改造进程中，新建和修缮损毁房屋 22858 户，捐建 8 个幸福大院、2 所学校；大庆油田援建同江八岔乡 92 栋住宅；黑龙江省住建厅荣获"中华慈善突出贡献奖"等。2015 年，黑龙江省预计改造农村泥草（危）房 12 万户，投资 80 亿元（见表2）。其中，贫困地区农村泥草（危）房 4 万户；其他地区 7 万户，2015 年 10 月底前全面竣工入住 11 万户。黑龙江省在农村泥草（危）房改造中，探索利用省级补助资金建设农村幸福大院，每个县（市）抓 1 个幸福大院试点。

表2　"十二五"期间黑龙江省农村泥草（危）房改造情况

单位：万户，亿元

年份	改造农村泥草（危）房	投资总额
2011	26.1	196.0
2012	26.1	200.0
2013	22.0	180.0
2014	22.0	163.5
2015 *	12.0	80.0

注：＊2015 年为预计数。

资料来源：根据黑龙江省 2011～2015 年《政府工作报告》和 2011～2015 年统计公报整理。

（三）农村泥草（危）房补助力度逐渐加大

2015 年，中央对黑龙江省农村泥草（危）房改造的补助标准提升到每户 7500 元，贫困户每户增加 1000 元，建筑节能示范户每户再增加 2500 元，进一步加大了对农村泥草（危）房改造补助的配套建设，强化了对农村特困户和建筑节能示范户的补助支持力度。2015 年 3 月 11 日，住建部、国家发改委、财政部三个部委联合下发了《关于做好 2015 年农村危房改造工作的通知》（建村〔2015〕40 号）。2015 年 7 月 28 日，黑龙江省住建厅、省发改委、财政厅三个部门结合黑龙江省农村泥草（危）房改造工作实际，也联合下发了《黑龙江省 2015 年农村危房改造实施方案》（黑建村〔2015〕29 号）文件，明确规定了农村泥草（危）房改造的补助金额、补助政策、补助对象等，这进一步加快了黑龙江省农村泥草（危）房改造的步伐。"十二五"期间，黑龙江省农村泥草（危）房改造补助力度呈现明显的增长趋势，农村泥草（危）房改造补助金额由 2011 年的一般户 3000 元增加到 2015 年的 7500 元；贫困户补助金额由 2011 年的 6000 元增加到 2015 年的 8500 元，此外建筑节能示范户再增加 2500 元，泥草（危）房改造每户可以得到中央补助资金 7500～11000 元，补助力度逐渐加大。

（四）农村泥草（危）房改造扶持政策逐渐完善

"十二五"期间，黑龙江省逐步建立完善了政府补助机制、考核奖惩机制、审批简化政策、编制建设规划等一系列的泥草（危）房改造政策帮扶体系。一是省、市、县分别建立了农房改造建设补贴机制，加大了对农村特困户、贫困户的建房补助力度；市、县还在预算中安排了农房补贴专项资金，用来补贴道路建设、排水边沟、过街桥涵等农房配套建设工程。二是建立了考核奖惩机制，加强对市、县农村泥草（危）房改造的考核，完善了资金奖励、通报批评、限期整改等考核措施。三是简化了农房建设审批手续，制定了农村泥草（危）房改造的相关优惠政策，简化了审批手续，免除了行政事业性收费，并对实施农村泥草（危）房改造的农户给予设计帮扶、建材提供等方面的优惠政策。四是支持乡级政府编制农村建设发展规划，推进农村泥草（危）房改造建设的良性发展，坚持规划先行，着重解决盲目建设、重复建设、无序建设等问题，并对各规划设计部门减半收取农村泥草（危）房改造规划设计费做出了政策性规定。

二 黑龙江省农村泥草（危）房改造存在的问题

（一）泥草（危）房改造所剩困难户比重大

大部分容易改造的农户已经完成改造，"十二五"时期所剩的 7.7 万户泥草（危）房大多数是经济条件较差、交通不便的边远地区零散户，自己难以负担改造任务，仅靠政府补助的资金难以实现改造任务，急需各级政府加大补贴力度，实现"十三五"对所剩的 7.7 万户泥草（危）房改造工程的全面竣工，并进一步提升农民住房质量，加快黑龙江省新农村建设，为全面建设小康社会提供保质保量、安全可靠的住房保障。

（二）泥草（危）房改造的匹配补助资金不足

各级政府对泥草（危）房改造补助资金面小，部分市县政府没有很好的落实省政府关于农村泥草（危）房改造的政策，匹配补助资金也没有很好落实到位，导致部分建房农民没有得到政府的补助资金，只有示范村、试点村及少数面上的农村泥草房改造户得到了政府补助，没有得到补助的农户意见较大。此外，有些地方没有完善的公开公示制度，补助对象的基本信息和各审查环节的结果没有公开公示，或者公开公示的时间、内容等不符合规定，对农村泥草（危）房改造补助资金滞拨、滞留、挪用、串项、克扣、索贿等现象时有发生，对申报材料弄虚作假，对补助对象的认定进行暗箱操作、人情交易等，严重阻碍了农户对泥草（危）房改造的积极性。

（三）泥草（危）房改造建房技术人才匮乏

当前农村缺少建房人才的问题十分突出，县、乡两级机构不健全，更缺少懂专业的人才，有的县建设局乡建股只有一人负责村镇建设工作，乡（镇）级机构一般只有一个建设助理还是兼职的，对农民建房指导鞭长莫及，农村泥草（危）房改造技术人才的匮乏严重影响了农房改造质量、改造进程等，在一定程度上阻碍了美丽乡村建设步伐和全面小康社会建设宏图。

（四）泥草（危）房改造的相关政策宣传不到位

由于农村泥草（危）房改造的相关政策宣传不到位，使一些农户不清楚泥草（危）房改造的建房标准，没有控制好改造面积，存在着一些泥草（危）房改造的面积超标等问题。此外，泥草（危）房改造的补助对象、补助标准、补助资金等相关政策不透明，许多改造户根本不了解申请、公开、公示等相关程序和政策，导致一些乡村干部在农村泥草（危）房改造过程中存在着违规操作、甚至乱收费等现象，严重违反了省、市、县相关住建部门的有关规定，使得泥草（危）房改造的公平、公正性遭受质疑。

（五）泥草（危）房改造的监管力度不足

在黑龙江省农村泥草（危）房改造进程中，由于监管和执行力度不够，一方面农户档案存在着不准确、不规范、不健全等问题，信息不全、改造前、中、后的照片不准确或没有照片等现象相对普遍。另一方面有些地方缺乏监管，危房改造结束后，不搞验收，致使一些农户建房不符合改造要求，出现墙体开裂、基础沉陷等质量问题。此外，农村泥草（危）房改造的政策执行和资金使用情况检查执行力度不够，形式单一（主要以现场抽查为主，覆盖面小，频率低），容易导致行贿、受贿等不良社会风气的发生。

三　加快农村泥草（危）房改造进程的对策建议

（一）加大农村泥草（危）房改造核查力度

进一步加强农村泥草（危）房改造的核查工作，核准、核实农村泥草（危）房基本情况，确保农户档案真实、准确，加强对改造户住房面积、贫困类型、改造前、中、后的照片等内容真实性的监督核查力度，并结合农村泥草（危）房改造的相关情况，合理有序推进农村泥草（危）房改造，有效改善各乡（镇）、村、户的农户居住状况。拆除并重建具有安全隐患的农村泥草（危）房，修缮加固具有局部危险的农村泥草（危）房。对自建有困难的五保户等特殊农户，各乡（镇）、村政府应加大帮扶和补助力度，协助农户解决基本住房问题。对翻建新建的农村泥草（危）房改造要严格控制其建筑面积和总体造价，其总体面积原则上控制在 40～80 平方米，人均建筑面积控制在 13～26 平方米，达到基本满足农民生产和生活需求，力争实现小康住房标准，并体现出地方建筑风格和民族特色，传承和创新发展农户住房建设的历史继承性。此外，各级政府、人民团体、科研单位、建筑企业等要在农村泥草（危）房改造资金筹措、建料购买、住房规划、环境整治等方面加强对泥草（危）房改造工程的监督和核查力度，严把住房质量关，确保改造房屋质量合格、安全可靠。

（二）完善农村泥草（危）房改造的资金保障

整合农村泥草（危）房改造项目相关资金，有机衔接涉灾、扶贫、危房改造等资金，拓宽资金筹措渠道，加强银行贷款、政府补贴、社会救助的支持力度，严控农村泥草（危）房改造资金专款专用、专项管理、专账核算，将补助资金足额发放到农村泥草（危）房改造农户。省、市、县要发挥典型示范带动作用，确定本地区农村泥草（危）房改造试点，制定改造计划，并给予政策和资金支持。各县（市）、乡（镇）根据实际情况确定示范村和试点村数量，各相关部门资金适度向示范村和试点村倾斜，加强泥草（危）房改造的资金保障。

（三）做好农村泥草（危）房改造的节能环保配套建设

在农村泥草（危）房改造的同时，重点做好农村柴草垛治理、标准化厕所建设、仓房存储布局等配套设施建设，加强庭院整治、街沟硬化、绿化排水等方面建设，健全农村卫生管理制度，推广草砖、草板、复合墙板、太阳能等节能技术。按照节约资源原则，鼓励农户建设楼房，并选择村镇住房建设规划区内闲置宅基地、空闲地、废弃地等作为建房用地。要求各级住房设计部门免费设计、发放节能省地、环保安全的泥草（危）房改造设计图纸，结合太阳能、燃池、空心砖、陶粒砌砖、外挂苯板、塑钢门窗等新能源和新材料构思泥草（危）房改造建设方案，支持农户建设节能环保房，着力解决农村环境卫生脏、乱、差等问题，开展绿化活动，引导黑龙江省在农村泥草（危）房改造上的美丽乡村建设。

（四）强化农村泥草（危）房改造的政策指导

各乡（镇）、村政府要紧密结合建材下乡，组织协调农户建材采购、建材运输等，通过严把建材质检关、完善乡镇住宅建设管理、加强建筑工人培训等措施，有效整合社会资源，调动农户对农村泥草（危）房改造的积极性，有计划、有步骤改善农户居住环境。黑龙江省各级政府要充分认识农村泥草（危）房改造的重大意义，省、市、县有关农村泥草（危）房改造工作的相应领导和办事机构要认真研究农户泥草（危）房改造政策，确定方案，明确目标，严格考核，并将补助对象、改造标准、申报程序、公示公开、建房要求手续及验收等政策和内容清楚地传达到农户。由省、市（地）、县（市、区）住建部门统一部署，着力推进农村泥草（危）房改造的政策指导执行力，落实县（市）、乡（镇）泥草（危）房改造政策，增强执行能力。

（五）加强农村泥草（危）房改造的制度保障

将农村泥草（危）房改造工作列入各级政府的考核制度中，强化县级政府对农村泥草（危）房改造工作的督查指导，各级相关部门密切配合、明确分工、落实责任、完善配套，共同推进黑龙江省农村泥草（危）房改造工作进程。各级住建、发改、财政等部门制定相关农村泥草（危）房改造的优惠政策，加强对五保户、低保户、残疾人、贫困户、单亲户等农户住房刚性需求的帮扶工作，完善农户住房保障体系。各级与住宅建设相关的部门建立建筑节能环保培训责任制体系，让房屋建筑、节能环保等方面知识、技术真正扎根落实到农村泥草（危）房改造工程上，完善泥草（危）房改造咨询制度。认真解答农民咨询，讲清泥草（危）房改造政策，妥善处理农户反映问题，并进一步完善农村泥草（危）房改造进程中的建材运输、劳务输出、技术咨询等方面的制度保障体系建设。

参考文献

孙中华：《大力培育新型农业经营主体夯实建设现代农业的微观基础》，《农村经营管理》2012 年第 1 期。

陈锡文：《把握农村经济结构、农业经营形式和农村社会形态变迁的脉搏》，《开放时代》2012 年第 3 期。

陈晓华：《现代农业发展与农业经营体制机制创新》，《农业经济问题》2012 年第 11 期。

黑龙江农村新型节能住房
改造问题研究

尚 晶*

摘　要： 为改善农民居住条件，国家启动了农村泥草（危）房改造工程，新型节能住房是农村泥草（危）房改造的基本要求。本文立足黑龙江省农村新型节能住房改造的现状，从黑龙江省农村新型节能住房改造工程的进展着手，分析了黑龙江省农村新型节能住房改造中出现的问题，并结合存在的问题，提出了相应的对策建议。

关键词： 黑龙江　农村　新型节能住房

2015 年是"八年泥草房改造"任务收官之年，也是全国新型城镇化试点工作以及农村环境综合整治的启动之年。2015 年 3 月，住建部、国家发改委、财政部联合下发了《关于做好 2015 年农村危房改造工作的通知》，指出 2015 年中央支持全国农村地区贫困农户改造危房，在地震设防地区结合危房改造实施农房抗震改造，在"三北"地区（东北、西北、华北）和西藏自治区结合危房改造开展建筑节能示范。

一　农村新型节能住房改造的现实意义

随着城镇化、农业现代化的推进，我国农房建设逐年增加，但普遍存在

---

* 尚晶，黑龙江省社会科学院应用经济研究所助理研究员，研究方向为应用经济。

建筑质量差、缺乏设计、不方便和不舒适等亟待解决的问题。同时，农房实际使用年限短、翻建更新频繁、能耗大、能效低，浪费能源资源、破坏环境。实现农村经济的高效发展和农村区域的可持续发展，需要农村地区合理高效和低消耗的使用资源。农村新型节能住房是适应新时期新农村住宅的现实需要，是适应新时期节约能源、避免资源浪费和实现农村住宅高质量服务、低消耗和清洁优美居住环境的需要。农村新型节能住房在美观、经济、实用的同时，还要达到节能环保、高效利用能源的效果，避免能源的浪费和对环境的污染。

绿色农房是节能住房的典范，推进绿色农房建设，有利于提高农房建筑质量，改善农房舒适性和安全性，强化农房节能减排；有利于延长农房使用寿命，帮助农民减支增收，提升农村宜居性，加快美丽乡村建设；有利于带动绿色建材下乡，促进区域大气污染防治、产业结构调整和经济转型升级。为贯彻落实中央关于大力推进生态文明建设的总体要求，加快推进"安全实用、节能减废、经济美观、健康舒适"的绿色农房建设，推动"节能、减排、安全、便利和可循环"的绿色建材下乡，2013年12月，住建部、工信部下发了关于开展绿色农房建设的通知。

黑龙江省农村住宅经历了传统的泥土房（土坯房）向砖木、砖瓦化的演变过程。屋内的地面也由传统的土面逐渐地向水泥地面到地砖和地板方向变化，农户的门窗也由木门、木窗向塑钢门窗转变。然而，目前农村住宅仍然大多采用一层独立式建筑，维护结构裸露、冬季结霜严重，缺乏绝热设施，单位建筑空间的散热面积大、能耗高，多数屋顶和外墙都没有隔热结构，传热系数大，供暖方式单一。以燃烧秸秆为主的取热方式不仅形成了大量的有害物质，造成空气污染，而且屋内堆积的大量柴草，影响室内的舒适和美观，同时也存在安全隐患，许多电线为裸线，极不安全。能源在屋内未能实现高效环流使用，远未实现舒适、洁净与节能的要求。黑龙江省农村住宅的上述特点决定了实施农村新型节能住房改造工程的必要性和紧迫性。

二　黑龙江省农村新型节能住房改造现状

农村泥草（危）房改造是黑龙江省委、省政府深入贯彻科学发展观、坚持以人为本、着力解决民生问题、缩小城乡差距、促进经济社会协调发展做出的战略决策，是一项民心工程、惠民工程和德政工程，这项工程覆盖面大，涉及面广。农房建筑节能示范是危房改造试点的重要内容，国家下达黑龙江的农村危房改造节能住房要达到100%。因此，黑龙江省农村新型节能住房改造与农村泥草（危）房改造进程是同步进行的。

（一）农村新型节能住房改造标准

1. 农村新型节能住房改造补助标准

住建部、国家发改委、财政部《关于做好2015年农村危房改造工作的通知》中指出，农村危房改造中央补助标准为每户7500元，在此基础上对贫困地区（集中连片特殊困难地区县和国家扶贫开发工作重点县）每户增加1000元补助，对建筑节能示范户每户再增加2500元补助。各市、县政府在中央补助标准的基础上，根据本地实际情况安排部分资金用于危房改造补助配套，可依据农村危房翻建新建、修缮加固、建设标准、成本需求和补助对象自筹资金能力等不同情况，合理确定不同地区、不同类型、不同档次的分类补助标准，并向特困户和农村危房改造建筑节能示范户倾斜，具体配套补助标准由市、县人民政府确定。

2. 农村新型节能住房改造建设标准

农房建筑节能示范是危房改造试点的重要内容，国家下达黑龙江的农村危房改造节能住房要达到100%。建筑节能示范要严格执行住建部《严寒和寒冷地区农村住房节能技术导则（试行）》，大力推广草砖、草板、复合墙板、外墙外保温、外挂苯板和太阳能等节能技术。

（二）黑龙江省农村新型节能住房改造工程的建设任务

1. 总体任务

农村新型节能住房建设是黑龙江省农村泥草（危）房改造的基本要求，2007年，黑龙江省第十次党代会做出了加快农村泥草房改造部署，黑龙江省委、省政府把农村泥草房改造列入全省"十大民生工程"，计划争取用8年时间基本消灭泥草（危）房。明确了全省改造泥草（危）房160万户的任务，每年平均改造20万户农村泥草房，85%以上的泥草房得到改造；改造的农村泥草房中有70%以上为节能、节地、符合抗震要求、环保型住房；90%的农村住房达到人均26平方米的小康住房指标。

2. 任务落实情况

为切实改善农村居住条件，推进农村新型节能住房改造工程取得新进展，黑龙江省出台了一系列工作方案，不断明确农村新型节能住房建设的任务。2009年9月，省住建厅印发《黑龙江省农村危房改造试点建筑节能示范技术方案》，对进一步加强黑龙江省农村危房改造试点建筑节能示范工作提出了具体要求。2013年4月，省住建厅召开全省村镇建设暨农村建筑节能新技术推介会，强调将农村泥草（危）房改造作为2013年的重点工作之一。2013年8月，省住建厅、省发改委、财政厅联合发布的《黑龙江省2013年农村危房改造实施方案》中明确指出，农房建筑节能示范是危房改造试点的重要内容，国家下达黑龙江的农村危房改造节能住房要达到百分之百。2013年12月，省住建厅出台的《黑龙江省农村住房建设最低要求》对黑龙江省农房建设在从规划选址、建筑设计到卫浴、电气等十个方面做出了明确规定。2014年3月，省住建厅在《关于印发2014年全省村镇建设工作要点的通知》中指出，开展绿色农房试点，建设节能省地住房。认真落实工信部、住建部联合下发的《关于开展绿色农房建设的通知》精神，组织开展绿色农房建设试点，按照"因地制宜、就地取材，突出地方特色、传统风貌，示范试点带动"的原则，指导各地加快推进"安全实用、节能减排、经济美观、健康舒适"的绿色农房建设，节能住房比例要达到95%以上。

（三）黑龙江省农村新型节能住房改造工程的进展

1. 农村新型节能住房数量逐年增加

在省委、省政府的高度重视和正确领导下，在各级党委、政府、规划、建设主管部门的共同努力下，黑龙江省农村泥草（危）房改造工作取得了突破性进展，截至 2014 年底，完成国家下达农村泥草（危）房改造任务 48.42 万户，获得国家补助 40.32 亿元，完成投资 1134 亿元，提前一年完成"八年基本完成改造任务"的目标，改善了农村贫困户的住房条件，使他们实现了住安全房的愿望，深受广大农民的欢迎和认可。其中，2009 年改造泥草（危）房 22.2 万户、1878 万平方米，投资 137 亿元，分别较上年增长 10.01%、9.5% 和 9.42%。2011 年，泥草（危）房改造完成 26.1 万户，投资 196 亿元，超出年初计划 4 万户，农危房节能示范工作在全国排名第一。2015 年 10 月，已完成农村危房改造任务 11 万户（含节能示范户 5.4 万户），其中贫困地区危房改造 4 万户；其他地区危房改造 7 万户（含抗震设防烈度 8 度及以上的地震高烈度设防地区农房抗震改造 5600 户）。

2. 节能住房、绿色农房成为农房建设主导

黑龙江省农村泥草（危）房改造工程启动之初就将目标定位在建设农村新型节能住宅上，2008 年出台的黑龙江省人民政府《关于加快农村泥草房改造的指导意见》中就已明确指出要引导农民建设节能住房，得到补助的建房户原则上要建设节能住房。黑龙江省各级住建部门大力推广草砖、草板、太阳能、复合墙体、空心砖、陶粒砌块、外挂苯板、塑钢门窗、地下燃池等农村住房节能新技术、新材料和新产品。目前，草砖、草板、复合墙体、外挂苯板、太阳能和装配式等多种节能技术已在全省农村得到广泛应用，深受农民认可。哈尔滨、大庆、齐齐哈尔、黑河等地及垦区、林区分别建成了一批农村节能住宅小区，为全省农村泥草房改造、建设节能型住房提供了样板和示范。2009 年全省农村新建节能住宅 17.76 万户，占新建房总数的 80%，同比增长 105%。目前，黑龙江省已改造完成的泥草（危）房基本都是新型节能农房。

三　黑龙江省农村新型节能住房改造工程存在的问题

2008 年以来，黑龙江省农村新型节能住房改造取得了良好进展，然而也存在一些问题，造成一些不良影响。目前黑龙江省农村新型节能住房改造存在如下主要问题。

（一）关于农村新型节能住房建设的政策宣传和解读不到位

由于政策宣传和解读不到位，农户对危房改造中节能住房建设的补助对象条件、补助标准、补助资金发放程序等了解得不够。一些地方没有严格执行将补助对象的基本信息和各审查环节的结果在村务公开栏公示的制度，没有进行公示，或公示的内容、时间不符合规定。造成群众对泥草（危）房改造中关于节能住房建设政策的误解，甚至会导致一些建房户的不满，到处打电话咨询或上访。

（二）农村新型节能住房建设补助资金使用监管措施不完善

一些地方执行补助资金管理规定不到位，下达补助资金不及时。规定用于节能住房改造的专项资金滞拨、滞留、挪用、串项等不规范问题时有发生，严重影响了农村危房改造的意图；许多行贿、索贿案件发生在补助资金发放给危改户之后，监管难度大。另外，各级政府对农村节能住房改造政策执行和资金使用情况的检查方式比较单一，主要以有关部门现场抽查为主；现场抽查的覆盖面偏小，频率较低；资金使用和监管透明度不高，导致社会和公众对农村节能住房改造资金使用监管的参与度不足。

（三）新建农房难以达到国家规定的节能标准

1. 农房建设缺乏整体设计

目前，黑龙江省农村居民的住宅仍然以农户自主建设为主，住宅设计缺少统筹规划和节省能源的全方位设计，房屋设计仍以传统的模仿构建为主，通常一个时期建设的房屋在外观和格局上都极为相似。不论是住宅的整体构造还是居室设计都缺乏科学指导，以外观为主的住宅构造模式比较粗犷，在建造过程中对环境、资源和能源都造成了极大的浪费，暴露出技术含量低、高耗能、低质量等诸多缺陷。

2. 农村建房材料选购缺乏科学指导

农房建设以农民自建为主，建材选择具有很大的随意性，农民都是自请泥瓦匠和木匠以及各种小工建造房屋，然后根据工匠的要求，自己到材料市场选购材料，许多材料的选择都缺乏系统的设计，根本谈不上考虑节能。

3. 农房建设施工队伍缺少现代科学技术培训

农民自建房屋过程中聘用的施工队基本是以农村学徒出身为主的泥瓦匠为主，缺少现代科学技术培训。掌握节能技术的水平有限，难以达到建设新型节能住房的技术标准。

（四）统计信息系统不健全，电子档案不及时、不准确

制作节能住房建设的电子档案和纸质档案不及时、信息不全，住房改造前、中、后的照片不准确或缺少照片等问题比较普遍，不仅给后期的审计工作带来不便，而且不利于准确把握农村新型节能住房改造的工程进展。

四 加快黑龙江省农村新型节能住房改造的对策建议

新型节能住房改造是关乎改善农民住房条件，建设美丽乡村的大事，针对住房节能改造中出现的问题，提出如下对策建议。

（一）加强政策的宣传，完善农村新型节能住房改造咨询制度

按国家的要求，各地应认真、细致地向农民讲清楚节能住房改造的补助资金发放政策和建房标准，加强农村新型节能住房改造政策的宣传，成立农村新型节能住房改造政策咨询小组，回答农民的咨询，正确处理建房农民所

反映的问题，使建房农户切实了解国家及省里关于农村新型节能住房改造的各项政策，推动农村新型节能住房改造工作取得新进展。

（二）加强农村节能住房建设补助资金的管理

新型节能住房改造补助资金与农村泥草（危）房改造资金是同步发放的，国家规定对该项资金实行专项管理、专账核算、专款专用，直接发放到房改户。各级住建部门要协调财政部门，按照国家的要求，将农村节能住房改造补助资金直接拨付到建房农民的银行存折上，确保节能补助资金发放给建造新型节能住房的农户。新型节能住房改造工程的目的是为农村贫困人群改善居住条件，各级住建部门和乡（镇）工作人员都是为农村危房改造服务的，为切实保障建房农户的合法权益，发现问题要及时纠正和指导，确保农村危房改造建筑节能示范落到实处，取得成效，坚决维护广大农民节能住房改造的利益不受任何伤害。对挪用、改用、串用、滞留和整合农村住房改造补助资金的组织、机构、个人坚决予以严厉打击。

（三）开展节能技术培训，加强农房建设质量监管

1. 因地制宜推广建筑节能技术

为保证农村新型节能住房建设质量，有关部门要按照黑龙江省住建厅2009年9月印发的《黑龙江省农村危房改造试点建筑节能示范技术方案》要求，各县（市、区）建设部门要成立农村危房改造建筑节能示范技术指导小组，制订本地农村危房改造建筑节能示范技术实施方案，明确当地应用和推广农村建筑节能技术。农房建筑节能示范项目的重点是墙体、门窗、屋面、地面等农房围护结构的节能措施，要利用有限的资金，采取最有效的措施，尽可能地改善农房的热舒适性。根据当地地理和资源条件，尽量选取当地材料，传承和改进传统建筑节能措施，尊重农民生产生活习惯，因地制宜地采用经济合理的节能技术。

2. 加强施工技术培训，严把建房质量关

各级住建部门尤其是县级住建部门要加强节能宣传推广，组织有关工程

技术人员下乡蹲点，深入农村建房现场，在农房施工队伍中开展节能技术培训，普及节能知识，在住宅结构、建筑材料选择、居住功能的整体设计上帮助农民建立科学合理的设计规划方案。坚持就地取材和利用本地节能保温材料的原则，大力推广和应用草板、草砖、复合墙体、外挂苯板、太阳能等建筑节能技术。在追求住宅外观漂亮的同时，重点加强基础技术、关键节能技术的研究，在农村节能住房改造实践中不断完善节能住宅建设的配套技术。各级住建部门还要对节能住房改造施工现场开展质量安全巡查与指导监督，加强农村新型节能住房竣工质量安全检查，严把建房质量关，对检查不合格的限期整改，按照"农房设计图"指导农民建房，确保农村新建节能住房质量合格、安全可靠。

（四）建立健全新型节能住房建设统计信息系统，建立节能住房改造档案

新型节能住房建设统计工作是准确把握农村住房条件改善程度的重要依据，是有关部门开展督办检查验收工作的重要依据。各地要及时做好统计数据的收集并及时、准确、完整地制作农村新型节能住房改造纸质档案及电子档案，电子档案信息要真实、准确，尤其是住房整体设计方案、建筑材料、施工现场等内容的真实性。建筑节能示范户录入信息系统的"改造中照片"要充分反映主要建筑节能措施的施工现场真实场景。

城乡建设篇

Report Urban and Rural Construction

黑龙江城乡规划编制和实施情况探究

王海英　隋云鹏　陈 旭*

摘　要： 本文介绍了"十二五"期间黑龙江省城乡规划的构建体系、城乡规划的质量管理和实施管理，以及"十二五"期间，依据《黑龙江省城乡规划"十二五"规划纲要》和《黑龙江省城镇体系规划》，开展黑龙江省城乡建设，所取得的阶段性成就，同时对今后规划编制的顶层设计提出对策建议。

关键词： 黑龙江　城乡规划　编制和实施

"十二五"时期，黑龙江省各地市紧紧围绕省委、省政府和全省城乡建设工作重点，以提高城镇化质量、构建科学合理的城镇化格局为目标，以保

---

* 王海英，黑龙江省社会科学院应用经济研究所副研究员；隋云鹏，黑龙江省社会科学院应用经济研究所助理研究员；陈旭，黑龙江省社会科学院应用经济研究所研究实习员。

障和改善民生为主线，不断创新工作手段和方法，完善法律法规体系建设，科学编制并依法有序实施城乡规划。坚持先规划、后建设的原则，合理配置和高效利用区域自然、生态、人文资源，优化生态环境，保持历史、自然风貌特色，在经济社会发展、推进新型城镇化建设、城市功能完善、空间品质提升、人居环境改善等方面发挥了重要的作用。

一　创新理念构建规划编制体系

（一）形成了完善的规划编制体系

1. 规划体系完整规范

"十二五"时期，黑龙江省已经形成了区域城镇体系规划、城市总体规划、详细规划、专项规划和城市设计等门类齐全的规划体系。开展了第二轮省域城镇体系规划修编，完成了近 60 个城市（县）第四轮总体规划修编。审查了 33 个城市总体规划，加快了村镇规划编制进度，编制了《黑龙江省村镇体系规划》，完成了大部分县（市）域村镇体系规划，小城镇总体规划、村庄规划。截至 2014 年底，组织编制 64 个居民点空间布局规划、34 个县（市）域村镇体系规划，54 个乡（镇）总体规划和 88 个中心村建设规划。大中城市、县城、镇、村的规划得到进一步完善。控制性详细规划基本覆盖了所有城市重点建设地域。同时，组织各地编制住房、绿地、"三供两治"、风景名胜区等城市规划和各类城市设计。各地空间发展战略、概念规划、城市设计等非法定规划的编制种类和质量达到了有史以来的最高水平。

2. 城市群、新区等规划带动城市跨越式发展

《哈尔滨大都市区圈规划》对于哈尔滨大都市圈等城市功能进行了准确定位和产业合理布局，缓解了特大城市中心城区压力。哈尔滨大松北空间布局规划、哈南工业新城、齐齐哈尔齐南新区总体规划、大庆庆西新城、牡丹江江南新城和鹤岗松鹤新城总体规划等城市新区规划，理念新、定位高、特

色鲜明，具有前瞻性，并有效地节约资源，避免了重复建设，提高了城市新区规划品位，为城市新区向现代化、高端化发展提供了指导。

3. 实现了由数量型向数量和质量并重的转变

《哈尔滨市城市供水工程专项规划（2010～2020年)》《哈尔滨市城市总体规划低碳专题研究报告》《传承与再生——哈尔滨市中华巴洛克街区保护规划》《大庆市形象设计》《伊春市中心城总体设计》《海林市横道河子镇历史文化名镇保护规划（2010～2030年)》《大庆市创业城一期修建性详细规划》等先后获得了国家级优秀规划设计奖项。黑河市爱辉区坤河乡黄旗营子村被选为住建部2013年试点村庄规划编制单位，鸡西市密山市白鱼湾镇被选为住房城乡建设部2014年村庄规划、镇规划和县域村镇体系规划试点。

（二）侧重保障民生需求打造民心工程

1. 注重保障公共利益和民生需求

黑龙江省住建厅加强审查项目质量把关和量化评价，对棚户区改造等民生项目规划设计质量进行动态监控。提高了对棚户区、城镇旧住宅区、主街路改造和重点园区、重大项目建设等重点工作的规划设计服务质量。棚户区面积存量大，改造任务重，改造成本高，为了从根本上优化人居环境，美化城市形象，黑龙江省住建厅印发了《关于进一步加强棚户区改造修建性详细规划管理的通知》，未编制棚户区改造建设项目控制性详细规划的地块，不能列入当年棚户区改造计划，以科学的规划设计整合城市布局、完善城市功能，注重突出城市地域风貌特色，传承城市文化精神，指导棚改项目建设成为设施配套、功能齐全、环境优美、适宜人居的民生品牌工程。黑龙江省最大连片棚改项目齐齐哈尔市建华区建北棚户区接近完工。

2. 扎实推进城镇旧住宅区的整治改造工作

为改善人民群众特别是中低收入群体的居住环境，在城市总体规划中对旧住宅区整治改造进行统一规划，聘请专业设计院设计整治改造方案，并在控制性详细规划中进一步加以落实，确保旧住宅区整治改造工作依法有序推进。哈尔滨民生尚都、牡丹江曙光新城、佳木斯山水家园、农垦小城镇棚改等一批示范新区规划建设品位高，成为黑龙江省棚改项目的经典之作，起到了示范带动作用。

3. "四煤城"采煤沉陷区、棚户区纳入工作重点

"四煤城"采煤沉陷区棚户区改造建设项目是黑龙江省委省政府高度重视的重大民生工程，"四煤城"各类棚户区共有 59.9 万户，到 2014 年底，已开工改造了 36.3 万户，已完成投资 470 亿元。2015 年"四煤城"采煤沉陷区棚改计划为 54204 套，其中商品房为 17600 套、新开工建设为 36604 套，是采煤沉陷区棚户区存量的 39%。

（三）提倡生态文明　融入绿色低碳概念

注重生态文明，树立绿色、低碳、宜居规划建设理念，着重提升城镇可持续发展能力。

1. 高质量规划绿色生态示范项目

各地在规划设计、审批、管理、竣工核实等各环节加强监管，规划建设了一批绿色公建群、绿色住宅示范小区、生态公园，以步行、自行车交通为主的城市"绿道"以及绿色公共交通设施等绿色生态规划示范项目。佳木斯市英格吐河滨水生态廊道规划、庆安城市公园及格木克河沿河景观设计、绥棱环城自行车道及带状公园概念规划、克东县南石坑广场修建性详细规划经过专家评审成为黑龙江省级首批绿色生态规划示范项目。

2. 全面推进滨水城市规划

各地依据《城市滨水区开发利用总体规划》，高质量推进滨水城市规划建设。启动生态城市（镇）建设试点，逐步形成人与自然和谐发展的现代化人居环境。规划引入现代理念，方便居民生活，做到了布局合理、功能齐全、生态节能、设计美观。

3. 树立精品小区样板

鼓励小区设计出精品，建设样板工程。哈尔滨辰能溪树庭院、大庆

创业城、伊春亲民小区等居住小区项目成为黑龙江省住宅项目的工程典范。

（四）突出历史文化遗产保护理念

1. 加强历史文化保护规划编制

历史文化遗产与文化传承、经济、生产生活密切相关，是城乡建设不可分割的部分。在规划实施时要突出保护历史文化名城、名镇、名村理念，深入挖掘历史文化资源，探索优秀历史文化遗产的保护途径。加强对历史文化名城名镇、历史文化街区规划的编制工作，制定了《爱辉历史文化名镇保护规划》。强化了黑龙江《全省"十二五"历史文化名城名镇保护设施建设规划》的实施和管理，在规划实施过程中积极按照《文物保护法》《历史文化名城名镇名村保护条例》执行。重新研究黑龙江省级历史文化名城、名镇、名村认定标准。积极开展国家级历史文化名城、名镇、名村的申报和保护工作。

2. 保存历史名城、历史名街区

齐齐哈尔市历史悠久、文化多元、遗存丰富、特色鲜明，是继哈尔滨市之后于 2014 年 8 月 6 日被国务院列为国家历史文化名城，成为目前中国最北部的历史文化名城。齐齐哈尔市昂昂溪区罗西亚大街历史文化街区形成于 1907 年，融合了俄式风格建筑，反映了中东铁路的历史，于 2015 年 4 月 21 日被住建部、国家文物局公布为第一批（共计 30 个）中国历史文化街区。

2. 保护乡村风貌凸显文化传承

齐齐哈尔市富裕县友谊达斡尔族满族柯尔克孜族乡宁年村富宁屯和三家子村；鄂伦春族特色村寨黑河市爱辉区新生乡新生村；保留 106 座俄式建筑的哈尔滨尚志市一面坡镇镇北村；渤海国上京龙泉府遗址，极具朝鲜民族民俗特色的牡丹江宁安市渤海镇江西村，被传统村落保护发展委员会评审认定列入中国传统村落名录，数量在东北三省居于首位。漠河县北极乡北极村等10 个镇入选全国特色景观旅游名镇（村）示范。

二 强化城乡规划的质量管理和实施管理

（一）建立健全城乡规划法律法规体系

1. 出台有指导意义的《黑龙江省城乡规划条例》

《黑龙江省城乡规划条例》于 2014 年 12 月 17 日黑龙江省第十二届人民代表大会常务委员会第十六次会议通过，自 2015 年 3 月 1 日起施行。《黑龙江省城乡规划条例》分为总则、城乡规划的制定和修改、城乡规划的实施、监督检查、法律责任、附则，6 章 59 条。该条例的出台，首次明确了各级人大常委会对城市规划和城市设计的审议和监督权力，突出了城市设计的法定地位，强化了规划的科学性、前瞻性、严肃性和稳定性，增强了黑龙江省城乡规划的刚性，有利于更好地发挥规划在城乡建设中的引领作用，具有一定的开创性意义。同时，《黑龙江省城乡规划条例》的出台对黑龙江省城乡规划其他法律法规的制定，具有一定的遵循指导作用，在一定程度上有利于加快其他立法工作的进展。

2. 加大对法律法规的宣传和检查力度

《中华人民共和国城乡规划法》于 2007 年制定，2008 年 1 月 1 日起施行。《黑龙江省城乡规划条例》的制定，使黑龙江省城乡规划在法律法规上实现了"一法一例"，即一则法律法规和一则实施条例同时实施，对于提高城乡规划水平，优化发展环境，促进黑龙江省城乡经济社会全面协调可持续发展具有重要意义。为增强编制和执行规划的法治意识，黑龙江省人大常委会于 2015 年 3 月 9 日召开视频动员会，在全省集中开展贯穿全年的城乡规划"一法一例"贯彻落实情况执法检查活动。黑龙江省住建厅立即组织了条例的宣传和贯彻活动，并配合黑龙江省人大常委会进行检查活动。

3. 积极推进各项立法工作

起草了《黑龙江省历史文化保护建筑条例（征求意见稿）》《黑龙江省城市规划管理技术规定（征求意见稿）》。研究起草《黑龙江省法定规划备案规则（试行）》等规范性文件。修订出台《黑龙江省建设项目城乡规划行政审批规程》《黑龙江省规划监察管理规定》《黑龙江省城市总体规划管理办法》《黑龙江省控制性详细规划管理办法》等法律规章。重新修订《黑龙江省容积率计算规则（试行）》，印发《关于贯彻落实国家三部委〈城乡规划违法违纪行为处分办法〉的指导意见》等文件。

（二）加强重点项目实施　助力黑龙江建设

为新建同江中俄跨江铁路大桥、哈尔滨市地铁 1 号线 3 期工程等 10 个项目核发省级建设项目选址意见书，为依兰航电枢纽、哈佳客专等 2 个项目办理规划选址延期手续，为佳木斯至牡丹江高速公路以及国家地下水监测工程等 12 个项目印发省级规划选址意见。通过年度重点项目汇报审查会，进行实地检查、专项推进等方式，对重点项目开展指导和跟踪问效。

（三）强化重点工作指导和评估，提升设计质量管理

1. 加强对重点工作的指导和咨询服务

加强对城乡建设重点工作的规划动态监管和事前服务。各地政府在组织编制 10 公顷以上棚户区改造、50 公顷以上城市新区起步区、涉及城市总体规划规定的主干路断面改造、城市中心区主街路改造等重要项目的修建性详细规划设计方案时，黑龙江省住建厅提前介入，组织专家提供咨询服务。

2. 实行年度实施评估和动态评估制度

开展上一轮黑龙江省域城镇体系规划实施评估工作，以年度实施的建设项目为重点，以法定城市总体规划为依据，以"五线"（绿线、蓝线、紫线、黄线和道路红线）等规划强制性内容实施评估为核心，制订评估方案，启动全省县城以上城市总体规划年度实施评估工作。

3. 逐步提升规划设计质量管理

根据住建部要求，完成了黑龙江省城乡规划编制单位资质核定工作。修订《黑龙江省城乡规划成果质量认定管理办法》，将其作为规划设计单位和规划管理部门质量管理和评优的重要依据，促进规划设计单位增强质量意

识。建立规划设计单位规划质量日常评估和信用评价体系及退出机制，使之成为常态化工作制度。优化评比指标体系，连续多年每年开展一次全省城乡规划优秀设计及规划成果质量检查工作，进行"最优，最差"规划设计单位评比。

三　城乡规划实施成就突出，效果显著

黑龙江省高度重视城乡规划实施工作，建立了科学决策机制。总体建设参照《黑龙江省城乡规划"十二五"规划纲要》和《黑龙江省城镇体系规划》展开，规划实施有力、有序、有效，城乡建设取得了阶段性成果。

（一）城乡建设水平提高，各级城镇载体功能日臻完善

黑龙江省城镇发展战略是以大、中城市带动为核心，以发展县城和中心镇为重点，积极稳妥地提高城镇化水平和城镇发展质量。目前，已经初步形成了哈尔滨大都市圈、哈大齐城镇群、哈大齐牡城镇带、东部城镇群，若干中小城镇群内部联系不断增加，省内区域一体化进程逐步加快。

哈尔滨市已发展成为超过 500 万人口的特大城市。哈大齐城市群作为未来城镇化的主平台，已粗具规模。哈大齐牡城镇带、东部城镇群对区域经济发展的集聚与扩散效应进一步显现。哈尔滨都市圈以哈尔滨市主城区为中心，以一小时通勤圈为半径，辐射带动哈尔滨市区及周边的五常、双城、阿城、尚志、宾、肇东等 6 个县（市、区）的经济社会发展。

到 2014 年底，黑龙江省城镇化率达 57.53%，黑龙江垦区城镇化率达到 85.7%。2011~2014 年，全省棚户区改造和保障性住房建设取得历史性突破，全省各类棚户区改造和保障性住房累计开工 183 万套，其中各类棚户区改造开工 153.4 万套，各类保障房开工 29.6 万套，累计完成投资 2486 亿元；全省共改造泥草（危）房 96.1 万户，投资 736 亿元，使 336.35 万名农民住上功能齐全、结构安全、宽敞明亮的新型住房，农村住房条件进一步得到改善。

到 2014 年底，黑龙江省城市人均公园绿地面积 12.10 平方米，建成区绿化覆盖率为 35.98%，建成区绿地率为 32.99%；黑龙江省县级城市人均公园绿地面积 9.84 平方米，建成区绿化覆盖率 19.88%，建成区绿地率 16.42%。

2014 年"三供两治"项目开复工 353 个，完成投资 152 亿元，其中，投资 14 亿元用于城市老旧供热管网改造，城镇污水处理设施建设运行全国排名由第 30 位上升到第 20 位。各设区城市主次干道两侧旧住宅区完成整治改造，县城（城关镇）旧住宅区改造结合实际推进，城镇住宅居住功能得到改善，人居环境得到明显提高。哈尔滨、齐齐哈尔、牡丹江被选为国家新型城镇化综合试点地区。

（二）区域一体化发展格局初现，城市国际化水平提升

黑龙江省城镇化战略重点是解决与国际接轨，其重点是哈尔滨市、大庆市的现代化和绥芬河、黑河等边境口岸城市的国际化建设。

哈尔滨已发展成为国家"一带一路"中蒙俄经济走廊上的重要枢纽，正逐步发展成为区域性国际经济、商贸、信息、金融、交通、科技、文化中心，以哈尔滨为中心的都市圈经济基本框架已经形成。以哈尔滨为核心，产业、经贸向外辐射，黑龙江陆海丝绸之路经济带中心城市的核心作用进一步增强。哈俄欧跨境货运班列、哈（绥）俄亚陆海联运开通运行，有助于形成外向型产业带，进一步优化黑龙江产业结构和布局，加速推进经济发展。哈尔滨长春城市群已被列入国家九个区域性城市群，成为国家二级城市群之首。哈长城市群规划编制的地方层面前期研究工作已基本完成。哈长城市群上升到国家级战略层面，标志着黑龙江省的城镇化发展到了一个新的阶段。

黑河是中俄边界线上唯一的地级城市，是中国东北地区贸易区位优势比较明显的地区之一。黑河口岸货运码头是中俄边境线上距离最近、规格最高的口岸。目前，黑河口岸的客运量已经在黑龙江省 25 个口岸中居第一位，实现了连续 6 年出入境人数超百万人，成为中俄边境线上过客能力最强的口岸。

绥芬河是我国欧亚大陆桥陆港和黑龙江省的"出海口"。目前，黑龙江省对俄货物出口总量的 80% 经绥芬河口岸出口，是中国通往日本海的最大陆路贸易口岸和中外陆海联运的重要结点。从哈尔滨始发经绥芬河到俄罗斯远东东方港发往韩国釜山的货运班列已经成功开行，这是黑龙江继开通哈尔滨至莫斯科、哈尔滨经俄罗斯至汉堡两条国际货运班列后的第三条国际货运班列。黑龙江通过与俄罗斯远东港口的群合作，实现了借路出海。

（三）城镇体系结构进一步优化，实现产城融合发展

按照城乡统筹、布局合理、功能完善、以大带小的原则，大中小城市和小城镇实现了协调发展。以小城镇为基础，增强小城镇产业发展、合理引导各级城镇职能科学定位和城镇间产业的垂直分工与水平分工，形成了产业分工明确、职能结构合理、专业特色突出的现代城镇职能结构。省域空间资源得到合理利用与保护，避免省内城镇间的低水平竞争，整体功能建设得到加强。

"十二五"期间，黑龙江的"百镇"建设紧紧围绕基础设施、公共服务设施、住宅开发、产业园区四大类工程进行，累计开工建设项目 3372 个，完成投资 391.6 亿元。有 15 个镇被列为全国重点镇，数量居东北三省首位。

在以农垦、森工、油田以及沿乌苏里江四县（市）和牡丹江响水区域条件较好、具备发展潜力的中心镇为突破口，推动区域率先实现城镇化的同时，同步推进各类产业园区建设，不断完善各级城镇的功能，促进城镇化各类要素聚集。

"哈大齐"工业走廊，"哈牡绥东""哈绥北黑"经济带和"哈佳双同"产业聚集带，21 个省重点产业园区承载作用突出，以十大重点产业为主攻方向，拉动产业项目建设，形成了土地向园区集中、要素向园区集约、产业向园区集聚的优化效应，强化了产业项目集聚发展。着力创建国家科技创新聚集区，推进国内先进制造业基地和多功能现代服务业基地建设，加快建设东北新兴工业化先导区和全省城镇化建设示范区。经国务院批准，大庆经济开发区于 2012 年 10 月升级为国家级经济技术开发区，绥化经济技术开发区

于 2012 年 12 月升级为国家级经济技术开发区，牡丹江经济开发区于 2013 年 2 月升级为国家级经济技术开发区，双鸭山经济开发区于 2014 年 2 月升级为国家级经济技术开发区。

四 规划编制顶层设计的对策建议

（一）把握好经济发展速度与城乡建设格局的关系

规划制定应把握好经济发展速度与城乡建设格局的关系，通盘考虑总部经济、园区建设、产业布局与城乡居民安全的关系，做好城乡建设的顶层设计，为黑龙江省融入"一带一路"战略、"中蒙俄经济走廊"黑龙江陆海丝绸之路经济带建设、全面建成小康社会提供有力支撑。促进人口、资源、环境相协调，经济、社会、生态效益相统一，建设生态良好、社会和谐、智慧低碳的黑龙江。

（二）继续完善城乡规划体系，做好规划衔接

应加快规划编制进程，继续提高规划编制质量。构建统一衔接、功能互补、相互协调的城乡规划体系。尽快开展多规合一的试点工作。强化规划管控和指导，把握好规划特别是控制性详细规划的刚性和弹性的关系，使规划更有针对性，更加科学合理，更好地应对市场经济环境的不断变化。综合城市发展的区位优势、资源特点、人口流动和产业布局等因素，科学引导和严格管理各类开发区、城市新区建设。抓好县城规划建设，促进县域经济发展，突出风格特色，明确功能定位，优化产业布局。继续加大"百强镇"建设力度。加快镇村建设，改善农村居民居住条件。加快保障性住房建设，解决城乡中低收入群体住房难问题。

（三）突出生态文明，建设低碳、绿色生态环境

黑龙江省城市人均公园绿地面积和建成区绿化覆盖率两项指标，都低于

全国平均水平，也远远低于世界平均水平和联合国确定的最佳人居环境标准，为确保城镇化率的提高 而生态资源总量不减少、城市人均环境质量不下降，在制定规划时应科学布局生产空间、生活空间、生态空间，在规划实施时应实行更严格的绿线管制。

（四）打造中俄边境节点城市，抓好口岸基础设施建设

把中俄边境城市黑河、绥芬河、抚远、同江和东宁作为重要的节点城市进行建设，拓展城市空间，形成沿边开放地区的黑河—布拉维申斯克，抚（远）同（江）—哈巴罗夫斯克，绥（芬河）东（宁）—乌苏里斯克三个跨境城市发展区，使之真正起到对东北地区腹地以及我国广大内陆地区与俄罗斯远东地区进行对外贸易、经济合作的支撑，从而提升重要节点城市的作用。把沿俄罗斯边境口岸城市作为城镇化建设的重点，打造沿边开放城镇带。加快沿边口岸城市的棚改、危房改造建设，建设适合农民进城集中居住的中心村和新型农村社区；加大市政基础设施建设力度，完善商贸、旅游、物流等公共服务功能，提高重点镇的承载和服务能力，畅通陆水联运通道。

（五）强化"中蒙俄经济走廊"——黑龙江陆海丝绸之路沿线产业园区的布局规划

在"一带一路"的"中蒙俄经济走廊"中的一条线——黑龙江陆海丝绸之路是：自我国天津、大连经二连浩特、满洲里、黑河、绥芬河口岸通过蒙古、俄罗斯抵达欧洲。《中共黑龙江省委黑龙江省人民政府"中蒙俄经济走廊"黑龙江陆海丝绸之路经济带建设规划》提出，以沿线城市重点产业园区为支撑，依托哈长城市群等重点区域，打造承接国内外产业转移聚集区，发展跨境产业链，形成以"一核四带一环一外"为主要内容的产业发展空间布局。由此，在城乡规划布局时，应强化重点产业园区的规划布局，为产业发展预留足够的空间。

黑龙江村镇规划和建设发展问题研究

宋静波 *

摘　要：　文章针对黑龙江省村镇规划和建设现状，就当前省内村镇规划和建设存在的村镇规划起步较晚，村镇建设相对落后；村镇布局亟待均衡，城乡发展不相协调；管理体系尚待完善，组织体系不够健全；产业结构不尽合理，基础设施建设亟待完善等问题进行分析，并针对问题提出构建层次明晰，城乡一体化发展的村镇规划体系；加强村镇规划中的"产业发展规划"；完善组织体系，创新村镇规划建设的制度设计；加强基础设施建设，改善村镇人居生态环境等相应的对策。为早日实现全省统筹城乡、推进一体化发展、全面建设社会主义新农村的目标服务。

关键词：　黑龙江省　村镇规划与建设　村镇规划体系

从党的十六届三中全会提出的五个统筹，到党的十七届三中全会的《中共中央关于推进农村改革发展若干重大问题的决定》。从党的十八大"关于推进城乡发展一体化战略和总布局"，到习近平总书记强调的"健全城乡发展一体化体制机制，让广大农民共享改革发展成果"。我国当前总体

---

* 宋静波，黑龙江省社会科学院应用经济研究所助理研究员，管理学博士，研究方向为产业经济学、区域经济学。

上已经迈进"以工促农、以城带乡"，"积极稳妥地推进城镇化、城乡统筹规划和管理"的关键时期。村镇作为农村发展的重要载体，在当前深化改革开放扩大内需战略进程中，它的规划与发展的重要性逐步凸显。"十二五"以来，黑龙江省在省委、省政府的正确领导下，在省住建系统的科学引领下，村镇规划和村镇建设取得了巨大成就。

一 黑龙江省村镇规划建设基本情况

（一）村镇人口总额逐年减少，人口比重逐年下降

截至 2014 年底，黑龙江省共有建制镇 474 个，乡 354 个，村庄总数量为 34623 个，初步统计，近年来黑龙江省村镇人口数量呈阶梯状递减，村镇人口占全省总人口的比重逐步下降（见表1）。

表1　2009～2014 年黑龙江省村镇人口情况

单位：万人，%

指标	2009 年	2010 年	2011 年	2012 年	2013 年	2014 年
村镇人口总额	1702.6	1699.7	1667.8	1652.5	1633.7	1609.5
人口比重	44.5	44.3	43.5	43.1	42.6	42.0

数据来源：2009～2014 年《黑龙江省国民经济和社会发展统计公报》。

（二）村镇建设投资逐年上升

自 2006 年年初，黑龙江省启动全省范围的新农村建设以来，在农房改造、道路建设、排水建设、治理农村垃圾等方面投入大量资金加快村镇建设。村镇建设投资逐年上升，由 2004 年的 72.5 亿元上升至 2013 年的 450 亿元，"十二五"期间全省村镇建设计划总投资达 1345 亿元，相较"十一五"增长 66.%。2008 年以来，全省改造农村泥草房（危）160.3 万户，其中农村危房 48.4 万户，完成投资 1134 亿元。2014 年，农村泥

草（危）房即完成投资 163.5 亿元，改造 22 万户，争取国家危房改造 7.8 万户，获得补助 7.3 亿元，村镇建设投资在支持困难群体的力度方面不断加大。

（三）村镇规划编制逐步完善

近年来，在住建厅总体部署、精心谋划下，全省各地积极开展村镇规划以及县域村镇体系规划的编制，并积极推进实施，取得了一定成效。2012 年，全省 64 个县域村镇居民点空间布局规划编制完成。经统计，到 2025 年全省共规划撤并村屯 23276 个，其中 2015 年前撤并 6425 个，2015～2020 年撤并 8444 个，2020～2025 年撤并 8407 个，分别占撤并村屯总数的 27.6%、36.3% 和 36.1%。目前，全省小城镇总体规划完成了 735 个，占总数的 74%，县域村镇体系规划在资金极度短缺的情况下，完成了 34 个，占总数的 63%。村镇建设规划完成 4349 个，占总数的 47%。当前初步形成了以各市县城关镇为重点，以一些拥有经济拉动、辐射作用的中心镇为依托，统筹建设协调发展的城镇规划体系。

（四）村镇基础设施建设不断加强

2014 年，以净化、硬化、绿化、庭院和治理"五乱"为重点的村庄环境建设扎实推进，新铺装道路 1174 公里，增设垃圾箱 8261 个，清运垃圾 400 万吨，改建厕所 591 座，打造了一批干净整洁，宜居宜业的特色村庄。农村房、路、水、电、通信等设施建设大大加强，垃圾污水、畜禽粪便等污染得到初步治理，一大批基础设施完善、环境整洁良好、生态保护优先、风貌特色鲜明的宜居村庄正在涌现。2015 年，全省启动农村生活垃圾五年专项治理工作，将垃圾治理作为改善农村人居环境的重点，计划每年对 200 个左右的乡（镇），2000 个左右的行政村的垃圾专项治理，建立乡（镇）运输和保洁队伍，加强垃圾处理转运场（站）和相应的设施建设，逐步形成"村收集、乡运输、县处理"的管理体系。

以哈尔滨市为例，2014 年，哈尔滨市即实施新建改建乡村住宅、公共服务设施、环境治理等项目 516 个，完成投资 21.6 亿元。全市新农村示范村新建村屯白色路面 280 公里，新安装路灯 3000 盏；新建饮水工程 36 处，30 个村级水站同步配置净化、消毒及化验设施；新建市级生态村 22 个，绿化美化庭院 5 万个；新建农村垃圾处理场 34 处，完善了"户集、村收、镇运、县处理"的农村垃圾收集处理网络。新建改建村级医疗卫生所 8 处、文化休闲广场 40 个、生态公园 7 个、社区综合服务中心 23 个、乡村农家店 26 个，新建村级综合文化活动室 20 个，不但改善了村民们的就医需求和休闲娱乐需求，精神生活也更加充实。

二　黑龙江省村镇规划和建设面临的问题

（一）村镇规划起步较晚，村镇建设相对落后

黑龙江省村镇开发时间较晚，当前全省村镇规划建设主要是 20 世纪 80 年代初期即以形成的粗线条规划，且大多为城关镇或者建制镇一级。2008 年颁布的《中华人民共和国城乡规划法》没有明确村镇规划的细节，对镇（乡）级别的规划管理权限以及如何实施规划提及较少，呈现诸多空白需要上位法规体系的指导。

（二）村镇布局亟待均衡，城乡发展不相协调

因为历史和地域等种种原因，有些地市对村镇布局规划工作不甚重视，未将村镇布局作为统筹城乡发展的基础性工作来抓，村镇布局前瞻性与战略性眼光缺乏，村镇布局规划工作进展缓慢。同时，长期以来存在的"重城轻乡"思想倾向导致对乡村规划的轻视，致使城乡发展不相协调，失去城乡社会一体化发展的重要抓手。而且，村镇规划的对象——广大农村居民村镇规划意识淡薄，对其知识普及和教育力度的欠缺致使许多村镇无法适应新型农村发展需要，难以合理有效地开展村镇规划布局，阻碍社会经济发展。

（三）管理体系尚待完善，组织体系不够健全

虽然黑龙江省村镇规划已经取得了一定的成就，一些规划措施陆续出台，如 1991 年出台的《黑龙江省乡村建设管理办法》，2007 年 6 月 1 日实施的《黑龙江省中心村建设规划编制办法》，2011 年 8 月 25 日实施的《黑龙江省文明村镇建设管理办法》以及 2014 年出台的《黑龙江省城乡规划条例》都对村镇建设做出一些建设性的规定，但是因为村镇规划是一个完整的体系，黑龙江省起步又晚于全国绝大多数地区，导致黑龙江省的村镇规划在管理体系、组织架构以及体制建设等方面存在许多问题，尚未形成全局性适应全面发展、权责明晰的全省村镇规划组织体系。目前黑龙江省村镇规划管理较为复杂，存在部门数量多、权责不明晰、职能空缺或有重叠、规划法律体系不健全、规划实施效率有待提升等诸多问题，亟须探索改革与重建。

（四）产业结构不合理，基础设施建设亟待完善

当前黑龙江省村镇产业发展，除了几个村镇第二、第三产业发展较好之外，绝大多数村镇农村第一产业所占比重仍然较大且内部结构不协调。改革开放几十年来，黑龙江省村镇产业结构调整虽然取得了一定的发展，在传统农业基础产业地位继续得以加强之时，村镇第二、第三产业已具雏形，村镇经济得以快速发展，但是村镇产业结构仍不理想，不能适应新时期新形势下城乡一体化发展的整体要求。伴随农业综合生产能力的日益提升、农产品价格优势的下降、农民收入趋缓、进口粮食的冲击等农业产业结构性过剩的问题，村镇产业结构与农村经济增长要求的矛盾也日益突出。村镇生产结构尤其是农副产品加工业产业趋同现象突出，村镇工业发展缓慢，村镇第三产业总体发展缓慢，三产内部结构发展严重滞后。

村镇建设的重点在于基础设施建设，当前黑龙江省村镇公共产品极度缺乏，村镇基础设施、村镇交通网络、村镇数字网络平台、村镇人居环境设施等建设均落后于城市，排水、排污、文化、交通、供水、供电等非竞争性的

公共基础建设亟待提高。长期以来，村镇生产生活的污水及废弃物品缺乏统一规划与管理，大多由村镇自行消化容纳。农业生产中农药化肥使用量的逐年增加对农村地下水质、大气环境和土壤成分构成破坏，使农村生态环境形势日益严峻。加之村镇居民环境意识的淡薄，以上种种亟待从思想到设施上对村镇环境进行综合整治。

（五）村镇建设人才缺失，村镇建设资金匮乏

村镇人才既是村镇规划和建设的关键，也是村镇可持续发展的关键。由于村镇生产生活环境远不及城关镇与城市，村镇一级的工作人员待遇低下，并且缺乏留住人才的优惠政策，没有吸引人才的社会环境，致使人才难以引进，即使引进来也留不住，人才缺失现象严重。村镇规划和建设需要的各类工程技术、土地规划、社会管理等方面的人才更是捉襟见肘。

村镇建设资金缺失是制约村镇发展的核心，近些年来，全省各级政府积极筹措加大对城镇化及村镇建设的投入力度。以泥草（危）房改造为例，2008 年以来，全省改造农村泥草（危）房 160.3 万户，仅此一项就完成投资 1134 亿元。尚未改造的泥草（危）房绝大多数是农村特困群体，仅仅依靠现有的补助政策，根本无力拿出资金进行改造。乡村环境差，乡里没钱、县里不管、市里不投，致使改善农村人居环境资金匮乏，基础设施严重滞后，许多村屯仍然污水乱排、垃圾乱扔、秸秆乱堆、畜禽粪便随处可见。由于受限于全省经济总量和财政实力，以及长期以来形成的机制体制的制约，村镇建设资金长期短缺，建设资金匮乏。

三　加强黑龙江省村镇规划和建设的对策措施

（一）构建层次明晰，城乡一体化发展的村镇规划体系

村镇规划涉及各个领域，经过多年的发展，黑龙江省村镇规划体系已具雏形，为适应新常态下统筹城乡发展的需要，仍有一些问题需要完善。村镇

规划必须坚持体系化发展的基本原理，一是结合省内村镇布局的特征，建立点面结合并重的规划体系，即从以集镇、乡、村各自为营的点规划向整个建制镇，整个县域整体布局的面规划发展。二是明确今后村镇规划发展宗旨，从以中心镇为增长极向构建城乡协调发展的规划组织体系转变。三是明确规划层次，从体系化发展原理出发，构建从微观到宏观，再从宏观到微观的村镇规划建设体系。

（二）加强村镇规划中的"产业发展规划"

从黑龙江省建制镇和乡村分布的特点出发，促进村镇间产业结构的协调发展，构建空间层面上的城乡产业发展体系，协调各村镇内部及各个村镇之间产业的合理化发展。促进城乡产业融合，合理进行空间布局。以土地流转为抓手，建设现代农业示范区，着力推进传统农业向现代农业的转变，促进全省村镇农业土地科学有效流转，提高农业生产效率。以城关镇为中心，乡集镇所辖区域为载体，下辖村庄为基点，依照省内农业资源，对全省村镇进行分区，构建村镇产业体系。从产业关联的视角出发，打破传统农业、农产品加工业、制造业以及服务业各产业之间的分立现状，形成全省范围内的新型村镇产业部门。

（三）完善组织体系，创新村镇规划建设的制度设计

由于传统的重城轻农的意识，全国乃至全省的城乡规划历来偏重于城市或者城镇，对村庄的规划发展不够重视，虽然近年来已经有所改观，但是从根本上说，全省基层村镇规划管理职能偏弱的现象未得到有效改善。必须建立健全村镇规划决策机制，完善管理机制，融入全局观、生态价值观。注重构建社会监督机制，建设信息反馈机制，着力建设制度设计全程社会协商与监督渠道。以城乡一体化建设为契机，树立各级政府管理部门的观念转型，以科学的生态思维方式从事村镇规划建设工作。

为此，一是应健全地方政府村镇规划管理机构，强化各级村镇对自身规划建设的主导权，完善乡（镇）一级的村镇规划组织架构，明确最

基层村庄对村镇规划的话语权，因地制宜编制适合地方可实施的规划。二是应明确不同部门的分工，强化规划建设相关部门对村镇规划的具体职责。无论是城镇规划抑或是村庄规划，可能涉及的部门众多，如发改委、国土资源、农林部门、环境保护、建设、交通部门等，各部门均参与协助规划的编制与实施，必须明确分工，减少无意义的职能交叉，弱化除了规划部门在外的其他部门对国土空间权力的争夺。三是要加强对村镇规划的实践指导，参考国外经验，在城关镇级别设置专门的村镇规划研究机构，量体裁衣研究适应不同村镇发展的村镇规划技术标准，切实为村镇规划提供智力及技术的支持。四是强化监督，加强第三方对村镇规划建设的监督和协调，提高村镇规划的民主性、科学性、公平性、权威性以及可行性。

（四）加强基础设施建设，改善村镇人居生态环境

实现城乡一体化必须加强村镇基础设施建设，从根本上清除阻碍村镇跨越式发展的瓶颈，构建合理的基础性工具，从为农民提供舒适方便的生活环境出发，规划建设新型村镇社区。继续推进农田基础设施建设，推进农村公路建设，加强硬化公路建设。深入实施农村饮水安全工程，提高农村自来水入户率。加大农村住房改造力度，推进泥草（危）房改造，继续提升农民住房砖瓦化率，加快农村电网改造，全方位加强村镇基础设施建设，为村镇发展服务。

改善村镇人居生态环境，一是加强村镇生活垃圾污染防治，开展化肥、农药的减量工程，发展高效生态农业。组织开展以农村生活垃圾、污水治理为主要内容的农村清洁工程。二是加大畜禽养殖业污染防治力度，实施畜禽养殖业资源化处理示范工程，逐步形成科学合理的养殖区域格局。三是加强农药、化肥污染防治，配合黑龙江省"千亿斤"粮食工程，积极调整农药化肥使用结构，大力推广和普及测土配方施肥技术，指导农民科学施用农药、化肥，以减少农药和化肥的施用量。

（五）创新人才机制，广开村镇建设资金筹措渠道

针对村镇建设管理人员缺失、专业水平不够的现状，创新人力资源引进机制，营造人才发展新环境，变人才引进为智力引进，施行委托、兼职、合作等多种方式全方位使用人才。创新人力资源培养机制，加强对现有岗位人员的继续教育，在实践中培养提高现有人员的专业素质，最大限度提升现有人才的发展空间。创新人力资源使用机制，改革现有的考核评价机制与激励机制，拓展人才管理方式方法，创新决策机制，建立结构合理优势互补的村镇规划人才配置新体系，切实增强村镇建设可持续发展能力。

冲破村镇建设发展的资金瓶颈，通过市场化手段，招商引资，利用现有资源的优势就地生财，形成以自身财力为主，借助社会集资、融资贷款等手段为辅的多元化的筹资机制。各级财政秉承统筹使用的原则，加强对村镇建设资金的筹措与整合力度。同时可以依照谁投资谁受益的原则，支持不同投资主体以多种形式参与村镇规划建设与村镇产业项目开发。同时鼓励民间资本以建设—移交（BT）、建设—经营—转让（BOT）、公私作制（PPP）等多种方式参与村镇基础设施及生态人居建设中涉及的供水、公路、网络、污水处理等项目建设。积极探索现有的农村集体经营性建设用地使用权、土地使用权以及林地等抵押贷款，引导金融资金参与村镇发展建设。

黑龙江建筑业市场分析与预测

邢　明*

摘　要：　黑龙江省建筑业平稳发展，总体保持健康稳定的趋势。相比国内其他地区，黑龙江省建筑业存在产业结构不合理、高等级建筑企业少等问题。由于受国家调控政策影响，黑龙江省建筑业将进入市场调整时期。施工和竣工面积将适当回落。建议政府加大公共设施投资力度和城镇化建设速度，建筑企业做好市场预期并提高自身能力，扶持弱小的建筑企业，加大建筑业科技进步。

关键词：　黑龙江　建筑业　城镇化建设

黑龙江省建筑市场经过"十一五"后期的迅猛发展，"十二五"期间呈现平稳的发展态势，供需稳定，居民人均居住环境不断提升。

一　"十二五"期间黑龙江省建筑业市场态势分析

（一）建筑业总体发展平稳

2014年，黑龙江省建筑业实现总产值2594亿元同比增长5.8%，增幅提升0.8个百分点。"十二五"期间（2011～2014年）黑龙江省建筑业总产

---

* 邢明，黑龙江省社会科学院农村发展研究所助理研究员，研究方向为农业经济。

值年均增长 6.5%。2014 年黑龙江建筑业产值占全国的 1.47%。房地产和建筑业对拉动黑龙江省经济增长作用突出，其固定资产投资占全省 15%，税收超过地方税收的 30%。2014 年建筑业增加值 886 亿元，同比增长 3.9%，占全省 GDP 的 5%。2013 年底，全省注册建筑企业 1965 家，占全国的 2.47%，其中国有建筑企业 176 家。勘察设计单位 296 家，比上年减少 35 家，企业数占全国的 1.54%；从业人员 21572 人，占全国的 0.87%，主营业务收入 128.9 亿元。工程招标代理机构 120 家，比上年减少 1 家，占全国的 2.1%；从业人员 4371 人，占全国的 0.9%。建设工程监理企业 232 家，比上年增加 2 家，企业数占全国 3.4%；从业人员 25757 人，占全国的 2.9%。2013 年黑龙江省施工面积 8085 万平方米，占全国同期的 0.72%；竣工面积 4115 万平方米，占全国同期的 1.06%。2011～2013 年，黑龙江省施工面积和竣工面积呈现逐年递减的趋势。

（二）行业管理成绩显著

2014 年以来，全省开展工程质量治理和"打非治违"专项行动，严厉打击违法发包、转包、挂靠和分包行为，工程建设领域"乱象"问题整改率达到 70% 以上。逐步完善造价管理机制，基础性工作有序推进，管理服务逐步规范。工程质量监督覆盖率、竣工工程验收合格率达到 100%。推进安全生产标准化和文明工地建设任务，文明工地达标率为 93%，全省加大建筑行业安全生产排查工作，安全生产保持平稳态势。

（三）总承包建筑企业和专业建筑企业稳定增长

截至 2013 年底，黑龙江省总承包建筑业企业数 1286 个，从业人员 446454 人，实现总产值 2040 亿元，实现增加值 458 亿元，建筑业劳动生产率人均 242567 元。2011 年底，黑龙江省总承包建筑业企业数 1265 个，从业人员 437996 人。实现总产值 1841 亿元，实现增加值 326 亿元，建筑业劳动生产率人均 218415 元。2011～2013 年，黑龙江省总承包建筑业企业数年均增长 0.8%；从业人员年均增长 0.96%，从业人员年均增长率高于企业数量增长率，说明单位企业从业人员增加，企业实力增强；建筑企业总产值年均增长 5.3%；实现增加值年均增长 18.5%，增速基本与全国保持一致。

2013 年底，黑龙江省专业承包建筑企业 679 家，比上年减少 45 家，占全国的 1.8%；从业人员 79014 人，比上年增加 30%，占全国的 1.7%；实现总产值 410.8 亿元，比上年增加 19.9%。按总产值计算的人均劳动生产率由 2012 年的 208524 元上升到 2013 年的 240337 元，增长 15.3%。

（四）建筑业产值构成情况

2011 年黑龙江省国有建筑企业产值占建筑业总产值的 14.7%，同期全国这一比例为 12.8%。2013 年按资质划分总承包建筑企业，黑龙江省总承包建筑企业一级、二级、三级及以下产值占总产值分别为 17.5%、31.5%、51.0%。2011 年黑龙江总承包建筑企业按特级、一级、二级、三级及以下划分占总产值分别为 10%、40.2%、30.4%、19.3%。

2012 年黑龙江省建筑业安装业产值占建筑业总产值比例为 12.6%，全国同期同比例为 5.8%。黑龙江省处于高寒地区，建筑需加装防寒取暖设施，故增加建筑成本从而提高了建筑安装业和装饰业产值的比例。按建筑企业属性划分，内资建筑企业完成产值 2433 亿元，占总产值的 99.3%，同期全国同比例为 99.2%。黑龙江省国有建筑企业产值 636 亿元，占总产值的 25.9%，全国同期国有建筑企业产值例为 16.4%。

2013 年黑龙江省建筑业总产值 2450.5 亿元。其中，房屋建筑业产值 1260.6 亿元，占全省建筑业总产值的 51.4%，同期全国房屋建筑业产值占建筑业总产值的 64.2%；土木工程建筑业产值 641.5 亿元，占全省建筑业总产值的 26.2%，同期全国的比例为 24.9%；建筑安装业产值 329.9 亿元，占全省建筑业总产值 13.5%，全国同期的比例为 5.6%；其他建筑业及装修 218.5 亿元，占全省建筑业总产值 8.9%，同期全国的比例为 5.2%。建筑企业签订合同按国民经济行业划分，房屋建筑业占 47.2%，铁路、道桥、隧道工程占 5.6%，水利工程占 1.8%。

（五）房地产市场的"四增五降"

2014 年黑龙江省房地产业"四增"，房地产业完成税收 278 亿元同比增长 12.2%，占地方税收的 31.6%；施工和竣工面积小幅增长，分别增长 4.8% 和 3.2%；商品房均价 4882 元/平方米，同比增长 3%，房地产库存量 2043 万平方米，增长 14.9%。"五降"是房地产投资 1324.1 亿元，同比下降 17.5%；商品房销售面积下降 25.9%；商品房销售额下降 23.6%；新开工面积下降 18.6%；企业土地储备下降 36.5%。

二　黑龙江省建筑市场存在的问题

（一）建筑业市场面临调整

从 2008 年开始，全国商品房市场价格暴涨，促进房地产和建筑业快速增长。地方政府对房地产业过分依赖，地方财税的 30% 甚至 70% 来自地产及相关行业，土地财政是不争的事实。拉动 GDP 增长，房地产业首当其冲。地产及其相关行业的飞涨直接带来的就是产业失衡，进而最终导致房地产业的萧条，甚至导致经济危机出现。房地产业的盛衰直接关系建筑业，因此新常态下的建筑业市场必然出现深度调整。2011～2014 年数据显示，黑龙江省建筑业总产值低于全国平均水平，占全国比例逐年递减，由 2011 年的 1.73% 下降到 2014 年的 1.47%。每年的施工面积和竣工面积占全国的比例呈逐年下降的趋势。建筑业增加值所占比重浮动中保持稳定。此外，黑龙江省建筑业增加值占产值比例偏低，2013 年全国建筑业增加值占产值比为 19.3%，辽宁省为 20.3%，吉林省为 22.9%，而黑龙江省仅为 18.7%，始终低于全国水平以及吉林省、辽宁省（见表 1）。黑龙江省建筑业按产值人均劳动生产率也低于全国平均水平，不及吉林和辽宁，2013 年黑龙江省建筑业按产值人均劳动生产率仅为全国水平的 74.7%，吉林的 67.3%，辽宁的 65.7%，而且自 2011 年以后黑龙江与全国的差距不断拉大。黑龙江省经济总量低，经济增长缓慢，人口自然增长率仅为 0.72%，没有人口和经济增长的支撑，房地产及建筑行业难以持续健康发展。

表1 全国及东北三省份建筑业主要指标

单位：亿元，万平方米

年份	地区	建筑业产值	建筑业增加值	施工面积	竣工面积
2011	全国	117059	22071	854828	316429
	辽宁	6218	1121	34890	16692
	吉林	1627	322	7446	4194
	黑龙江	2029	326	8904	4438
	黑龙江占比（%）	1.73	1.47	1.04	1.40
2012	全国	137218	26583	986427	358736
	辽宁	7547	1379	40049	17465
	吉林	1990	384	13133	6026
	黑龙江	2374	363	8563	4340
	黑龙江占比（%）	1.73	1.36	0.87	1.21
2013	全国	159312	30768	1129968	389245
	辽宁	8743	1774	44279	18738
	吉林	2200	503	12202	6325
	黑龙江	2451	458	8085	4115
	黑龙江占比（%）	1.53	1.49	0.72	1.06

（二）建筑企业规模尚需壮大

黑龙江省 2013 年按资质划分黑龙江省总承包建筑一级、二级、三级及以下产值分别占总承包建筑业总产值的 17.5%、31.5%、51%；同期全国这一比例分别为 48.5%、23.9%、27.6%。2012 年黑龙江总承包建筑企业特级、一级、二级、三级及以下产值分别占总承包建筑业总产值的 10%、40.2%、30.4%、19.3%；同期全国这一比例分别为 18.6%、45.4%、22.8%、13.1%。可见黑龙江省高等级承包建筑企业产值比例偏低，说明黑龙江省承包建筑企业整体规模偏低。

（三）建筑产业结构有待优化

2013 年，黑龙江省建筑行业国有及国有控股企业 252 家，占总建筑企业数的 12.5%；资产合计 763 亿元，占建筑业资产 42%；国有企业 133 家，占 6.6%，国有建筑企业总产值 636 亿元，占建筑业总产值的 25.9%。全国国有建筑企业数占建筑企业总数的 6.1%，产值占比仅为 16.4%。2012 年，黑龙江省国有建筑企业产值占建筑业总产值的 14.7%，同期全国这一比例为 12.8%。2011 年，黑龙江省和全国的国有建筑业产值占建筑业总产值的比例分别是 33.2% 和 17.8%，以此看出黑龙江省国有建筑企业产值占建筑业总产值的比例远远高于全国水平。国有建筑业企业实收资本占建筑业总实收资本的比例，2011 年黑龙江省和全国分别为 21.12% 和 14.2%。2013 年，国有建筑企业占建筑企业的比例，黑龙江为 9%，全国仅为 5.8%。黑龙江省国有建筑企业数量多、产值高、规模大，能承接大型施工项目。在黑龙江省建筑业中民营建筑企业规模小、灵活机动，适应中小型建设项目。

三　黑龙江省建筑业预测

如果国家经济政策没有大的变动，未来几年黑龙江省建筑业总体依然稳定，将随房地产业出现一系列调整。

（一）居住类建筑业市场面临调整

2008 年，国家出台的经济刺激政策极大的促进房地产和建筑业的发展，全省建筑业和房地产业以前所未有的增速发展。宏观经济随着经济结构调整和宏观政策的调整由快速增长步入平稳发展的新常态，新常态下建筑及房地产业也将随着宏观经济面临调整。首先，经济发展速度放缓，随之影响的就是消费市场和消费预期，加上前期国家一系列调控政策，极大地削弱了房地产的投资属性，住房的租售比下降，甚至低于银行利息收益。房地产的投资收益降低，需求必将会出现下降。县级及以下地区，前期大量开发的住宅待售。其次，黑龙江省人口自然增长率低，仅为 1.03‰，低于全国平均水平。在 20~24 岁人口中出现逐年减少，由 2010 年的 332 万人下降到 2013 年的 241 万人，且低于 20 岁人口也呈逐年递减的态势。劳动力流出增加，住房的自然需求将出现下降，房地产刚需将逐渐回落。再次，居民住房需求在房地产迅速发展时期得到了很大程度的满足，随着社会步入老龄化，住房的需求结构将发生变化。养老型建筑增加，势必释放出一定量的老旧住宅。最后，黑龙江省平均工资居全国末位，居民收入普遍偏低，建筑成本又高，低收入群体难以承受相对高的房价，不能把实际需求转化购买力。综合上述因素，房地产居住类市场将随需求量的变动进行调整，居住类房地产开发的减少进而影响建筑业市场。

黑龙江省基础设施建设尚未完善，高铁、地铁、道桥建设市场巨大，投资额稳定增长。黑龙江省建筑设计单位和科研技术人才数量相对较多，专业建筑技术水平较高。此外，在建筑材料产能过剩和居住类商品房增长回落双重压力下，政府必然会加大基础设施建设，因此专业建筑市场依然保持活跃。

（二）小型建筑企业或产生债务问题

如果国家房地产政策无重大调整，那么部分中小型建筑企业可能陷入债务危机，特别是县域经济层面的中小型建筑企业。一方面由于房地产市场趋于饱和，银行出于自身风险考虑不会把大量资金投放房地产市场。房地产及建筑企业很难获得银行低息的贷款，企业不得不向民间高息贷款求助，支付高额利息。另一方面大量的工程结款以房抵账，而房产销售迟缓甚至滞销，最后可能会导致以房相互抵账，如果一方现金结算出现问题，将迫使企业陷入债务危机。

四 "十三五"黑龙江省建筑市场发展对策建议

（一）推动城镇化促进产业发展

城镇化是建筑业发展最直接的动力，也是经济社会发展的需要。发展和推进城镇化进程是我国经济建设的一项重大举措。目前，就黑龙江省的实际情况来看，以全面放开农村居民入城门槛为突破口，研究制定农户按揭房贷的金融扶持政策，用金融杠杆撬动城镇化进程。只有大量农户进城才能聚集，才能形成人力资源优势和人口优势，进而带动城镇和产业可持续发展。黑龙江省城镇化要从破解农村土地流转和抵押形式与方式、盘活农村居住区土地、创新新型农村服务业入手，走产业带动为支柱的城镇化道路。如果农户进城居住，农闲时在工厂做工，农耕季节回乡从事农业生产，农业服务业代耕代收代储。逐步形成农民以土地为基本保障，城镇务工求发展的新型城镇化。改革开放以来，大中城市迅速发展带来的产业格局已定，受多方面因素限制，大中型城市继续扩张的发展形势已出现弊端。唯有发展中小城市，才能突破发展的瓶颈。地方政府不能依靠土地财政，要用发展的眼光和思维制定发展方向，减免入城农户居住区的土地及建筑业相关税费，降低房价吸引农户。聚集人口，待产业壮大之后完善税收，增加地方财税。

（二）建筑企业加强自身抗风险能力和竞争力

建筑企业加强自身抗风险能力和竞争力。企业自身应当做好市场预期及风险评测，增加技术投入，以信用和技术作为企业核心竞争力。大型国有建筑企业落实深化改革，剥离负担，大胆创新，利用自身资金和技术优势争取走出去，向省外特别是经济发达地区发展，创造本省以外的产值。中小型建筑企业加强合作，特别是与设计单位科研单位的合作，提高企业的技术水平和能力形成具有竞争优势的企业群。小微型建筑企业发挥自身灵活的特长，开发不同层次的市场以满足自身发展的需要。非施工领域的建筑企业以科技创新为载体，结合地域特征开发适应地区环境的新型设计或材料，发展核心技术增强未来发展的竞争力。房地产开发应该由数量型开发向质量型开发转型，提高建筑质量和后期物业服务。部分县域商品房开发已经由卖方市场开始过渡到买方市场，企业应主动应对市场变化。

（三）政府加大公共设施投资改造力度

黑龙江省基础设施建设尚不完善，加大基础设施投入是利国利民的民生工程，不仅可以带动建筑业及上游产业增长，更能促进工业服务业发展。黑龙江省大量的公路年久失修，有的省级公路甚至不能通行、农业基础设施建设更是难以应对新时期的生产要求。要加大全省的基础设施建设，首先是要加大公共设施建设的比例，长远谋划。实行公共设施设计、使用、建造的负责制，避免重复建设，设施短命等已经存在的问题再出现。其次，提高新建公共设施的档次和质量，科学合理设计，延长使用年限。例如，地下管网建设采用公共渠道式建筑。虽然一次性投入大，但未来使用方便且维护成本低。这就要求建筑行业提高设计和施工的水平，不仅能化解房地产业缩减带来的过剩产能危机，而且还能促进建筑业的成长。

（四）扶持小微企业

小微型建筑企业是建筑市场很好的补充，灵活机动地活跃在建筑领域。相比国内其他省份，黑龙江省建筑业小微企业占比较高。小微建筑企业难以满足现代建筑市场需求，因此要扶持小微型建筑企业快速壮大。小微建筑企业抵御风险能力有限，技术等级和生产能力都很弱，一旦陷入债务危机就很难化解。地方政府应当让小微建筑企业了解国家和地方相关的扶持政策，地方政府制定好前期细则和准则，通过公开渠道向社会公布，小微企业达到扶持标准就应给予相应的扶持，严格控制和监管政府内部卡要行为，不要等企业找上门了才解决问题，政府职能部门应该动起来，去做事而不是等事来。端正政府及办事人员的工作态度，对于刁难小微企业的行为要严厉查处，严控政府不作为或乱作为；先从政府内部把控，把好的政策落到实处，真正为企业解决问题。从登记注册、审核审批、人才引进、用水用电、施工场地等每一个生产经营环节服务于企业。加大金融支持，鼓励和帮助小微型建筑企业融资、信贷。按照国家扶持小微企业的实施意见逐条落到实处。

（五）发挥优势提升建筑业科技水平

　　黑龙江省建筑设计部门相对整个建筑业来说，具有一定优势，从业人员和企业数都比较多。发挥黑龙江省建筑业科研设计方面的优势，加大对建筑业企业自主创新的政策扶持。引导高校和企业联合，产学研互助共同发展。成立研发中心或实验基地，迅速有效地将科研成果转化为生产力。优先鼓励绿色环保、节能减排、节约土地等领域的建筑材料或设计的研发。集中科技成果示范和转化区，建立省级建筑成果示范展示区，有效推广优秀科技成果。

黑龙江建筑科技节能减排发展问题研究

王大业*

摘　要：　本文立足于黑龙江省建筑科技节能减排发展的现状，分析了目前省内在开展建筑科技节能减排中存在的一些问题，并结合省情，对未来更好地发展全省建筑科技节能减排工作提出了相应的对策建议。

关键词：　建筑科技　节能减排　能源消耗

黑龙江省地处我国东北，属高纬度严寒地区，取暖期为 170～205 天，取暖需要消耗大量能源，建筑能耗支出占全省能耗支出 35% 左右，高于全国平均水平 9% 左右。随着社会经济的高速发展，能源消耗问题已经成为制约黑龙江省经济发展的重要性因素。实行建筑科技节能减排是全省节能减排工作的重心，亦是建筑产业未来发展方向，建筑节能减排不仅可以节约全省社会能源、降低能耗，而且可以减少污染、实现经济可持续发展。

一　黑龙江省建筑科技节能的现状分析

在省委、省政府的领导和关怀下，省住建厅严格落实国家建筑科技节能减排工作的方针，在开展全省建筑科技节能减排方面取得了优异的成绩。

---

* 王大业，黑龙江省社会科学院应用经济研究所助理研究员，研究方向为产业经济。

（一）建筑节能成就显著

"十二五"期间全省新增科技节能建筑达 1.5 亿平方米，对既有建筑科技节能及供热计量改造 2800 万平方米，建筑可再生能源与建筑一体化应用面积新增 3550 万平方米，其中太阳能热水系统增加了 2500 万平方米，地热泵供暖新增 1050 万平方米，新型墙体材料的生产比例和应用比例分别达到 60% 和 62% 左右。在全省大中型城市建设了 800 万平方米节能建筑科技示范工程，新建建筑从 2011 年底实行 65% 的节能设计标准，新建公共建筑实行 50% 的节能设计标准，设计阶段建筑科技节能标准执行率达到 100%，工程施工阶段达到 99.5%，20% 的城镇新建建筑达到了建筑节能减排的标准。2014 年，全省既有建筑节能改造完成投资 58 亿元，争取国家资金 13.7 亿元，改造面积约 2500 万平方米，节约 139 万吨标准煤，取得了历史性的突破。通过节能改造，全省建设行业"十二五"期间累计节约燃煤约 932.2 万吨，减少二氧化碳气体排放 2390 万吨、二氧化硫 23 万吨，实现了建筑节能可持续发展的目的。

（二）建筑科技节能示范不断涌现，引领节能建筑发展新趋势

"十二五"期间，黑龙江省加快了低碳绿色节能型示范小区的建设，滨才城、万达广场（哈西）、辰能溪树庭院先后获得国家绿色建筑评价标识，在全省范围内完成了国家办公和大型公共建筑节能监测平台建设和节约型大学校园建设。

（三）建筑节能法律法规相继出台并不断完善

为了全面做好黑龙江省的建筑节能工作，省政府于 2012 年成立了"黑龙江省建筑节能工作领导小组"，由分管副省长亲自担任组长。"十二五"期间，连续 5 年与各地市签订建筑科技节能减排工作的责任书并对落实结果进行全省通报。省委、省政府出台了一系列相关法规性文件，如《黑龙江省建筑节能"十二五"专项规划》《黑龙江省国家机关办公建筑和大型公共

建筑能耗统计管理办法》《黑龙江省民用建筑能效测评标识管理办法（试行）》《黑龙江省节约能源条例》，省住建厅会同财政厅联合制定了《黑龙江省可再生能源建筑应用城市示范管理办法（暂行）》《黑龙江省"十二五"可再生能源建筑应用专项发展规划》《黑龙江省可再生能源建筑应用农村地区县级示范管理办法（暂行）》，省住建厅组织编制了《黑龙江省建筑节能工程质量验收标准》《黑龙江省既有采暖居住建筑节能改造技术规程》《黑龙江省住宅工程质量通病控制规范》《黑龙江省供热采暖系统热计量技术规程等地方性标准》，逐步形成了黑龙江的建筑节能标准体系。

（四）加大科研力度，新节能技术快速推广应用

"十二五"期间，黑龙江省的节能建筑业发展很快，取得了显著的成绩，大力发展建筑节能技术，为节能建筑业的可持续发展提供了强有力的技术支撑。"十二五"期间，省住建厅充分发挥了宏观调控的职能，组建了一支以高校和科研院所为主力的节能技术队伍，组织科研攻关，培养了一批科研骨干，节能窗技术、保温复合材料的外墙保温墙体技术、建筑物热计量技术、太阳能采暖制冷技术、既有建筑物节能改造技术等都达到了较高的节能水平并取得了多项国家专利。中加合作项目"既有建筑节能改造示范"获建设部华夏科技进步三等奖，"配筋砌块节能墙体技术""HS－ICF外墙保温建筑节能体系成套技术"获得了省政府科学技术一等奖。省住建厅于2012年印发了《关于加强黑龙江省建设领域新领域新产品推广应用管理工作的通知》保证了建筑科技节能减排新产品和技术在全省范围内的推广和应用。

（五）大力宣传，狠抓落实，成果显著

省住建厅制定了建筑节能宣传周，定期组织各种活动开展建筑科技节能宣传工作，利用电视、网络等方式重点对国家节能政策、试点示范和节能成效进行了宣传，强化了各级领导机关和广大民众对全面开展全省建筑节能工作的认识，提高了整个社会对建筑科技节能减排的认识程度，为进一步节能减排创造了良好的社会环境。

二 影响黑龙江省建筑科技节能发展的主要问题

虽然黑龙江省在发展建筑科技节能减排上取得了令人瞩目的成绩，但由于省情，制约节能建筑发展的因素还有很多，许多问题亟须解决。

（一）监管体系未能有效发挥监管职能

建筑节能监管涉及审批、设计、施工、监理、竣工验收，目前在省内的有关部门在管理上存在脱节现象。在全省范围内建筑科技节能相关工种的施工人员应该实行持证上岗制度，严格审查投标方的施工资质，按照国家规定进行建筑工程的设计、招投标、施工、监管，逐步在全省范围内实现绿色施工，降低社会能源损失。相关部门应该加大力度组织对新建建筑项目和既有建筑项目节能改造的专项监督检查，确保建筑节能工程的质量。有些市、县的节能建设相对落后，监测装备落后，工作效率不高，难以适应当前工作的需要。

（二）农村建筑节能工作存在一定误区

有些地区盲目推广以城市建筑节能为范本的农村节能，用对待城市建筑节能的方法来对待农村建筑的节能，农村建筑节能应该遵循成本低、便捷、免维修的原则，要充分结合农村的生态特点。新农村建设是黑龙江省经济发展举足轻重的战略性问题，农村新建建筑面积逐年增加，建筑能源消耗也随之不断攀升，在农村切实推行建筑科技节能，一定要充分分析农民的经济承受能力和不同层次的需求。不同地区应该采用符合当地情况的建筑节能方法，要争取以最小的成本，取得最好的节能效果。大部分农村居民难以承担商品化的节能改造，应该结合省情逐步探索出经济可行的节能推广模式。有关单位和部门应该成立农村建筑节能专项小组，把建筑节能技术、农村住宅规划、节能监测在农村节能实践的过程中逐步完善解决。

（三）在建筑科技节能减排投入的财政力量相对较弱

近些年，有些较好的建筑节能科研成果没有在全省范围内进行推广。应该逐步拓展省内建筑科技节能减排的融资渠道，助推建筑节能发展。部分地市未能充分有效地发挥国家奖励资金的驱动作用，地方政府的资金投入不够。相关部门应该设立专项建筑节能资金，主要用于新技术、新产品的推广应用上，加强专项节能资金的管理，充分提高资金的利用率。

（四）既有建筑节能改造难度很大

早些年，在黑龙江城市规划设计中，相关部门和规划设计人员往往主要考虑建筑物的建筑外形、容积率、实用性、环境影响评价、日照时间等一些问题，很少从建筑物的科技节能减排角度来考虑，只有到单体建筑的施工阶段才会考虑节能设计，很多建筑物为了追求造型上的效果而使屋面和墙体的结构件增多，建筑体上的凹凸面也增多，这些设计方法虽然突出了建筑物的外形效果，但却加大了建筑的热桥，从而大大影响了对既有建筑的科技节能改造。

（五）冬季温差大带来设计上的困难

对于全面推广黑龙江省建筑的科技节能改造，各地冬季气温的高低不同是节能改造技术的关键所在，哈尔滨市在冬季的最低气温可达零下 32 摄氏度左右，在大兴安岭一带则可达到零下 52 摄氏度左右，在全省范围内完成科技节能改造的任务难度之大显而易见。

三 黑龙江省建筑科技节能减排发展对策及"十三五"发展趋势展望

（一）黑龙江省建筑科技节能减排发展对策

1. 完善监管体系和节能建筑标准，加大执法力度

需要进一步完善建筑节能监管体系，强化执法监察力度，加强节能监管

建设，成立省、市、县三级节能监管体系，各级政府机关应该进一步强化省内建设工程节能减排监督体系的建设，建立健全建设领域科技节能减排的定时监测、数据统计和考核体系配备足量的监管人员和资金，建立覆盖全省城乡的节能减排的管理网络，各地市实施科技节能减排的目标责任制。省住建厅组织有关部门进行专项验收，对不符合建筑节能标准的项目坚决不予以验收，不得发放和审批建设工程规划许可证和施工许可证，对于一些违反建筑科技节能相关标准和规定的已经开工的工程必须停工整改，新建建筑必须达到100％符合建筑节能标准。在各地市建立节能监测平台，对建筑科技节能工作的开展进行公示，进一步完善监管体系。进一步完善考核机制，将考核结果作为相关单位的绩效内容，对成绩突出的单位予以表彰。

2. 大力推进既有建筑科技节能技术改造

既有建筑的节能改造是深入开展黑龙江节能减排的重要工作之一，"十二五"时期一些投入小、收效快的措施都已经被采用了，"十三五"节能减排将进入攻坚阶段。各地市住房城乡建设主管部门应对本地区的既有建筑进行现状统计调查，制订改造计划并结合本地的实际情况以及上报省里的既有建筑改造工作量签订科技节能改造任务协议，对既有建筑的科技节能改造要以外墙围护结构、管网热量平衡、门窗为主要实施对象。依托新农村建设、东北老工业基地建设、新型城镇化建设等大型项目，在推广使用建筑节能新型材料的同时加大推广使用水密性、气密性、隔热的外墙保温和门窗，使省内使用的建筑节能材料更标准、通用、节能。"十三五"期间要把既有建筑节能改造放在工作的首要位置争取实现较大的突破，用1~2年时间完成重点市县的科技节能改造任务。

3. 扩展资金筹集渠道，为建筑节能改造提供强有力的资金保障

一方面要积极创造有利条件，大力发展市场性融资，要突出相关政府机构在节能改造市场中的主体地位，努力创造有利于科技节能减排运行的政策环境，通过逐步减低运营成本，鼓励民间资本进入省内建筑节能减排行业，满足市场对资金的需求量。另一方面各级政府要加大财政投入，充分有效地发挥各级政府的主导作用，积极调整财政的支出结构，及时安排配套资金。

实行"以奖带补"的方法，按照每平方米严寒地区 55 元、寒冷地区 45 元的补助标准进行补贴。

4. 大力开展建筑科技节能减排社会性宣传活动

各级宣传主管部门要加大力度宣传建筑科技节能减排对全省经济发展的重要性，调动广大民众的积极性参与到建筑节能改造的工作中，并组织开展《民用建筑节能条例》《节约能源法》的学习活动，宣传建筑科技节能改造实例。有关部门要组织以节能宣传日、绿色科技建筑博览会等为载体，利用各种媒介宣传科技建筑节能的重要意义和政策措施，提高全民的节能意识，扩大社会影响，推动节能改造工作顺利进行。要加大与节能改造相关的技术要求、标准、政策、法规等的培训力度，完善相关配套设施，加强人才队伍建设，落实激励机制，提高从业人员的技术水平和整体素质，逐步提升建筑科技节能管理、设计、施工、监理、研发等从业人员对科技建筑节能的执行力。

5. 加大对可再生建筑能源的科研研发及产业化的支持力度

鼓励相关科研单位、高校成立可再生能源建筑应用工程中心。相关部门应该加强对可再生能源的支持力度，加大对新产品的攻关力度，尽快实现产学研一体化。政府应该加大力度支持可再生能源建筑应用关键技术和应用产品的研发及产业化，设备性能检测机构和建筑应用效果检测评估机构等公共服务平台的建设，在全省范围内提高可再生能源建筑应用的范围和水平。对于新建建筑应当提高建筑节能标准，对于不符合标准的新建建筑一律不得交付使用。对于既有建筑，应该从建筑物本身的节能改造和供热计量改造两方面着手。在省内的农村地区广泛开发以太阳能、浅层地能、生物质能等可再生能源为核心的能源可再生系统。建立全省可再生能源科技节能减排应用的长效机制。未来几年，要有计划做好可再生能源的市、县级示范点，起到带头示范的作用，对于在"十二五"期间已批准的可再生能源应用示范市、县，各级政府要抓紧组织落实。

（二）黑龙江省建筑科技节能减排"十三五"发展趋势展望

黑龙江省的建筑科技节能减排在"十三五"期间要实现"行政带动"

"市场触动""宣传拉动"三驾马车同时拉动，全面建立节能减排的市场化机制。根据省"十二五"期间建筑节能减排发展的形势，下一步建筑科技节能减排的重点要放在农村。目前，黑龙江省农村科技节能减排存在着民众节能意识薄弱、技术水平较低、维护结构差等问题，要结合省内农村能源的特点，摸索出一条符合黑龙江省情的农村建筑节能发展之路。预计在"十三五"期间，全省可实现城市建筑科技节能减排覆盖率达到100%，在80%农村地区实现建筑节能，"十三五"期间可节约燃煤约260万吨，减少二氧化碳气体排放约560万吨，二氧化硫约5.4万吨。

黑龙江城市市政设施建设发展问题研究[*]

吕　萍^{**}

摘　要：　黑龙江正处于新型城镇化快速发展阶段，提升城市综合承载
力亟须加快城市市政设施建设。本文分析 2011 年以来黑龙江
城市市政设施建设在"三供两治"工程、园林绿地建设、路
桥照明建设等方面的主要成就，提出了市政设施建设存在城
市间差异较大，投资渠道单一，市场化程度较低等问题。对
城市市政设施进行展望，预计到 2020 年，城市集中供热普及
率与燃气普及率分别达到 87% 与 90%，瞄准"一带一路"战
略带来的新机遇，构建面向东北亚的市政设施体系，针对市
政设施建设的主要问题提出加快城市市政设施的对策。

关键词：　市政设施　新型城镇化　三供两治　黑龙江

自 2008 年世界金融危机爆发以来，我国把城镇化作为经济发展的重要
措施提了出来，城镇化发展要求城市加快市政设施建设，为此黑龙江大力推
进城镇道路交通、邮电通信、供排水、能源供应、污染治理、城市绿化等城
市市政设施建设，2014 年，黑龙江城镇化率达到 58.03%，高于全国平均水
平 3.2 个百分点。随着城市人口不断增加，对城市市政设施的需求也不断增

---

* 本文为中国博士后基金项目（2014M561367）、黑龙江省博士后基金项目（LBH‑Z13122）、黑龙
江省哲社项目（15JYB03）阶段性研究成果。
** 吕萍：黑龙江省社会科学院副研究员，博士，研究方向为城市经济、数量经济。

加。城市市政设施是指由政府、法人或公民出资建造的公共设施，一般指规划区内的各种建筑物、构筑物、设备，城市道路（含桥梁）、城市轨道交通、供水、排水、燃气、热力、园林绿化、环境卫生、道路照明、工业垃圾医疗垃圾、生活垃处理设备、场地等设施及附属设施，它是城市快速发展的基础，是保障城市可持续发展的一个关键性的设施。

一　黑龙江城市市政设施建设的主要成就

"十二五"以来，黑龙江城市市政设施的现代化程度显著提高，新技术、新手段得到大量应用，设施功能日益增加，承载能力、系统性和效率都有了较大的进步，推动了城市经济发展和居民生活条件改善。这些成绩的取得，得益于省委省政府的坚强领导，得益于各级政府的精心组织，更得益于全省住建系统干部和职工的艰苦拼搏。

（一）"三供两治"工程逐步推进，承载能力得到提升

黑龙江城市"三供两治"[①] 工程建设进程加快。供热和空气环境质量有所改善，哈尔滨、大庆与黑河三个城市率先完成地下管网信息普查，其中哈尔滨建立了地下管网地理信息系统平台，并投入使用。黑龙江大力推进城市居民保障性用水和净化水质类项目建设，2014 年争取中央预算内水利专项投资 240 亿元，建设三江干流堤防应急度汛工程 375 公里，修复水毁工程 1007 处；鸡西、七台河城市供水水源引水工程开工。全省用水普及率由 2011 年的 90.78% 上升到 2014 年的 96.20%，上升 5.42 个百分点，用气普及率由 2011 年的 81.41% 上升到 2014 年的 86.23%（见表 1）。城市集中供热热源及其热网改造工程建设，2012 年新增集中供热面积 4261 万平方米，撤并小锅炉 968 台，集中供热普及率达到 62%；2014 年黑龙江投资 14 亿元用于城市老旧供热管网改造，改造老旧热管网 1216 公里，拆并小锅炉 930

---

① 供热、供水、供气、污水治理、垃圾治理。

台，分别占全省总量的 59.3% 和 65.4%。城市加快污水集中处理厂、城市生活垃圾无害化处理厂以及城市污水收集、城市生活垃圾收运、城市污冰雪处置设施建设，改变"垃圾靠风刮，污水靠蒸发"的现象，城镇污水处理设施建设运行在全国排名由第 30 位上升到第 20 位。污水处理率、生活垃圾无害化处理率分别由 2011 年 57.28% 和 43.69% 上升到 2014 年的 77.22% 和 58.86%，分别上升约 19.94 个、15.17 个百分点。以冬季"保畅通"工程为突破点，2014 年投资 3.98 亿元，购置机械设施 1140 台（套），机械化清雪率进一步提高，13 个中心城市主次干道机械化清雪达 90% 以上。

表1 黑龙江城市市政公用设施情况（不含暂住人口）

指标		2011 年	2014 年
人均日生活用水量（升）		128.02	116.54
用水普及率(%)		90.78	96.20
燃气普及率(%)		81.41	86.23
建成区供水管道密度（公里/平方公里）		7.24	7.91
人均城市道路面积（平方米）		11.20	13.32
建成区排水管道密度（公里/平方公里）		4.83	5.56
污水处理	污水处理率(%)	57.28	77.22
	污水处理厂集中处理率(%)	49.82	63.35
人均公园绿地面积（平方米）		11.47	12.10
建成区绿化覆盖率(%)		36.32	35.98
建成区绿地率(%)		33.22	32.99
生活垃圾处理	生活垃圾处理率(%)	43.69	69.63
	生活垃圾无害化处理率(%)	43.69	58.86

资料来源：黑龙江省住建厅 2011 年和 2014 年年报。

（二）园林绿地品质逐步提升，人居环境得到优化

黑龙江加速推进城市园林绿化建设，加强城市中心区、老城区的园林绿化建设和改造提升，加快公园绿地、居住区绿地、道路绿化和绿道建设和完善绿地系统综合功能；利用棚改、老企业搬迁及滨水城市建设契机，努力提升城市总体绿量，加快城市绿化建设步伐，2013 年七台河、佳木斯和海林

获得国家园林城市称号。2014 年，黑龙江制订下发《文明城市创建"四季"行动工作指南》，治理城区裸土面积 57 万平方米，清理绿化超高土面积 71 万平方米，清运积存垃圾 270 万吨；综合整饰主街路 102 条、359 万平方米、楼体 572 栋。全省投资 15.2 亿元，改造城市旧小区 1639 万平方米，小区环境面貌和居住条件有了改善，哈尔滨、齐齐哈尔和牡丹江推进力度大，共完成改造面积 1220 万平方米，占全省总量的 74.4%。全省新增城市绿地 1549.2 公顷，新建公园 15 个，鹤岗、双鸭山、鸡西等煤炭资源型城市加大公园的建设力度；2011 年与 2014 年相比，全省人均公园绿地面积由 11.47 平方米上升为 12.10 平方米。贯彻落实住建部《关于促进城市园林绿化事业健康发展的指导意见》《关于进一步加强公园建设管理的意见》，开展公园内设立私人会所、高档餐馆、茶楼、"园中园"等变相经营的全面自查工作；完成全省城市园林绿化设计大赛评比活动和第九届中国（北京）国际园林博览会参展工作。

（三）路桥与照明建设逐步加快，城市面貌得到改善

黑龙江推广哈尔滨市典型经验，支持各地加速完善老城区路网框架，打通中心城区交通节点和城市外延性道路，新建城区越江桥梁（隧道）和地面、地下快速交通干道交通系统，实现"打通关键节点、架构骨干路网、发挥联网效应、服务区域发展"的目标。2014 年，城市市政公用设施建设固定资产投资 212.76 亿元，其中道路桥梁投资与集中供热投资较大，分别为 81.46 亿与 46.25 亿元，占全省总量的 38.29% 和 21.74%（见图 1）。哈尔滨地铁 1 号线三期工程全线开工、3 号线一期工程开工建设。铁路建设完成投资 156 亿元，哈佳快速、哈牡客专、滨洲铁路电气化改造开工建设，哈齐客专全线贯通。对照明评价指标、城市景观照明规划设计要求、照明节能和绿色照明管理与监管等 10 个方面内容提出明确要求，整饰街路、改造道路面积、新建改造城市功能和景观照明取得较大成绩，其中城市主城区道路装灯率达到 95% 以上。

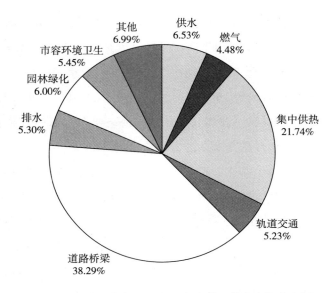

图1　2014年城市市政公用设施建设固定资产投资比例

（四）各项规划政策逐步出台，市政设施建设得到保障

黑龙江加强市政设施政策指导。在供排水方面，2013年启动"饮水安全工程"调研工作，起草上报《以民为本，以水为重》调研报告；组织各地启动《城市排水（雨水）防涝综合规划》编制工作，正在实施《城市排水与污水处理条例》贯彻落实工作。在供热供气方面，2013年编制完成《黑龙江省集中供热老旧管网改造规划》，已上报并纳入国家改造总体规划，起草全省城市供热工作情况的汇报。在公共绿化方面，引导、支持各地加快实施《城市绿地系统规划》，超常规安排城市园林绿化资金和建设用地。2013年编制完成《黑龙江省风景名胜区体系规划》和《黑龙江省风景名胜区技术导则》；配合国家完成五大连池、太阳岛国家级风景名胜区执法检查；2014年编制《黑龙江省风景名胜区规划及建筑整治导则》，组织修编《黑龙江省风景名胜区体系规划》；大沽河等三个景区晋升为省级风景名胜区。在道路桥梁方面，2013年制定《城市主要街路整饰工作实施方案》《六城市亮化工作实施方案》，形成《主街路改造和城市亮化评估报告》，编制

完成《黑龙江省城市景观照明设计导则》，明确照明评价指标、城市景观照明规划设计要求。上述规划政策的陆续出台，为黑龙江城市市政设施加快发展奠定基础。

二 黑龙江城市市政设施建设发展存在的问题

自 2011 年以来，黑龙江城市市政设施建设水平有了较大提升，大力支持新型城镇化快速发展。与此同时，应清醒地认识到，城市市政设施建设存在规模赶不上城市发展需要、历史欠账较多、城市间差距较大、投资渠道单一、制度化管理还不够规范等问题。

（一）市政设施建设水平仍然较低

黑龙江城市市政设施水平纵向比较虽然有了明显的提升，但是服务供给水平仍较低，滞后于城市经济发展和人民生活改善的要求，2014 年全省市政设施建设投资大幅下降，比上年减少 60 亿元，降幅达 15.8%，"三供两治"工程建设推进比过去快，但市政设施建设水平仍相对较低。其中，2014 年人均日生活用水量为 116.54 升，比 2011 年 128.02 升低 11.48 升；2014 年建成区绿化覆盖率、建成区绿地率均低于 2010 年。与东部沿海地区城市横向比较，市政设施服务水平与技术水平还是偏低，比如城市地铁是现代城市快速公交的最有效手段，黑龙江省仅哈尔滨具有地铁设施，且正在建设中，长度有限（2014 年为 17.53 公里）；"逢雨看海"拷问着黑龙江城市市政设施建设的"里子"工程，除内涝之外，管线泄漏爆炸、路面塌陷、交通拥堵、环境污染等现象也经常发生，城市综合承载能力有待提升，城市市政设施建设水平落后影响黑龙江新型城镇化的快速发展。

（二）市政设施水平区域差异较大

虽然黑龙江城市市政设施投资水平呈现逐年增大的态势，但是投资水平存在区域性差异，哈、大、齐等东部城市投资水平占全省投资总量的一半以上（60.78%），尤其是省会城市哈尔滨占比高达44.56%（表2）。城市市政设施投资水平的差异影响了市政设施建设区域之间的发展平衡，2014与2011年相比，黑龙江省12个地市用水普及率等四项指标均呈现出增长态势，黑河用水普及率、燃气普及率上升幅度较大，分别为18.16个和45.11个百分点；就12个地市横向比较而言，哈尔滨、大庆、齐齐哈尔等东部城市市政设施水平明显优于其他地区，2014年哈尔滨用水普及率、燃气普及率分别比伊春多24.48个和63.47个百分点，大庆人均城市道路面积比鹤岗多22.32平方米，哈尔滨建成区排水管道密度比七台河多4.64公里/平方公里（见表2）。黑龙江城市市政设施水平存在的区域性差距表明，大城市的市政设施投资水平明显高于中等城市市政设施投资水平，形成大城市市政设施建设较快，中等城市市政设施建设缓慢的"马太效应"。

表2 黑龙江12个地市城市主要市政设施水平表（不含暂住人口）

地区	用水普及率（%）		燃气普及率（%）		人均城市道路面积（平方米）		建成区排水管道密度（公里/平方公里）		2014年市政公用设施建设固定资产投资	
	2011年	2014年	2011年	2014年	2011年	2014年	2011年	2014年	金额（万元）	占全省比重（%）
哈尔滨	92.65	100.00	96.36	100.00	9.76	14.68	5.39	7.06	936873	44.56
齐齐哈尔	97.01	100.00	94.68	97.61	8.34	9.06	7.35	5.54	114073	5.43
鸡 西	99.75	98.38	80.12	86.53	9.36	9.09	9.32	4.03	34588	1.65
鹤 岗	82.18	96.51	49.44	64.01	6.76	8.24	11.79	5.82	43522	2.07
双鸭山	100	99.57	52.97	52.45	7.27	8.58	6.48	4.51	35834	1.70
大 庆	91.97	92.44	99.74	99.78	24.09	30.56	7.22	6.24	226871	10.79
伊 春	71.96	75.52	38.59	36.53	10.73	11.43	7.14	2.66	74756	3.56
佳木斯	87.78	95.53	65.65	91.46	10.03	9.58	6.71	4.87	47998	2.28
七台河	86.46	94.36	65.95	68.75	11.58	13.06	11.42	2.42	29581	1.41
牡丹江	91.01	94.94	84.14	88.35	14.13	13.76	7.75	5.28	120175	5.72
黑 河	78.79	96.95	45.61	90.72	13.66	13.04	8.81	5.10	7995	0.38
绥 化	90.04	95.44	69.92	61.25	7.73	7.48	7.92	5.47	56433	2.68
黑龙江	90.78	96.20	81.41	86.23	11.2	14.06	7.24	5.56	2102597	—

资料来源：黑龙江省住建厅2011年和2014年年报。

（三）市政设施建设投资主体比较单一

尽管黑龙江城市市政设施建设投资规模有了大幅度的增加，但是市政设施建设资金缺口仍然较大，缺乏稳定、规范的资金来源。2014年，黑龙江城市市政设施建设资金有52.93%来自政府自筹，这部分资金主要依赖银行贷款，在相当程度上挤压了银行对中小企业与小微企业的贷款支持；有20.78%来自国家预算资金，利用外资仅占0.45%（见图2）。由于税率较低等原因，城市市政设施建设维护管理财政性资金收入的增长不能满足社会对市政设施需求的增长。并且财政支出将逐步向社会保障、就业、医疗与教育等民生方面转移，政府不可能成为投资的主体，因此黑龙江省应积极吸引企业和社会资金参与市政设施建设。

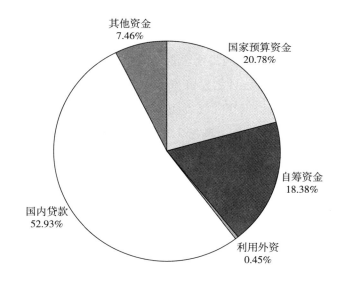

图2　黑龙江城市市政公用设施建设固定资产投资资金来源比例

资料来源：黑龙江省住建厅2014年年报。

（四）市政设施建设市场化程度不高

市政设施行业是计划经济色彩最为深厚的行业之一，黑龙江城市市政设施经营管理的机制虽然逐步向市场化经营转换，通过搭建政、银、企合作平台，采用政府购买服务 PPP 模式，引进民间资本推进城市供水、供热、供气、污水处理和环卫行业市场化，但是进展缓慢。垄断经营使企业缺乏竞争力，造成城市市政设施提供产品和服务的价格与价值背离的局面没有得到扭转，市政设施收费低于建设成本，市政设施的企事业单位普遍面临经营亏损、债务沉重的困境，由于营运效率低下，服务质量不高，城市市政设施不能有效满足人民生活的需要。

三　黑龙江城市市政设施建设发展的展望

黑龙江为了加快新型城市化建设进程将会不断提升城市市政设施综合承载能力，预计 2015 年投资 124 亿元，开复工"三供两治"项目 311 个，新增日供水能力 27 万吨、集中供热面积 3200 万平方米、供气用户 16 万户、污水日处理能力 20 万吨、生活垃圾日处理能力 2380 吨。加快推进老旧供热管网改造和分散供热小锅炉拆并，计划投资 36.9 亿元，改造老旧管网 1193.4 公里，拆并小锅炉 824 台。根据《黑龙江省新型城镇化规划（2014～2020 年）》相关内容可知，预计到 2020 年，黑龙江城镇化率达到 63% 左右，实现这个目标需要城市市政设施加快建设做支撑。黑龙江要增强城镇服务功能和承载能力，应重点继续推进建设一批城市交通、供水排水、供热、供气、污水垃圾处理等市政基础设施项目。

（一）在供水、供热、供气设施建设方面

加强饮用水水源建设与保护，重点实施鸡西、七台河城市引水工程。在鸡西、双鸭山、七台河、绥化等缺水城市发展矿井水利用和再生水利用，缓解供水紧张局面。预计到 2020 年，全省城市公共供水普及率达到 97% 和水质双达标。大力发展热电联产，逐步淘汰高耗能小锅炉，建设形成热电联产和大型锅炉房集中供热相结合的供热体系，进一步扩大重点城镇集中供热范围，到 2020 年全省城市集中供热普及率达到 87%。利用中俄东线天然气管

道项目建设的有利契机，谋划建设省内天然气干线管网和城市天然气基础设施项目，加快形成城镇天然气输配体系，到 2020 年全省城市燃气普及率达到 90%。

（二）在环境设施建设方面

加快城镇污水处理设施和污泥处理处置设施建设。到 2020 年，全省污水处理率达到 90%。以大中城市为重点，建设生活垃圾分类示范城市和生活垃圾存量治理示范项目，完善垃圾收运系统，建设并形成卫生填埋、焚烧处理和资源化利用等多元化垃圾处理体系。到 2020 年，全省城市生活垃圾无害化处理率达到 82%；加强园林绿化建设，到 2020 年，全省城市建成区绿地率达到 36.8%；加快排水防涝设施建设，到 2020 年全省新建改建排水管道总长度 4724 公里，实现分流制排水系统城镇全覆盖。完善沿江城市防洪设施，到 2020 年基本建成城市防洪工程体系。

（三）在道路交通设施建设方面

大力发展交通事业，加强公路网建设，扩大与外部联系的通道，促进与东北亚等国家的联系与合作。哈尔滨地铁形成"十字加环线"的轨道交通网络基本框架，到 2020 年轨道交通实现营运里程 89 公里。加快建设哈尔滨至齐齐哈尔客运专线、哈尔滨至牡丹江客运专线、哈尔滨至佳木斯快速铁路。积极推进国家高速公路新增路线、"瓶颈"路段以及功能突出的地方高速公路建设，重点实施京哈高速扩容、哈尔滨都市圈环线、鹤大高速佳木斯过境段、绥化至大庆、双鸭山至宝清等高速公路项目，到 2020 年在省内实现高速公路基本覆盖人口 20 万以上城市。

（四）在通信设施建设方面

为推动"大众创业、万众创新"战略，黑龙江城市亟须抓住互联网经济这一消费热点，推动产业结构升级。加强信息通信设施建设与保护，推广哈尔滨和大庆数字化城市市政设施管理模式，加快信息服务产业发展，培育新的消费增长点。加快城市电网建设和改造，进一步扩大通信容量，提高通信质量和服务水平，采用有线、无线多种接入方式，通过"互联网＋"的方式促进就业创业，到 2020 年，黑龙江省家庭宽带接入能力达到 50 兆以上，社区综合服务设施覆盖率达到 100％。

四　黑龙江城市市政设施建设发展的对策建议

"十三五"时期既是我国全面建成小康社会的决定性阶段，又是黑龙江省新型城镇化快速发展的关键时期，城市市政设施建设发展的速度高低与质量优劣将影响城市经济社会的运行效率。针对市政设施建设存在的问题，黑龙江亟须采取以下有效对策促进市政设施建设稳定发展。

（一）形成市政设施建设的区域差异化配置模式

黑龙江应根据城市的功能定位，按照人口发展规模和需求进行测算，构建全省大中小城市市政设施配置模式。首先，对于哈尔滨、大庆、齐齐哈尔等大城市而言，重点推进实施以生态、集约、科技含量高为主要特点的"优化发展"模式，通过对原有市政设施改造和新增设施的配置，使市政设施体系不仅能较好地服务于城市发展，而且实现人与自然、城市与资源环境之间的和谐，使城市市政设施建设向生态化、低碳化方向发展。其次，对于牡丹江、佳木斯等中等城市而言，重点推进实施"适度超前"型市政设施配置模式，一方面注重实用化、适度超前建设市政设施以满足城市经济社会发展的需要；另一方面市政设施建设与环保相结合，突出城市特色。特别是鸡西、双鸭山、鹤岗与七台河四煤城的市政设施体系应相互连通，促进城市之间的交流与合作。最后，对于安达、绥芬河等小城镇而言，重点是推进实施"点轴发展"型市政设施配置模式，快速发展市政设施，满足城市发展的需要，尤其是绥芬河、同江等城市瞄准"一带一路"战略带来的新机遇，加快绥满铁路、同江铁路等沿边铁路建设，促进面向俄罗斯的扇形放射铁路网建设。

（二）提升市政设施建设的管理水平

黑龙江城市应按照保证民生、改善人居环境的原则，切实加强对城市供水水质、燃气运营安全、城市供热市场、城市污水和垃圾无害化处理项目的建设及运营监管；加速推广哈尔滨和大庆数字化城市管理模式，优化整合城市管理资源，转变城市管理动态监管模式，建立完善的"大城管"运行新机制。加大城市路桥改造建设和主街路综合整治，加大主次干道改造力度，加强人行道、自行车道及公交专用道设施建设，结合节能改造继续推进主街路综合整治，同步推进牌匾广告、绿化、亮化，全面提升道路档次和街道风貌，编制《城市广告牌匾设置专项规划》。利用国家"一带一路"战略机遇，黑龙江首先就要完善铁路路网建设，尽快开通哈尔滨至齐齐哈尔专线，加快推进牡绥快铁、同江中俄铁路大桥、哈牡客专、哈佳快铁等众多铁路项目。

（三）实施市政设施建设投资主体多元化

城市市政设施建设不能完全依靠政府财政进行大规模建设，必须大力推进投融资体制改革，允许多元化融资，拓宽投融资渠道，鼓励社会资本参与建设和运营管理，形成以政府投入为引导、民营社会资本为主体、其他资金为补充的多元化融资格局。

对城镇供水、供热、燃气、污水及垃圾处理等有收益的市政设施项目，采用PPP、BOT、ROT、股权合作等市场化运作模式，吸引社会资本投资建设和运营管理。积极争取中央财政转移支付、综合运用政策性金融，加快市政基础设施建设。建立财政转移支付同农业转移人口市民化挂钩机制，省级财政安排转移支付要考虑常住人口因素。支持具备条件的城市基础设施项目发行项目收益债券。积极争取申报国家试点城市，编制专项规划，制定相关建设标准、管理政策，建立投融资机制。

（四）推进市政设施建设的市场化改革

市政设施市场化改革是一个复杂的系统工程，应稳步推进。条件成熟的市政设施应积极推进，形成示范，以点带面。一是开展全省市政设施市场化改革普查活动。摸清城市市政公用单位市场化改革运营情况，对城市市政公用单位市场化改革进行梳理，总结市政设施市场化运营改革经验，为全面推进市政设施市场化改革提供准确翔实的基础资料。二是抓试点，总结改革经验。把握全省市政设施市场化改革基本现状、市场潜力和需求，选择相应城市（比如佳木斯、牡丹江）、行业（园林绿化养护、环卫，对供水、供热等涉及民生行业实行市场准入）及市政设施企业，进行改革试点，在试点改革过程中，将从服务、指导、监管三方面进行推进。三是找准突破点，稳步推进。市政设施市场化改革难点就是价格和成本。国家对市政设施收费价格不断改革，水、电等已经实行阶梯价格制度，为市政设施市场化改革奠定了坚实基础。对较为成熟的改革试点市县，允许企业公平竞争，允许适度利润，从而降低成本。

参考文献

严盛虎等：《我国城市市政基础设施建设成就、问题与对策》，《城市发展研究》2012年第10期。

《国务院关于加强城市基础设施建设的意见》，2013。

黑龙江省人民政府：《黑龙江省新型城镇化规划（2014～2020年）》，2015。

王建国：《河南城市基础设施建设与发展研究》，《中州学刊》2002年第11期。

黑龙江市政公用事业市场化研究

宋晓丹 *

摘　要：　市政公用事业的发展不仅是城市发展的重要保障，更是衡量一个城市基础设施完善与否的标准。市政公用事业市场化是市场机制在公用事业发展中对资源配置作用不断增大的过程，是让供求、竞争、价格、风险和利益等诸多机制在公用事业的建设、运营中起到越来越大的作用。随着黑龙江省城市化水平不断提高，黑龙江省市政公用事业得到了长足发展。但是发展的同时也同样面临着阻力与困难，本研究通过对近几年黑龙江省市政公用事业发展现状的梳理，分析市政公用事业市场化发展的现有条件，针对黑龙江省市政公用事业市场化发展面临的问题，提出符合黑龙江省地方性市政公用事业市场化发展的思路。

关键词：　市政公用事业　市场化　价格　三供两治　黑龙江

市政公用事业是经济基础设施的一部分，是指由城市人民政府管理，为城镇居民生产、生活提供基本公共服务的行业，主要包括供水、供气（天然气和人工煤气）、供电、供热、污水和垃圾处理、公共交通、道路和桥

---

* 宋晓丹，黑龙江省社会科学院经济研究所助理研究员，研究方向为区域经济。

梁、市政设施、公共卫生以及园林绿化等，具有显著的基础性、先导性、公益性、公用性等特点。公用事业市场化改革起源于 20 世纪七八十年代西方国家，我国首次明确提出市政公用事业"市场化"的概念是在 2002 年 12 月建设部发布的《关于加快市政公用行业市场化进程的意见》中，意见提出，经营性市政公用企业可以由政府授权特许经营，允许跨地区、跨行业参与市政公用企业经营；经营性市政公用设施的建设向社会资金、外国资本等公开进行招标选择投资主体。2010 年 10 月《黑龙江省人民政府关于鼓励和促进民间投资发展的指导意见》发布，提出"鼓励和引导民间资本进入市政公用事业，具备条件的市政公用事业项目可以采取市场化的经营方式，向民间资本转让产权或经营权"。

一 黑龙江省市政公用事业发展现状

（一）"三供两治"等市政公用事业发展稳定

2010 ~ 2014 年，黑龙江省集中供热面积逐年提升，由 2010 年的 25924.1 套住宅供热面积 37513.4 万平方米，提高至 2014 年的 39336.9 套住宅供热面积 57655.99 万平方米。黑龙江省全社会供水总量呈现平稳供给状态，城市用水普及率稳步提高，已由 2010 年的 88.43% 提高至 2014 年的 96.2%；燃气普及率由 2011 年的 81.41%，逐年上升至 2014 年的 86.23% 势（见表 1）。黑龙江省污水处理厂集中处理率与生活垃圾无害化处理率分别由 2010 年的 41.98% 和 40.36% 达到 2014 年的 63.35% 和 58.86%。尤其是 2010 年，松花江流域内涉及的 40 个城市污水处理项目完成 39 项，污水处理能力同比提高了 30.46%，污水处理厂平均负荷率达 80.29%，化学需氧量削减达 8.34 万吨；实际形成垃圾处理能力 3980 吨/日，垃圾无害化年处理量已达 204.4 万吨，同比增长 11.1%。

表 1　2010～2014 年黑龙江省城市公用事业基本情况

	2010 年	2011 年	2012 年	2013 年	2014 年
全社会供水总量合计(亿立方米)	16.4	15.2	15.2	14.5	15.0
城市人口用水普及率(%)	88.43	90.78	94.14	95.46	96.2
液化石油气供气总量合计(万吨)	22.0	21.1	20.6	21.8	21.4
燃气普及率(%)	84.67	81.41	83.39	85.58	86.23
集中供热面积(万平方米)	37513.4	42939.5	48336.47	53803.95	57655.99
年末实有道路长度(公里)	10090.7	10628.94	11127.73	12102.18	12251.67
年末实有道路面积(万平方米)	13568.7	15295.95	16251.98	17898.75	18358.63
桥梁数(座)	767	850	876	1029	1032
城市排水管道长度(公里)	7504	8105.54	9375.9	9583.1	9922.43
园林绿地面积(公顷)	69581	72166	73820	75064.8	76346.18
公园个数(个)	285	296	304	321	331
公共厕所(座)	8893	7276	7058	6455	7064
市容环卫专用车辆设备总数(辆)	3814	5042	5749	5633	6887

数据来源：黑龙江省住房和城乡建设厅。

表 2　2010～2014 年黑龙江省城市市政公用设施建设固定资产投资情况

单位：万元

	2010 年	2011 年	2012 年	2013 年	2014 年
供水	49260	62260	93367	111217	138901
燃气	53238	45809	106511	69659	95386
集中供热	239959	216881	592182	823070	462518
轨道交通	252769	185200	72200	176604	111260
道路桥梁	1511906	2425252	1541232	1106739	814600
排水	228375	99762	135233	170024	112683
污水处理	189187	56139	66864	73845	60794
园林绿化	172685	172644	260315	296455	127730
市容环境卫生	33730	59436	78204	111939	115866
垃圾处理	11756	26515	23297	62062	71525
其他	505052	345685	670343	202146	148677
本年新增固定资产	1872650	2690121	2566023	2038933	1554759

数据来源：黑龙江省住房和城乡建设厅。

城市亮化工程进展顺利，2010 年黑龙江省安装城市道路照明灯 33304 盏；2011 年全省城市道路和城市照明建设总投资达到 280 亿元，是历史上最多的一年，新建和改造城市道路路灯 36694 盏，比计划增加了 3394 盏；2012 年城市照明亮化共投入 13.6 亿元，新建改造路灯 46497 盏，安装景观灯 65330 盏，亮化临街楼宇 3986 栋，消灭无灯街路 176 条，城市主城区道路装灯率达到 95%；2013 年完成整饰街路 127 条、改造道路面积 454 万平方米，楼体 936 栋，新建改造城市功能景观灯 8012 盏。城市亮化共投入 11.2 亿元，新建改造路灯 41497 盏，安装景观灯 30031 盏，亮化临街楼宇 1466 栋；2014 年综合整饰主街路 110 条，新建改造城市功能景观照明灯 8130 盏。

近年来，黑龙江省认真组织五大连池风景名胜区申报世界自然遗产工作，完成哈尔滨横头山和亚布力第五批省级风景名胜区，佳木斯大亮子河、牡丹江海林雪乡、黑河大沽河第六批省级风景名胜区审查评估。哈尔滨市群力新区湿地公园被命名为国家城市湿地公园，哈尔滨群力新区绿化与环境保护工程获得国家人居环境范例奖及联合国改善人居环境最佳范例（迪拜）奖（全球"100 佳"）称号；齐齐哈尔扎龙风景名胜区和牡丹江兴凯湖风景名胜区分别记入中国国家自然遗产预备名录和国家自然与文化双遗产预备名录；七台河、佳木斯和海林市获得国家园林城市称号，宁安等 3 个城市获得省级园林城市称号；哈尔滨市正式被国家批准成为 33 个餐厨废弃物资源化利用和无害化处理试点城市之一。黑龙江省住房和城乡建设厅分别荣获第八届中国国际"园博会"特别组织奖和第九届中国（北京）园博会优秀组织奖。

2010～2014 年，黑龙江省园林绿化公用事业成绩突出。2010 年，全省园林绿地面积接近 70000 公顷；2011 年，绿化覆盖面积突破 80000 公顷；2012 年，全省公园数量超过 300 个。无论是绿化覆盖面积、园林绿地面积、公园绿地面积，还是公园个数，黑龙江省都是呈逐年上升的态势（见图 1）。2010～2014 年，黑龙江省城市建成区绿化覆盖率、建成区绿地率分别为 34.89% 和 31.16%、36.32% 和 33.22%、35.98% 和 32.86%、35.99% 和

32.82%、35.98%和32.99%。预计到2017年，黑龙江省城市建成区将新增绿地面积15000公顷，城市建成区绿化覆盖率和绿地率预计分别达到41.1%和39.3%。

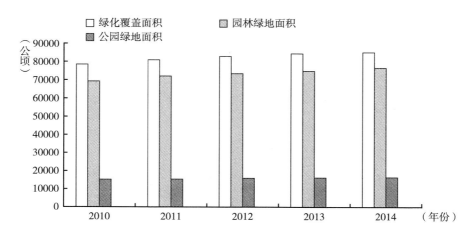

图1 2010～2014年黑龙江省园林绿化情况

数据来源：黑龙江省住房和城乡建设厅。

（二）政策性市场化导向与地方性法规制定日趋合理完善

为更好地发展黑龙江省市政公用事业，2010～2014年，黑龙江省分别起草、制定、颁布、出台、编制了《黑龙江省人民政府办公厅关于切实做好城市供热工作的意见》《黑龙江省城市集中供热老旧管网改造规划》《黑龙江省城市供热行业管理工作考核方案》《黑龙江省燃气管理条例》《黑龙江省人民政府办公厅关于加强城市排水防涝设施建设和管理工作的指导意见》《城市排水（雨水）防涝综合规划》《黑龙江省城市污水处理厂运行管理条例》《污水处理厂运营监督管理办法》《黑龙江省城镇小型污水处理厂优选工艺推荐指南》《黑龙江省城市道路管理条例》《黑龙江省城市景观照明设计导则》《全省城市主要街路整饰工作实施方案》《全省六城市亮化工作实施方案》《全省建设系统创建"三优"文明城市工程实施方案》《哈尔滨太阳岛风景名胜区总体规划（2009～2020年）》《黑龙江省城市园林绿化管理条例》《全省风景名胜区综合整治方案》《黑龙江省风景名胜区体系规划》《黑龙江省风景名胜区规划及建筑整治导则》《黑龙江省风景名胜区技术导则》《关于黑龙江省城市垃圾处理处置的若干意见》《城市建筑垃圾条例》《黑龙江省城市餐厨废弃物收运、处置许可证发放规定》《黑龙江省城市餐厨废弃物收运、处置许可证核定标准》《黑龙江省城市生活垃圾处理重点工作部门分工方案》《黑龙江省人民政府关于进一步加强城市生活垃圾处理工作的实施意见》《哈尔滨市餐厨废弃物资源化利用和无害化处理实施方案》等条例和法规。这些条例、法规的出台和不断完善，为黑龙江省的市政公用事业市场化发展铺平了道路，极大地促进了黑龙江市政公用事业的发展。

黑龙江省在2010年针对黑龙江省城镇污水处理及再生利用设施建设、黑龙江省城市供水行业、黑龙江省城市燃气行业、黑龙江省城市供热行业、黑龙江省城市园林绿化建设、黑龙江省城市生活垃圾无害化处理、黑龙江省城市路桥及主街两侧综合整治升级改造、黑龙江省风景名胜区体系、黑龙江省城市污水处理和黑龙江省松花江流域水污染防治等编制了相应的"十二五"规划。《黑龙江省城市清除冰雪条例》第八条提出，城市清除冰雪可以采取市场化方式，采取市场化方式清除冰雪的，清扫、装运冰雪应按照合同约定执行。

（三）市政公用事业市场化尊重民意，物价调整公开公正

为做到广泛征求民意，尊重市民的知情权和监督权，黑龙江省的市政公用事业采取市场化方式充分发挥民主意愿，公开与公正并行。2009年12月哈尔滨市召开调整城市供水价格听证会，2010年12月召开哈尔滨民用天然气价格拟调整听证会，2011年4月黑龙江垦区召开数字电视收费听证会，2011年5月七台河召开出租车运价定价听证会，2012年5月召开黑龙江省居民阶梯电价听证会；2012年5月佳木斯召开居民天然气价格调整听证会，2012年7月鸡西召开调整城市居民管道煤气价格听证会，2013年4月哈尔滨召开地铁1号线票价听证会，2014年4月哈尔滨召开下调机场高速过路

费听证会，2015年9月哈尔滨召开供热价格调整听证会。黑龙江对各项市政公用事业项目以召开听证会的形式，加强了对供水、供热、供电、供气等企业的成本监审，将公用事业项目价格调整为适应市场需求，满足民众诉求，更为符合市场化合理配置的数值。

2015年4月，黑龙江省下发调整用电价格通知，下调了燃煤发电标杆上网电价和工商业用电价格，相应调整了跨省、跨区域送电价格标准，下调了农电单位工商业趸售电价和监狱、戒毒系统所属供电单位工商业销售电价的价格，同时提出"推进电价市场化，鼓励有条件的电力用户与发电企业直接交易，自愿协商确定价格"[1]（见表3）。2012年，黑龙江省城市居民生活用水价格中，高于每立方米3元价格的有铁力、同江、绥芬河、肇东和海伦，其中海伦的居民生活用水价格最高为每立方米4.7元；低于每立方米2元价格的有大庆、伊春、七台河、安达和海林，其中海林市的居民生活用水价格最低为每立方米0.75元。2013年黑河居民生活用水价格由2012年的每立方米2.40元下降到1.80元；海伦市居民生活用水价格也有所下降，与肇东同为3.80元；2014年黑龙江省城市居民生活用水价格中，齐齐哈尔较上年的每立方米2.45元下降至2.20元，伊春市较上年的每立方米1.26元上涨至1.31元。

表3　黑龙江省电网销售电价表

单位：元

用电分类	电度电价						基本电价	
	1千伏以下	1~10千伏	20千伏	35~66千伏	110~220千伏以下	220千伏及以上	最大需量/千瓦/月	变压器容量/千伏安/月
居民生活用电	0.510	0.500	0.500	0.490	—	—		
一般工商业及其他用电	0.886	0.876	0.874	0.866				
大工业用电	—	0.593	0.590	0.578	0.568	0.558	33	22

---

[1] 《黑龙江省物价监督管理局关于降低燃煤发电上网电价和工商业用电价格的通知》，2015年4月。

续表

用电分类		电度电价						基本电价	
		1 千伏以下	1～10千伏	20 千伏	35～66千伏	110～220 千伏以下	220 千伏及以上	最大需量元/千瓦/月	变压器容量元/千伏安/月
其中	电石、电解烧碱、合成氨、电炉黄磷生产用电	—	0.583	0.580	0.568	0.558	—	33	22
	中小化肥生产用电	—	0.511	0.507	0.491	0.476	—	33	22
农业生产用电		0.489	0.479	0.477	0.469				

资料来源：黑龙江省物价监督管理局。

二 黑龙江省市政公用事业市场化发展面临的问题

（一）公用事业市场化发展进程中效率与公平的冲突

在市政公用事业市场化前提下，具有特许经营权并具独立法人地位的企业追求的是利润最大化，直接违背了市政公用事业社会服务的公平性和普遍性。由于市政公用事业的公益性特征，即便是在市场化后，其服务大众的原则仍是不可改变的，因此私营部门是不会介入那些无利或薄利的市政公用事业。从理论上看，我国市政公用事业改革的两项主要内容分别是利用政府的权威性对市政公用事业服务质量进行决策，利用市场机制提高市政公用设施的供给效率。通过政府的权威体现公平，通过市场机制体现效率，最终的目的是实现两者的统一。但在实际上这是一种两难的选择，想要公平和效率同时兼顾政府就必须在公平与效率方面有所取舍。

（二）法律法规体系不完善导致权力寻租

德为基，法先行。综观西方国家公用事业市场化经验，无一例外都是以规范完善的法律基石支撑着公用事业市场化的有效发展。根据黑龙江省当前情况，政府在市政公用事业法律法规体系建设方面还需完善，尽管已经出台了一些相关的管理条例，但仍存在条例规定不够明晰，遇到具体问题时缺少解决的依据。尤其是政府职能部门存在管理上的交叉性、重复性、职责不清等特点，相关监管机构缺乏独立性、中立性，严重影响了地方市政公用事业市场化的发展。作为市政公用事业市场准入、质量安全、价格控制等全过程的监管部门和作为经济人的政府官员，在主观上存在着为本部门和个人谋利的原始动机。回报稳定、流动性良好、受经济周期波动影响较小是市政公用事业的特点，这为特权阶层创造了设租空间。一方面企业会千方百计地向政府寻租，以获得某些城市市政公用事业产品的经营权以及在获得经营权之后能够逃避政府的管制；另一方面政府会利用手中的权力向企业设租，增加了政府的腐败机会。[①]

2013年，哈尔滨市发生了以"治安联防"的名义，擅自更改"营业"时间，违规多设泊位，强行向居民收取停车费的权力寻租事件，此行为引发了市民的强烈不满。哈尔滨市部分小区的治安联防停车场，在未获得收费审批的情况下就开始向业主征收停车费，并且所收费用与实际上报审批收费标准不相符，造成小区业主的质疑。另外，在很多未经审批就进行违法违规营业的停车场，一旦被监管部门审查时，收费人员就会以不知情或拒绝回答应对。

（三）收费标准难以统一与价格机制难以发挥作用

尽管对于市政公用事业项目的定价已经采取了公开的听证会形式，但消费者很难掌握市政公用事业运营的确切成本，对于相关专业知识也并不完全了解，使听证会成为一种形式。市政公用事业产品在执行政府价格管制下的单一价格的情况下，必定存在价格构成或差价体系难以适应经济结构调整优

---

① 吴玉臻：《城市市政公用事业市场化改革中存在的问题及对策研究》，《山东师范大学》2013年第6期。

化目标的现象。在我国，市政公用事业价格的规制原则和方法主要是参照《中华人民共和国价格法》等法规，尚未有较强针对性的地方法规和条例，导致各地方价格主管部门难以掌握准确有效的信息，在定价和调价过程中难以对价格形成有效监督，造成市政公用事业市场化后可能产生新的价格垄断。

以黑龙江省公共道路泊车是否应该进行收费为例，2014 年这一民意被带到了黑龙江省十二届人大常委会第十五次会议上。人大代表呼吁，城市道路属于公共资源，利用公权力在道路上画线停车收费（即交警在公共道路边画个框，物价审批部门批个牌，于是本应该是免费停车的街道就变成了收费停车场），这种行为于法无据。2014 年哈尔滨道路停车位达到 5 万个，占全市 39.3 万个车位的 12.7%，比国家规定的 5% 的标准多出 1.5 倍。这其中既有管理不当的原因，也存在城市公共资源规划不全面的问题。

三　黑龙江省市政公用事业市场化发展的思路

（一）明晰政府与市场的职能界限，切实落实企业经营自主权

市政公用事业实现真正的市场化，首先要解决政府与市场职能界限划分的问题，在市场资源配置中，公用事业项目哪个归政府管理，哪个归市场管理，其基本方向应该是遵循以市场配置资源为基础和发挥政府政策支持为引领。一方面黑龙江省政府部门应强化社会管理及服务职能，市场可以解决的政府坚决不介入，但必须要发挥监管作用，尤其是在市场准入、特许经营和价格调整等方面的监管力度；另一方面要发挥市场机制优化资源配置的作用，引导优质资源向更高效率的地区、部门和企业流向。通过明晰政府与市场的职能界限，有效避免因职责交叉或空缺引发的问题。市场化在一定程度上需要政府转移经营权，但在传统观念的惯性影响下，势必会造成在权力转移上存在犹豫或放权不彻底的现象，反之企业也存在害怕承担风险不敢切实行使权力的现象，进而导致经营权在转移上名不副实。以自来水行业为例，

认为"既然市场化了，就应该自负盈亏"，但是包括水源保护工程、调水、管网改造等本应由政府承担的责任也多交由自来水企业来承担，无形中增加了自来水企业的负担。充分信任企业，将经营权彻底交付企业，对维护企业的正当利益具有重大的现实意义。

（二）建立配套科学的定价机制，完善监管应对机制

水费、电费、热费、燃气费等这些关系百姓日常生活的市政公用事业收费项目，越来越受到大众的关注。打破行业垄断价格并维护市场秩序稳定，需要遵循公平负担、便于操作、效率激励和合理调控的原则。市政公用事业具有公益性的特殊性质，以成本进行定价容易造成亏损，运用投资回报定价模式和最高限价模式可避免市政公用事业项目不必要的耗损。选择何种定价模式要做到具体项目具体分析，在成本公开、通货膨胀率较低的情况下，对于投资规模巨大但供给短缺的项目，适合采用投资回报定价模式来刺激供给；对供给较为充足的项目可采用最高限价的定价模式。与此同时还应做到防止价格管制俘获、规范价格管制程序和完善价格听证制度。将管理部门的工资、奖金、福利等非企业生产成本计入生产成本中，必然形成价格上涨，最终就会转由消费者承担经济后果；某些市政公用事业经营企业仍以断水、断电、停热等低俗手段威胁政府提价、增补或给予优惠政策等，因此政府监管部门建立完善的市政公用事业项目监管应对机制是亟待解决的首要问题。

2009 年，黑龙江省开始大力推进以供水、供热、供气、垃圾、污水处理为主要内容的"三供两治"市政基础设施建设，在"三供两治"建设中充分发挥市场化的作用。对尚未对污水、垃圾实施收费的市县要加快制定收费价格；根据经营成本和供需关系的变化，建立价格周期性调整机制；推进城镇供水阶梯式价格改革；实行煤热联动、价格成本监审等制度。对运营成本倒挂的企业，政府要认真分析亏损原因，加强运营管理制度改革，对签订特许经营协议两年内不实施的，重新招标选择投资主体，签订新的特许经营协议。加快投融资体制改革。

（三）以利用民间资本为主，适当采用多渠道融资方式

2014 年，财政部印发《地方政府存量债务纳入预算管理清理甄别办法》，明确指出地方各级政府应大力推广政府与社会资本合作（PPP）模式的项目，鼓励社会资本参与提供公共产品和公共服务并获取合理回报，以减轻政府公共财政举债压力，腾出更多资金用于重点民生项目建设。实践证明民间资本在我国的投资地位正日益提高，2014 年 10 月，中国首家民营公交集团由 9 个公交公司整合而成的哈尔滨市全利公交客运集团正式挂牌运营。在市政公用事业市场化发展过程中，可以通过政府举办公共项目来引导社会资本的进入，混合互补的投融资新格局可分担投资风险与消除投资障碍。通过放宽重大项目招投标的范围，将地方性融资延伸至全球范围内融资，力求吸引更为广泛的社会资金；鼓励个人或企业以入股方式参与公用事业建设也是实现市政公用事业市场化的有效途径。与此同时，加快完善项目融资立法体系与培养融资人才也是急需解决的问题。

2014 年 8 月，黑龙江省包括以供水、供热、供气、垃圾、污水处理为主要内容的"三供两治"市政公用事业在内的城镇市政基础设施市场化改革全面启动，计划利用三年左右的时间，市政基础设施市场化率平均达到60% 以上，到 2020 年，市场化率达到 75% 以上。黑龙江省"三供两治"市政基础设施建设要基本实现投资主体多元化、投融资方式市场化、投资决策规范化、项目管理专业化、政府调控法制化，建立以市场为导向的新型投融资体制。此次市场化改革重点是要吸引各类投资主体参与全省"三供两治"工程的投资建设，通过政府企业、金融部门三方务实合作，实现互利共赢。对公益性较强的市政基础设施领域，进一步加大政府投入。金融部门要改进对市政公用企业资信评估制度，对符合条件的企业发放信用贷款。支持符合条件的市政公用企业发行企业债券，扩大直接融资。

黑龙江小城镇市政建设发展问题研究

栾美薇*

摘　要：　小城镇作为黑龙江经济社会发展中不可或缺的重要角色，处于城市与农村的结合部，是城乡联系的中转站。黑龙江要想取得经济和社会的高速发展就要不断加大小城镇建设力度，促进其城市化进程和居民生活质量的提高。而作为小城镇发展的重要基础，加强市政设施是发展小城镇经济的重要保障。本文结合黑龙江小城镇市政建设的发展现状，探讨阻碍深入发展的原因、存在的问题，提出进一步发展建议。

关键词：　黑龙江　小城镇　市政建设

作为所处区域的政治、经济和文化中心，小城镇既受到城市的辐射作用，又通过自身集聚作用，带动周围乡村发展。市政设施建设制约着小城镇的发展，影响城镇化的发展进程，市政建设涵盖了道路、桥梁、供排水、防洪、照明设施、供热设施、燃气设施、公共客运交通设施和通信设施等领域。长期以来，黑龙江小城镇市政建设一直存在投资规模偏低的问题，近几年虽有较大增长，但仍难满足发展需求，小城镇市政公用设施不完善、功能落后的问题仍很突出。

＊　栾美薇，黑龙江省社会科学院经济研究所助理研究员，研究方向为人力资源与环境。

本文所指的小城镇包括县城镇和建制镇，以 2010～2014 年黑龙江省内的 47 个县城关镇（不包括县级市）的市政建设情况作为样本，对近五年黑龙江小城镇市政设施建设情况进行评估，并提供相关发展建议。

一 小城镇市政建设的发展

（一）道路设施建设稳步上升

黑龙江小城镇道路建设总体呈稳步上升趋势（见表 1）。这一进步的根本原因是政府在道路桥梁方面的资金投入，2011～2014 年期间共投入资金近 51 亿元用于道路建设，将修路架桥作为发展地方经济的重要手段。

表 1　黑龙江县城道路建设情况

项目	2011 年	2012 年	2013 年	2014 年
道路长度(公里)	3744.84	3807.31	3876.56	3936.53
人均城市道路面积(平方米)	11.20	11.44	11.69	11.95
道路面积(万平方米)	4130.50	4288.78	4448.51	4576.32
人行道(条)	806.00	861.73	860.48	912.43
桥梁数(座)	257	255	274	276
立交桥(座)	16	13	14	13.00
道路照明灯(盏)	148337.00	154471.00	165158.00	171627.00
安装路灯的道路长度(公里)	1756.00	1884.80	1982.70	2087.47
城市照明总用电量(万千瓦时)	7369.00	6444.00	6974.00	7244.00
城市照明装灯总功率(千瓦)	110.00	18900.13	20856.00	21609.00

资料来源：根据 2010～2014 年《黑龙江省城市、县城建设统计年报》相关数据整理。

（二）燃气设施建设与全国平均水平有较大差距

燃气普及率是反映燃气设施完善程度最为主要的指标，燃气普及率高的城镇，其燃气设施都比较完善。全省县城的燃气普及率在 2010 年达到 53.39%，到 2011 年下降到 42.71%，之后逐年上升到 2014 年的 48.48%，但仍低于全国平均水平（2013 年为 70.91%）。这与资金投入少是分不开的，使燃气设施建设未跟上县城发展扩张的脚步，造成了黑龙江县城燃气普及率与全国县城燃气普及率有较大差距。

（三）供水设施有较大改善

"十二五"以来，随着对供水设施投资加大，黑龙江县城供水有较大的改善，从 2010～2014 年，用水普及率从 73.97% 提高到 79.01%，供水管道长度由 4631.8 公里增加到 5370.38 公里，建成区每平方公里供水管道密度由 2010 年的 8.3 公里增加到 2014 年的 9.34 公里，日综合生产能力由 89.04 万立方米增加到 106.6 万立方米，供水总量从 13490.15 万立方米增加到 15765.96 万立方米。

（四）排水和污水设施建设实现跨越式发展

五年来，黑龙江县城排水和污水设施建设有显著增长。在排水设施建设方面，截至 2014 年，排水管道长度由 2010 年的 2098 公里增加到 3084.78 公里，建成区每平方公里排水管道密度由 2010 年的 3.76 公里增加到 5.33 公里。受居民生活水平发展和工业企业数量增加等因素影响，污水排放量由 2010 年的 10288 万立方米增加到 14403 万立方米，污水管道由 2010 年的 450 公里增加到 1061.37 公里；污水处理厂由 2010 年的 6 座增加到 41 座，日处理污水能力由 2010 年的 10 万立方米增加到 58.6 万立方米，年污水处理总量由 2010 年的 1518 万立方米增加到 10210 万立方米，污水处理率由 2010 年的 14.2% 提高到 70.89%，污水处理设施实现跨越式发展。

（五）供热设施建设取得长足进步

近年来，以让百姓冬季住上"暖屋子"为宗旨，黑龙江大力实施"暖房子"工程，供热设施建设有了长足进步：供热能力由 2010 年的每小时 330 吨提升到 2014 年的 547.5 吨，供热总量由 2010 年的 4354 万吉焦提升到

2014 年的 7033.8 万吉焦，供热面积由 2010 年的 5809.5 万平方米提升到 2014 年的 12201.14 万平方米。

（六）园林绿化发展较好

黑龙江县城绿化情况发展较好，截至 2014 年，人均公园绿地面积由 2010 年的 8.63 平方米增加到 9.84 平方米，建成区绿化覆盖率由 2010 年的 16.21% 提高到 19.88%，绿化覆盖面积和园林绿地面积分别由 2010 年的 11044 公顷和 7991 公顷增加到 13337.38 公顷和 10214.50 公顷。其中人均公园绿地面积好于同期全国县城平均水平。

（七）市容卫生持续改善

2010 年生活垃圾处理率为 7.51%，到 2014 年提高到 35.46%，生活垃圾处理量由 2010 年的 19.20 万吨增加到 2014 年的 70.72 万吨，无害化日处理能力从 2010 年的 534 吨增加到 2014 年的 1306 吨。

二 黑龙江小城镇市政设施建设发展存在的问题

（一）市政设施建设水平与全国平均水平存在较大差距

黑龙江小城镇市政设施建设虽有长足进步，但主要水平参数距全国平均水平参数均存在较大差距。以 2013 年统计为例，在供水设施方面，黑龙江县城人均日生活用水量（80.54 升）是全国平均水平（119.10 升）的 67.6%，黑龙江用水普及率为 78.42%，比全国平均水平（88.14%）低 9.72 个百分点；在道路方面，黑龙江县城人均城市道路面积（11.69 平方米）是全国平均水平（14.86 平方米）的 78.67%；在燃气设施方面，黑龙江县城燃气普及率 46.08%，比全国平均水平（70.91%）低 24.83 个百分点；在给排水方面，黑龙江县城建成区每平方公里供水管道和排水管道密度（9.08 公里和 4.98 公里），分别是全国平均水平（9.97 公里和 7.63 公里）

的 91.07% 和 65.27%，污水处理率为 59.07%，比全国平均水平（78.47%）低 19.40 个百分点；在绿化园林方面，建成区绿化覆盖率为 19.63%，比全国平均水平（29.06%）低 9.43 个百分点；在市容卫生方面，生活垃圾处理率为 24.83%，比全国平均水平（82.34%）低 57.51 个百分点。市政设施供给水平不足，难以为小城镇居民提供更好的服务。

（二）市政设施建设缺乏超前意识和规划

黑龙江很多小城镇建设尚无独立建设规划，即使有规划也跳不出县域范围。这就使得小城镇各自为政，仅在自身区域内建设市政设施，很少考虑到自身定位和未来发展，缺乏在更大范围上的布局安排，忽视了与周边小城镇的协调发展和整体效益，造成大量重复建设，制约了整体区域的发展。

（三）小城镇布局不合理

黑龙江小城镇主要是自然形成和为开发资源设立的，并以行政职能划分管理。经过几十年发展，其空间布局已不再适应黑龙江经济结构重组、资源整合的现状。有些小城镇呈密集分布，甚至连成一片，但因属地不同，规划建设各行其是，重复建设严重，功能无法互补，导致整体地区要素聚集能力差。

（四）在市政设施供给上存在不足与过剩并存，供给效率低

在市政设施建设上，政府是唯一的主导，导致建设是自上而下决定的，容易产生供需双方的不匹配：市民急需的市政设施建设不足，而"形象工程"类的建设项目屡屡上马。某些小城镇在市政建设上盲目模仿大城市，追求"小而全"，既占用大量的资金和资源，又没有提供良好的市政服务，也没有产生较好的经济效益。

（五）市政建设缺乏系统性和协调性

市政建设涉及道路、给排水、园林绿化等方方面面，黑龙江小城镇在市

政建设时，往往是"头疼医头、脚疼医脚"，建设时仅针对某一项目，而不是整体统筹修建修理。例如，如修复道路时未考虑其他方面，导致刚修完路就修供热管道，再次挖开路面，造成资金和资源的浪费。此外，缺乏综合协同能力，同类型市政设施相互配合不协调。

（六）市政设施建设与产业发展不协调

黑龙江小城镇经济基础相对薄弱，吸引工业投资有限，引进的工业项目选择余地较小，一些地方为了争取项目，根本不顾及项目性质和基础设施的承受能力。引进的项目建设无良好规划，遍地开花，导致道路、水、电等市政设施利用率低、运营成本高。这一现状加剧了小城镇薄弱的市政设施建设和市政服务强烈需求之间的矛盾。

（七）市政设施投资不足，资金来源单一

黑龙江小城镇市政设施建设当前最大问题是资金投入不足，对比全国数据，黑龙江省县城市政设施投入在 2011～2013 年分别占全国县城市政设施建设资金投入的 1.40%、1.48% 和 1.81%（见表 2），而黑龙江县城人口和建成区面积分别占全国的比例为 2.64% 和 2.81%（2013 年）；在资金投入方面，黑龙江距全国平均水平有较大差距，市政设施缺乏必要的资金支持，建设乏力，无法提供良好的市政服务。黑龙江县城市政建设资金的来源相对单一（见表 3），自筹资金比例逐年增大，2011～2014 年，自筹资金占比分别为 34.88%、42.38%、50.69% 和 65.00%，呈逐年上升态势，成为资金主要来源；而国家预算资金占比分别为 51.53%、45.75%、32.26% 和 20.24%，呈逐年下降态势，从主导地位下降成主要组成部分。在利用外资方面，2011～2013 年分别为 0.36%、0.17%、0.26%，占比极小。在贷款和债券方面，国内贷款占比 2011～2014 年分别为 7.92%、2.4%、1.79% 和 0.06%，对整体影响极小。从以上分析可以看到，黑龙江市政设施建设资金来源主要为自筹资金和国家预算资金，且后者占比逐年减少。这就限制了资金的来源，使得政府财政投入无法撬动更多的资金投入市政建设中。

表2 2011～2014年黑龙江县城市政设施建设固定资产投资

单位：万元

项目	2011 年	2012 年	2013 年	2014 年
黑龙江完成投资合计	400674	590824	692161	481671
全国完成投资合计	28596000	39847000	38336000	—
供水	17809	34073	25076	47098
燃气	24991	47868	45439	38072
集中供热	141335	253064	261243	185721
道路桥梁	97276	94433	142437	98079
排水	46357	81761	105193	49807
其中:污水处理	34604	62781	66131	20473
园林绿化	39987	43298	41916	27427
市容环境卫生	24519	33393	59297	25498
其中:垃圾处理	13870	27611	39482	17544
其他	8400	2934	11560	9969

资料来源：根据2011～2014年《黑龙江省城市、县城建设统计年报》相关数据整理。

表3 2011～2014年黑龙江县城市市政设施固定资产投资资金来源

单位：

年份	2011	2012	2013	2014
合 计	419607	579228	658384	490010
上年末结余资金	2400	8145	16000	2100
本年度资金来源	417207	571083	642384	487910
其中:国家预算资金	216226	264977	212390	99163
国内贷款	33233	13929	11777	300
利用外资	1516	1000	1730	0
自筹资金	146350	245504	333724	318529
其他资金	19882	45673	82763	69918

资料来源：根据2011～2014年《黑龙江省城市、县城建设统计年报》相关数据整理。

三 黑龙江小城镇发展建设建议

（一）科学编制小城镇市政设施建设规划

做好小城镇市政设施规划的制定和落实，小城镇总体规划要通观全局，在规划得到通过后，应配套编制近期建设规划、中长期建设规划、各类项目的专业规划、控制性详细规划，使小城镇总体规划确定的各项目标和要求落到实处。规划编制时要统筹考虑该地区的自然环境、历史沿革、人口规模、经济基础和发展前景等因素，坚持节约用地、有利产业发展、方便居民生活的原则，根据自身规模，科学合理做好市政设施布局，实现区域内市政设施的共建共享，避免重复建设。

加强市政设施规划管理。规划一经批准即具有法律效用，须严格实行，如有调整必须按法定程序执行。要加快建立健全科学民主公开的制度，市政工程涉及居民切身利益，其建设项目除需进行严格审批以外，还需落实"阳光规划"，在规划各个环节都要按照规定的方式和时限进行公示，认真收集居民意见，积极整理并及时反馈。对违反规划的建设行为，依法坚决查处，维护公众利益。

（二）积极创建节约型城镇

根据国家建设资源节约型、环境友好型社会的战略要求，在建设过程中应明确要求"节能、节地、节水、节材"。在节能环节中要加强管理，切实做好建设过程的监督，对达不到节能标准的工程不予审批。重视节能节水工程建设，广泛开展节能节水宣传活动，增强全社会节能节水意识，逐步实施阶梯式电价、水价，用价格杠杆促进生产生活节能节水；加快供水管网改造，推进"一户一表"改造，改进供水用水方式；积极推行节水型器具，降低耗水量，新建建筑必须使用节水型器具。做好建设节材，各类市政设施建设都要精心设计、用心策划、科学施工，强化节材意识，提高建设质量，杜绝低水平重复建设，工程质量要能经得起时间的检验。新区建设要坚持先地下后地上，统一规划设计；旧区改造要结合原有设施，注重长期效益，以最经济适用的方式进行功能转换。

（三）营造良好宜居环境

根据小城镇各自情况，针对突出问题，集中人力、物力、财力进行整治。在旧城区改造过程中，要充分利用置换出来的土地，增加绿地和配套设施，改善旧城环境。做好水系整治工作，截污、清淤、防洪、绿化并举，保护湿地资源，优化生态功能；大力开展植树造林活动，改善小城镇生态环境。

（四）加大公共财政投入，改革资金使用方式

黑龙江小城镇建设的资金来源主要是公共财政投入，特别是在道路桥梁、供排水设施、绿化园林等大型市政设施建设方面。推动黑龙江小城镇经济社会发展，一是继续加大财政投入。黑龙江当前小城镇总体发展相对滞后，落后于全国平均水平，而市政设施产生的经济效益较低，难以支撑自身发展，需要公共财政继续合理支出，提供前进动力。二是改革财政投入方式，资金投入按照建设规划合理安排资金，加大对居民紧缺的市政设施建设投入，避免"政绩工程""面子工程"。三是提高资金使用效率，建立资金使用绩效评估制度，建立健全市政设施建设质量评价考核体系。四是发挥财政资金的撬动作用，以市场运作、综合开发带项目等方法充分发挥杠杆作用，用财政投入带动社会资本建设小城镇市政设施。

（五）创新小城镇市政设施建设融资机制

黑龙江小城镇市政设施发展可借鉴国外和东部沿海地区的先进经验，创新融资机制，完善资本市场。一是发挥商业银行和其他社会资金的作用，针对资金需求量大、经济回报较为稳定的经营性市政设施建设项目，鼓励商业银行采取信托等多种办法加大贷款规模，限定利率，降低融资成本。二是引进社保基金、保险资金、住房公积金、企业年金以及其他社会资金参与市政设施建设，如供排水、燃气等市政设施虽然资金投入大、回报周期长，但拥有稳定的现金流和还款机制，适合社会资金的要求。三是探索通过发行市政设施建设债券，用市政设施建设回报稳定低风险的优点，吸纳社会闲置资本投入市政建设。

（六）创新公共政策，吸纳社会力量

市政设施建设不能只靠公共财政投入，需从改善投资环境着手，从制度上解决民营资本和外资投资市政建设的保护和政策问题，真正给予民营资本、外资与国有资本同等待遇。应在市政设施建设领域中，着力转变政府职能，提高服务意识，健全法治体系。2015 年，黑龙江推出权力清单和责任清单，在政府职能转变上开了好头。应继续借鉴这一有益经验，推动政府作风建设，消灭懒政、怠政和不作为。贯彻中央依法治国精神，完善市政建设领域的法规政策体系，清理不符合社会主义市场经济体制要求的法律法规；进一步完善适用的法律法规。降低准入门槛，适时放宽市政设施建设的各种准入政策，鼓励社会资金、外资参与市政设施建设，形成多元化的投资结构。

（七）推行特许权融资模式

特许权融资是指政府为基础设施建设项目的建设和经营而提供的特许权，由民间公司作为项目投资者安排融资、承担风险、开发建设，并在有限期间内经营项目，以获取利润，最后根据协议，将该项目移交给政府。我国发达省份在小城镇市政建设的先进经验证明，特许权融资（如 BOT、TOT、PPP 等）模式利于把市场化运作和政府监管紧密结合起来，既能够解决当前黑龙江发展小城镇市政设施面临的资金短缺、市政设施运营效率低等问题，又能保证政府不失去对市政设施的控制权。在城镇市政设施市场化运作方面，以特许权融资模式建设基础设施是未来发展的方向。

黑龙江森工林区城镇化建设研究

李若冰　崔性泽*

摘　要：　黑龙江省森工林区作为国家重点国有林区和东北老工业基地的重要组成部分，担负着资源管护和发展产业的双重历史责任。“十二五”期间，在国家林业局天保工程二期实施方案的指导下，森工系统将棚户区改造和城镇化建设紧密结合，城镇化质量快速提升，基础设施配套和生活服务功能不断完善。本文通过对“十二五”期间黑龙江省森工系统城镇化基础设施建设情况的分析，指出发展中存在的主要问题，并为森工系统在该领域的进一步发展提出可行性对策与建议。

关键词：　黑龙江省　森工林区　城镇化

一　城镇化建设发展状况

“十二五”时期是黑龙江省森工系统全面建设小康社会的关键时期，也是城镇化建设快速发展的重要战略机遇期，森工系统面临着由规模快速扩张模式向质量提升模式转型的重要时期，经过这五年的发展，在城乡基础设施建设方面取得了很大的成绩。

---

* 李若冰，黑龙江省城镇建设研究所所长，研究方向为城乡建设发展、新型城镇化；崔性泽，黑龙江省林业设计研究院，研究员级高级工程师。

（一）城镇建设速度加快

1. 城镇住房改造成就巨大

统计数据显示，"十二五"期间黑龙江省森工系统棚户区建设总面积达20511900平方米，其中棚户区新建面积13798050平方米，棚户区改造面积6713850平方米；棚户区建设总户数410238户，其中棚户区新建户数275961户，棚户区改造户数134277户。"十二五"期间，全省森工系统棚户区建设总投资239.8亿元，比"十一五"期间增加156.9亿元，同比增长189%。总体来看，"十二五"期间森工系统棚户区改造呈逐年下降的态势（见图1~图3）。①

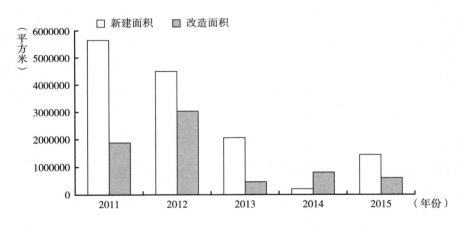

图1　"十二五"期间森工系统棚户区新建和改造面积

2. 城镇配套基础设施快速发展

强化基础设施"大配套"，完善城镇功能。统计数据显示，森工林区为提升城镇化建设质量，2011年全省林业局区域内新建道路85公里、改造道路20公里，完成总投资1.36亿元；新建集中供暖项目15个，完成总投资3.2亿元；新增自来水管网36公里，完成总投资1800万元。2012年，新建

---

① 本文所引数据均出自《黑龙江省森林工业综合统计资料汇编》及省森工总局住建局。

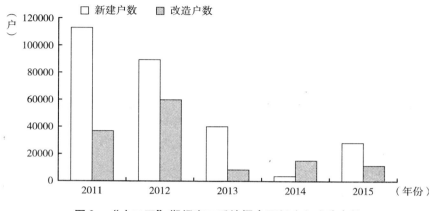

图2 "十二五"期间森工系统棚户区新建和改造户数

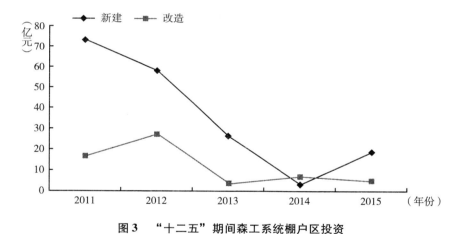

图3 "十二五"期间森工系统棚户区投资

道路 8.2 万平方米、改造道路 60.8 万平方米，完成总投资 1.02 亿元；新建集中供暖项目 8 个，完成总投资 1.03 亿元；新增自来水管网 40.5 公里，完成总投资 2510 万元；新增污水排放能力 6400 立方米，完成总投资 1842 万元。2013 年，新建道路 5 万平方米、改造道路 30 万平方米，完成总投资 0.5 亿元；新建、改造供热工程完成总投资 5 亿元；给水改造工程完成总投资 3 亿元；新建亚布力、山河屯林业局管道燃气项目，实现新建住房全部供气。2014 年，共计完成基础设施建设项目 48 个，总投资 14.2 亿元。其中，给排水项目 25 个，总投资 8 亿元；小区道路项目 20 个，总投资 5.7 亿元；

供热项目 3 个，总投资 0.5 亿元。这些基础设施的建设完成，在很大程度上完善了城镇的功能，满足了居民的生活需要，大幅提升了城镇化水平。

（二）与地方城镇合作协同发展

森工林区坚持推进场站所与毗邻的地方城镇同步规划基础设施、共管共护生态环境，基础设施和公益事业共建共用，局县共建"1＋1＞2"的模式取得了突破性的进展。"十二五"期间，森工系统有 13 个单位先后与牡丹江、鹤岗、虎林、东宁等市县签订了合作共建框架协议，共建领域进一步拓展升级。东方红林业局与虎林市合作共建东方红镇，涉及县镇的职权委托，街区、村屯的治理权划转，经济社会资源共享和利税分配等方面的问题，标志着森工系统城乡一体化发展步入了新的发展阶段。桦南林业局与桦南县、鹤立林业局与汤源县、绥阳林业局与东宁县都分别签署了局县合作共建的框架协议。绥棱林业局与绥棱县共同规划建设九江工业园区，穆棱林业局与穆棱市共建西岗木业园区，绥阳林业局与绥芬河市、东宁县联合兴建木材加工园区等，有效地带动了林区职工和农民的就业增收，在全省城乡一体化发展中的示范带动作用进一步凸显。

（三）建立完善住房公积金制度

森工系统自 2013 年开始，在森工林区建立住房公积金制度，成立森工林区住房公积金管理中心，加强林区职工住房公积金管理，建立和完善住房公积金管理制度，扩大职工住房公积金覆盖面和保障范围。目前森工系统住房公积金管理工作正式启动，公积金归集业务平稳运行；完善了各项规章制度，进一步优化了森工公积金系统软件，完成了 23 个林业局、1030 个基层单位、近 7 万名林区职工的公积金建户工作。

（四）物业管理工作日趋成熟

随着近年来森工国有林区城镇化进程加快，保障性安居工程的全力推进，城镇新建住宅小区逐步呈现规模大型化、功能综合化的特点，传统的房屋管理方式逐渐被新型的物业管理模式所取代。提升物业管理水平对于保障房屋和设施设备的正常使用，改善人民群众的居住环境，提高生活质量，增加幸福指数，促进社会文明，维护社会稳定等方面具有十分重要的意义。2012 年，森工系统制定下发了《森工林区物业管理实施细则》《森工林区旧住宅小区物业管理办法》等相关文件，将以往由林业局负责管理小区住宅的传统模式，逐步改变成由物业企业直接管理的新型模式，从而规范了新建住宅小区的管理方式，增加了物业工作的管理效力。到 2015 年上半年，森工系统已有 8 个林业局的新建小区物业走向市场。

（五）全面实施城镇发展战略

"十二五"期间，黑龙江省森工系统围绕建设现代林业和"四大体系""五大产业"的总体布局，按照"三大组群发展、五种类型定位，十个典型引领"的森林生态城镇建设"三五十"发展模式，加快城镇基础建设速度，森工系统的棚户区改造成为黑龙江省城镇化建设的排头兵、城乡经济社会一体化发展的先行区。"四八四三"战略规划的实施，改变了森工系统主要依靠林产工业的格局，培育了森工城镇新的经济增长极。统计数据显示，"十二五"期间的前三年（2011～2013 年），森工系统的总产值分别为 389.7 亿元、441.4 亿元、495.3 亿元，呈逐年上升趋势，按此态势发展预测，预计到 2015 年末，"十二五"期间森工系统的总产值将大大超出"十一五"期间 1283 亿元的总产值。

二　存在的主要问题

（一）城镇化建设重速度、轻质量

近年来，森工系统把推进城镇化作为经济社会发展的重大战略加以落实，这符合全面建设小康社会和快速推进新型城镇化的基本要求，但一些林区城镇在推进城镇化过程中存在着重速度轻质量、单纯追求高城镇化率的问题，应引起高度重视。

随着棚户区建设的大力推进，一些地方把城镇化片面地理解为加强城镇建设，热衷于搞形象工程、政绩工程，甚至不惜举债建设大广场、大马路和标志性建筑；还有一些地方通过修编城镇总体规划，提高规划人口数量从而增加规划区的用地面积，以获取土地开发的短期收益。这就造成很多林区城镇的建设扩张速度快于城镇化速度，没有把推进城镇化的工作重点放到如何促进森工林区富余劳动力向城镇转移、改善职工生产生活条件、实现职工人口城镇化上来，因此这种"外表式"的城镇化一定要加以控制，否则森工系统的城镇发展将会受到很大的影响。

（二）城镇化建设重当前、轻长远

近年来，森工系统城镇建设不断向前推进，拉动了黑龙江省的经济社会发展。但在大棚区改造的过程中，森工系统的城镇建设不同程度地存在着片面追求"小而全"，城镇特色不突出；建设风格单一，布局欠合理，建筑造型千篇一律，缺乏对每个森工城镇特色的考虑；建筑色彩单调，缺乏美感难以形成空间和环境的衔接。这些造成了城镇建设水平与城镇化发展的矛盾，从而对森工城镇的未来发展产生消极作用。

（三）城镇化建设重住房、轻配套

近几年，随着国家对森工系统基础设施建设的不断投入，森工系统城镇在基础设施方面有了质的提高，特别是在供热、供水和排水方面。但是，由于森工城镇建设早、历史欠账多、国家投资有限，现阶段完成的城镇基础设施建设大部分还属于"弥补"部分，这就造成了现阶段的基础设施建设与城镇化发展建设不同步，城镇化建设快于基础设施建设，因此在城镇建设过程中总会出现诸如道路建完再挖、挖完再建的现象，或为了避开已有建筑，有些基础设施管线不得不改道而行，这在一定程度上就造成了投资增加、资源浪费严重的现象。同时，现阶段在基础设施建设中最为突出的矛盾是垃圾处理，大部分林区城镇还没有建设垃圾处理厂，城镇生活垃圾只采用简单的填埋处理，这样持续下去对林区城镇环境会产生很大的影响，将严重阻碍森工城镇的进一步发展。

三 对策与建议

（一）积极推进新型城镇化建设

中央经济工作会议指出新型城镇化是我国未来及更长远时期内扩大内需的最大潜力所在，我国要围绕提高城镇化质量因势利导、趋利避害，积极引导森工林区特色城镇化健康发展，推进美丽乡村建设，实现城乡发展一体化。

黑龙江森工林区推进新型城镇化，就要以人为核心，以质量为关键，使森工城镇真正成为职工的安居之处、乐业之地。提高城镇化质量，一是要充分发挥市场力量的基础性作用。城镇化的第一推动力是经济发展，而经济发展要靠市场发挥配置资源的基础作用，城镇化要遵循"以市兴城，以业聚人"的原则。二是努力实现城镇基本公共服务常住人口全覆盖。针对"被城镇化"和"半城镇化"两种现象，大力推进森工城镇一体化发展。三是注重对城镇化质量的综合考察。提高城镇化质量，不应再把提高城镇化率当成衡量城镇化工作的核心指标，而应将就业增长、职工收入增长、城镇基础设施水平、公共服务能力等纳入考察城镇化的指标体系，综合考察城镇化的水平和质量。

（二）循序渐进建设基础设施

要进一步加快城镇基础设施的建设步伐，加快完善各项设施的配套水平，不断增强城镇的吸纳能力和承载功能，努力为森工系统新型城镇化建设奠定良好基础。森工系统城镇基础设施建设发展要实现有序建设和有效供给，制定基础设施建设规划是关键所在和前提要求。在推进基础设施建设跨越式发展中既要做到尽力而为，也要秉承量力而行的基本原则。因此，这就需要城镇管理者在相应规划设计的指导下，统筹安排基础设施建设项目，合理确定各种设施建设的时间顺序，有序开展基础设施的规划与建设。特别要注意集中人力物力，优先建设影响经济社会发展全局的基础设施项目，打通经济社会发展的瓶颈，实现基础设施建设的重点突破。同时还要根据森工系统城镇的自身发展要求，把基础设施建设规模控制在适度范围，使国家有限的建设资金能够最大限度地发挥作用。

（三）因地制宜打造林区城镇

新型城镇化发展必须坚持因地制宜的创新模式，不拘一格大胆实践。不同林区城镇的城镇化应基于该地区的资源特色和实际情况开展，因地制宜、科学合理确定主导产业，通过主导产业发展带动相关产业发展，突出该地区的地方特色，突出地方群众的实际需要，把山上（林场所）和山下（局址）统筹做好，而不是基本雷同的城镇开发。森工系统的最大特点就是以产业结构转型升级拓展产业发展空间，借助森林资源禀赋资源，发展森林旅游业、林产品加工业、服务业等特色产业，使森工系统的城镇建设发展成为黑龙江省内的亮点。

（四）强化与周边地区融合发展

城镇的经济建设脱离不开区域经济这个大环境，前者因后者而产生和发展，后者是前者发展的基础和腹地。目前，森工城镇正处在向城市形态转化的阶段，其建设和发展过程以集聚为基本特征，难以离开地方社会经济发展这个基础，周边地区的经济发展是森工城镇经济社会发展的基础，森工城镇的形成和发展必须与周边地区构建良性的社会经济互动关系。因此，在新型城镇化的大背景下，森工系统城镇要增强城镇的综合竞争力，就必须改变原有的独立型城镇发展模式，走互动共生型发展模式，不仅强调城镇与城镇、城镇与区域的分工合作，而且更应重视相互之间的互动共生，从而实现双赢或多赢。

黑龙江垦区城镇化建设发展研究

冯庆祥*

摘　要：　"十二五"期间黑龙江垦区认真贯彻落实新型城镇化会议精神，坚持以人的城镇化为核心，以造福百姓和富裕职工群众为目标，统筹城乡一体化发展，加快"四五"城镇体系规划建设。全面实施《关于推进垦区新型城镇化建设工作的意见》，进一步明确发展方向，坚持抓特色、上品位，全力塑造特色鲜明的农垦城镇。随着城镇化的快速发展，垦区在住房和城乡建设领域也存在一些问题，本文通过对"十二五"期间黑龙江垦区在住房和城乡建设领域发展状况的分析，指出发展中存在的主要问题，为下一步发展提出可行性对策与建议。

关键词：　黑龙江　垦区　城镇化

一　城镇化建设总体状况

黑龙江垦区是中央直属的三大垦区之一，位于世界闻名的三大黑土带之上，地处三江平原、松嫩平原和小兴安岭山麓，是国家级生态示范区。土地总面积 5.54 万平方公里，下辖 9 个分局、113 个农牧场，639 个管理区，总人口 169.7 万人。① "十二五"期间，垦区建设工作在"强工、兴城、优农"

---

* 冯庆祥，黑龙江省城镇建设研究所高级工程师，研究方向为城镇基础设施建设。
① 本文数字均来自 2010~2014 年《黑龙江农垦年鉴》。

统筹发展方针指导下，按照"抓干净、无死角，抓特色、上品位，抓基础、求宜居"的要求，以提高垦区城镇化质量为目的，加快完善"四五"城镇体系规划，优化区域产业布局，加强"三供两治一清洁"基础设施、公共服务设施和保障性住房建设，健全城镇管理体制和机制，实现产业兴城、管理强城、经营富城，进一步提升了城镇可持续发展能力。经过几年的发展，在城镇化建设方面取得了很大成绩。

统计数据显示，截至 2013 年底，黑龙江垦区房屋实有面积 8078.8 万平方米（住房面积 5359.3 万平方米），保障性住房竣工 40678 套，建筑业总产值达到 211.69 亿元．实现利税 23.7 亿元。垦区城镇化率达到 85.7%，其中建筑业总产值、新建房屋面积、集中供热面积、高等级混凝土路面建设、人均绿地占有率等均取得了长足进步。

（一）建筑业总产值逐年增长

随着国民经济的稳定发展，垦区建筑业总产值也稳步呈现上升趋势。2010 年，垦区建筑业总产值为 119.22 亿元，到 2013 年为 211.69 亿元，增长 77.56%，呈现出平稳发展建筑业的态势（见图 1）。

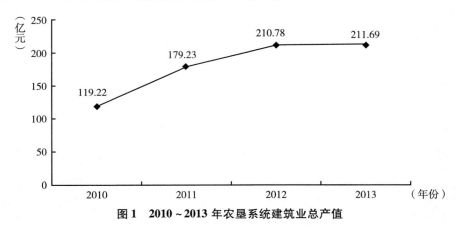

图 1　2010～2013 年农垦系统建筑业总产值

（二）新建房屋面积快速增加后回落

2011 年，黑龙江垦区系统房地产建设达到了高潮，垦区住宅建设量达

到 1075.28 万平方米，住宅建设量创历史新高，住宅建设比 2010 年增长
9.3%。2011 年后，垦区住房市场基本上改变了以往供不应求的住房短缺局
面，再加上住房市场产品结构与城镇化发展不协调、开发投资增幅回落等因
素，农垦系统新建房屋面积呈逐年下降趋势（见图 2）。

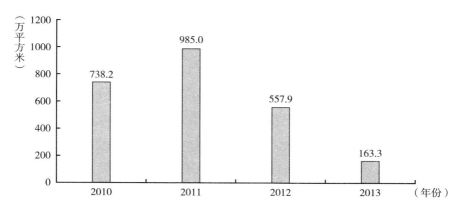

图 2　2010～2013 年农垦系统新建房屋面积

（三）集中供热面积逐年上升

供热企业热电联产的投入和区域锅炉房建设以及政府"暖屋子"工程
实施，尤其是《黑龙江省城市供热条例》的实施，加上垦区各管理局建立
了供热质量保证金制度、供热经营许可制度等，有力地保证了垦区集中供热
面积逐年上升的态势。2013 年比 2010 年集中供热面积增加 71.93%（见图
3）。

（四）高等级混凝土路面快速增加

农村公路是公益性最强的公共基础设施之一，也是城镇化建设的重要组
成部分。2010 年，垦区高等级混凝土路面为 1403 公里，2013 年发展到 2266
公里，公路里程增加了 863 公里，增幅为 61.51%。我国很早就提出"修好
农村路，服务城镇化，让农民兄弟走上柏油路和水泥路"的建设目标，多

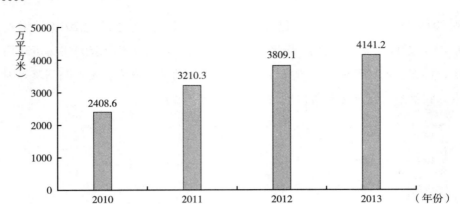

图3 2010～2013年农垦系统集中供热面积

年来农垦系统经过各级政府和广大人民群众的共同努力，垦区公路建设取得了显著成绩（见图4）。

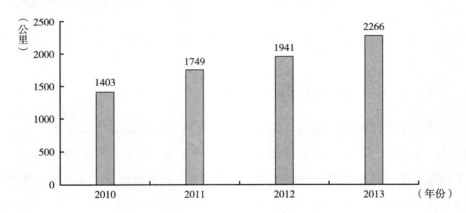

图4 2010～2013年农垦系统高等级混凝土路面

（五）人均绿化面积稳步扩大

"我们需要金山银山，更需要青山绿水"。2014年，黑龙江垦区全年完成造林绿化面积10万亩，其中新造农田防护林2.3万亩，新栽生态经济林0.78万亩，全民义务植树554.7万株。同时掀起了"见缝插绿，有路就有树"的植树造林热潮。2013年比2010年人均绿地面积增加了22.86%（见图5）。

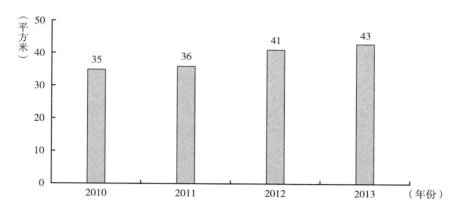

图 5　2010～2013 年农垦系统人均绿地面积

二　城镇化建设发展特点

（一）抓特色、上品位，全面加强城镇化建设

在明确自身定位和发展方向的基础上，本着结合实际、立足长远的原则，创建田园绿色人居环境，传承垦区固有的绿色生态优势，将天人合一的田园生活理念融入住宅建设中，做到住宅田园化、住宅生态化，为垦区长远发展留足空间。2013 年，垦区建设住宅 319.14 万平方米，搬迁居民 5547户、拆除房屋 33.97 万平方米。人均住宅面积达到 31.5 平方米，垦区城镇化率达到 85.7%。百镇试点镇、旅游名镇共计 16 个城镇，投资 23.16 亿元，重点建设 116 个项目。同时垦区积极加大对泥草（危）房改造的投入，总投资达到 16.83 亿元，总改造面积 121.61 万平方米，城镇建设取得突出进展。

（二）抓干净、无死角，全面开展“春风”行动

2011 年农垦系统开展了“绿满垦区，共建生态家园”活动，实施“绿色城堡”“见缝插绿”“绿色屏障”三大工程，有效地提升了城镇品位，提

高了百姓居住环境质量。2013 年末，全垦区造林面积达到 60.1 万公顷；城镇新增绿地面积 790.39 公顷，植树 1250.64 万株；2014 年末，全垦区植树 453.5 万株，城镇新增绿地面积 182.5 公顷。通过开展"春风"行动，使垦区城镇面貌获得明显提升。

（三）抓基础、求宜居积极推进基础设施建设

2013 年，黑龙江垦区大力推进以"三供两治一清洁"（即供水、供热、供气，污水治理、垃圾治理，清洁能源）为重点的基础设施建设。以"宜居"为发展目标，完善供水、供热、供气等基础设施建设，增强垃圾、污水处理能力，提高城镇资源和环境承载力。加快更新老旧给水管网，加大城镇排水管网建设投资力度，提高排水管线覆盖面。优先发展热电联产和区域锅炉等集中供热方式，进一步加大生活垃圾和生活污水处理的力度。积极开发利用清洁能源，把低碳、节能、环保的理念贯穿到城镇建设中。2013 年，建设给水管道 373.09 公里、排水管道 341.97 公里，新增供热锅炉 1091 吨。建设垃圾处理项目 19 个，新增日处理能力 914 吨；污水处理项目 28 个，新增日处理能力 7.44 万吨。建设清洁能源项目 12 个。2014 年，建设给水管道 206.7 公里、排水管道 134.7 公里，新增供热锅炉 342 吨。建设垃圾处理项目 4 个，新增日处理能力 140 吨；污水处理项目 4 个，新增日处理能力 1.84 万吨。

（四）抓供热，确保"暖屋子"工程

黑龙江垦区现有供热单位 135 家，其中国有企业（农场）约占 1/4。按照 2011 年 10 月 1 日开始实施的《黑龙江省城市供热条例》要求，垦区各管理局建立了供热质量保证金制度，供热质量保证金实行专户存储，专款专用，由当地供热主管部门监督使用，其储蓄收益归供热单位所有。在供热市场监管上，实行供热经营许可制度，垦区现已发放供热许可证 85 家，其中牡丹江 16 家、北安 15 家、宝泉岭 14 家、九三 13 家、红兴隆 10 家、齐齐哈尔 8 家、绥化 6 家、哈尔滨 3 家。

（五）完善住房公积金制度

2013 年，坚持以保障资金安全为原则，通过完善管理制度、优化业务流程、推进归集扩面、加大贷款发放力度、增强信息系统管理、加强队伍建设、提升服务质量，推动了垦区住房公积金事业健康发展。全年，垦区共有 1.1 万多人办理了住房公积金，提取额为 3.2 亿元，公积金贷款实际发放 1.8 亿元。住房公积金在改善垦区职工住房条件，推动垦区城乡一体化跨越发展中发挥了重要作用，被授予全省"公积金缴存专项管理先进单位"称号。

三　城镇化建设中存在的主要问题

尽管黑龙江垦区的城镇化建设取得了较大成就，但是由于垦区城镇不是国家建制城镇，加之一些政策上的因素，给垦区城镇化建设和社会发展带来诸多制约。

（一）垦区缺少统一长期的科学规划

在我国大部分乡（镇）没有编制总体规划，使各乡（镇）在城镇化建设过程中没有明确的目标和方向，部分有总体规划的乡（镇）也设有详细控规，不注重特色规划。从而造成数量众多、雷同众多、重复建设众多的建设局面，这种建设城镇的建设思路使本来就紧缺的资金更加紧张，出现了农村城镇化建设的低质量。再加上农垦体制的特殊性，多数农场城镇化建设未纳入地方发展规划，政策边缘化的问题比较突出。

（二）垦区与周边地方城镇化建设不协调

孤立的建设城镇，没有把城镇的建设纳入周边大中城市的体系之中，使城镇的发展与其他周边大中城市的发展相脱节，没有能够形成统一的网络体系，隔断了城镇和周围大中城市的相互推动作用。使得小城镇与小城镇之间、小城镇与周边乡村之间、小城镇与周边大中城市之间难以形成分工明确、布局科学合理的城镇体系和空间格局。

（三）垦区城镇化建设资金不足

垦区建设每年投资有限，而且历史欠账多，配套功能不完善，现阶段完成的城镇基础设施建设大部分还属于"弥补"阶段，从而造成了基础设施建设资金的短缺。垦区城镇化投资的80%依靠自筹，公益性基础设施和公共服务设施建设欠账多，小城镇基础设施建设多元化多渠道投资体制尚未建立。城镇建设融资能力较弱，保障和改善民生的任务艰巨繁重。自筹资金难以满足公益性基础设施和公共服务建设需要，限制了垦区城镇化的发展。

四　对策与建议

垦区城镇化要以人为核心，以场部为重点，以服务农场、带动周边为基本理念，坚持合理布局、集约高效、生态文明、彰显特色的原则，科学有序推进小城镇建设。要突出抓好基础设施和社会事业建设，提升小城镇发展质量、承载能力和吸引力；要突出抓好产业结构调整，加快经济发展方式转变，增强产业支撑能力；要突出抓好政策落实，拓宽融资渠道，切实改善民生；要加强落实垦地合作，促进共同发展。

（一）科学统筹，合理规划，积极构建城镇化体系

按照规划布局合理、城镇规模适度、载体功能完善、生态环境优良、集聚产业要素的要求，充分挖掘各城镇区位、资源、经济和文化优势，立足于高起点、着眼于高标准、致力于高品位规划建设城镇，构建城镇化体系，将垦区打造成食品工业城、现代农业示范城、生态旅游城、绿色米都和有机大豆之都。农场应结合自身的地理优势、资源优势、产业优势、经济优势和文化优势，分别把城镇发展定位为区域中心镇、卫星镇，以及工业型、商贸型、边贸型、旅游型等各具产业特色的垦区城镇。积极完成垦区城镇总体规

划修编工作，特别是与地方相毗邻或交叉的城镇，坚持统一规划、分区建设、设施共享的思路，重新修编城镇总体规划。在规划中注重住宅小区规模，充分考虑到撤并居民点、人口聚集、外来人口，特别是周边城镇和农民聚集，为人口聚集留有空间；注重城镇发展的生态性、特色性、宜居性。

（二）依托周边中小城市发展城镇化

从区域经济一体化角度看，垦区小城镇发展应融入周边地、市的城市化发展，融入县、乡城镇化的发展网络之中，公路、"三供两治一清洁"等基础设施的建设要与周边中小城市衔接，借用地域周边的城市化、城镇化为垦区城镇化提供发展空间和机遇，把比较优势变成发展优势，增强农垦城镇化发展的内生力和外溢力，解决区域内城镇之间缺乏群落效应、互补效应和分工效应的问题。在城乡一体化建设中，积极主动加强场县共建，有效利用区域资源。

（三）多方筹措资金促进城镇化

建立多元化融资体系，提高垦区城镇化建设的质量。加大向上争取扶持力度，积极吸纳市场、社会等多方资金，使其融入垦区公共服务事业中来，为垦区城镇化建设发展提供保障。一是引导民间资本投入。在城镇化建设上，不能完全依赖政府投入。实践告诉我们，加快城镇化建设，一定要坚持走市场化道路，必须以政府投资为引导，以民间投资为主体。二是加大市场化运作力度。当前，垦区各级财政都比较紧张，拿不出大笔的资金进行城镇化建设，因此引入战略投资者成为重要的选择。应积极挖掘本地有实力的投资者或引进外地的投资者，采取市场化运作的方式推进城镇化建设。三是整合各类资金。根据自身实际，制定黑龙江垦区的城镇化建设优惠政策，并把各项支农资金集中用于新型城镇化建设，充分调动各方面的积极性和热情。四是强化基础设施建设。积极推进城镇绿化、亮化、美化工程，抓好交通网络和数字城镇建设，加快城镇给排水、垃圾处理、环保、教育卫生等社会公共设施建设。引导鼓励企事业单位和个人投资经营城镇基础设施建设，利用城镇基础设施多样化的经营管理方式，不断补充城镇基础设施建设资金。通过转让经营权、收益权和股权融资，扩大城镇基础设施建设资金的来源。

（四）集合与优化政策资源推动城镇化

政府应整合国土利用政策、金融优惠政策、财税优惠政策、社会保证政策、基础设施建设政策等，特别是棚户区改造政策、农村泥草（危）房改造政策，集合成优势，认真加以落实，确保垦区城镇化建设稳定健康可持续发展。

黑龙江煤炭城市城区改造问题研究[*]

刘懿锋[**]

摘　要：　鸡西、鹤岗、双鸭山、七台河作为黑龙江省典型的煤炭资源型城市，其城市的旧有布局大多不合理，在老城区、棚户区、沉陷区有着一系列历史遗留问题。“十二五”期间，四煤城大力推进城区改造，使市区面貌焕然一新。进一步加强四煤城城区改造，应推广 PPP 模式进行城区改造，完善升级已经饱和的中心城区，推动旧工矿区的转移并注意加强公众参与。

关键词：　煤炭城市　城区改造　城区布局　黑龙江

城区改造对于提升城镇化质量、提高城市承载力和改善民生具有重要意义。“十二五”期间，在黑龙江省委、省政府的关注、领导下，在省住建厅的积极推动下，全省大力推进城区改造，使市区面貌焕然一新，城市功能得到完善升级，人民群众得到了实惠。由于全省城区改造取得了一系列突出成绩，2014 年 3 月 17 日，中央电视台《新闻联播》以“黑龙江：增投入、调政策推进棚户区改造”为题，采访了黑龙江省住建厅厅长杨占报，对黑龙江省的棚户区改造工作进行了报道。

鸡西、鹤岗、双鸭山、七台河作为黑龙江省典型的煤炭资源型城市，“因煤而兴”“缘煤而起”，其城市的旧有布局大多不合理，在老城区、棚户

---

　　*　本文是2015年黑龙江省哲学社会科学规划一般项目“黑龙江省产学研技术创新战略联盟运行模式比较研究”（15JYB02）的阶段性成果。
　　**　刘懿锋，黑龙江省社会科学院经济研究所研究实习员，研究方向为区域经济和世界经济。

区、沉陷区有着一系列历史遗留问题。四煤城的城区改造不仅是全省民生改善的重点、难点，也影响着四煤城自身的可持续发展。

一 "十二五"期间黑龙江煤炭城市
城区改造的主要成就

（一）省住房和城乡建设厅

省住建厅作为黑龙江省贯彻执行国家有关住房建设和住房保障、城乡规划等方面的方针、政策、法规，推进全省住房制度改革的政府部门，"十二五"期间坚持按照"政府推动、市场运作、因地制宜、科学规划，创新模式、增强动力，注重实效、稳妥推进"的原则，不遗余力地推动黑龙江煤炭城市城区改造工作的进行。

2015 年"两会"期间，国务院总理李克强提出了"三年内解决沉陷区民众的生活难题"的工作要求。依据这一要求，在省住建厅的推动下，黑龙江省于 2015 年 6 月 30 日同国开行黑龙江分行签下了"四煤城"采煤沉陷区棚改项目的首笔贷款合同，合同金额达到 35.6 亿元。双鸭山、鹤岗、鸡西、七台河采煤沉陷区棚改项目目前已完成前期准备工作并进入招标阶段。

省住建厅在 2015 年召开"全省保障性安居工程建设暨四煤城采沉区棚改工作推进会"上，向黑龙江省四大煤炭城市政府下发了《关于加快推进四煤城采煤沉陷区棚户区改造实施意见》《采沉区棚改施工招标工作方案》《采沉区棚改项目大宗建材集中采购方案》，并于之后下发了《关于四煤城采煤沉陷区棚户区改造货币补偿安置工作的指导意见》，这一系列意见、方案从任务、目标、责任、分工和改造建设资金筹集方式等方面，确保四煤城采沉区棚改的有效进行，有助于推进施工企业招标和大宗建材集中采购以及建设成本的控制和压缩。

（二）鸡西市

"十二五"期间，鸡西市根据自身城区布局状况和城区发展基础，在城区改造过程中，形成了"改造老城区、建设新城区、发展穆棱河两岸，拉近鸡东县城、聚集城市人口"的总体思路。鸡西市通过开展南外环路规划设计打通城市动脉，使主城区向南延伸，有力促进了老城区的改造；改建扩建鸡兴西路、康新路等城市街路，实现了新老城区互联互通。重点完善以建鸡高速公路和鹤大高速公路为主轴、以穆棱河湿地公园为节点的区域空间框架规划，完成穆棱河广场、水上公园、音乐喷泉、千米文化长廊、百人百米铜雕塑群、聚水桥等工程，推动中心区成为组团发展布局的核心，使群众生活及文化休闲提档升级；规划、完善公交客运网络，加强城乡接合部交通基础设施建设，保证了交通网络的顺畅。鸡西市还于2012年投入3000万元购置大型机械化环卫设备，中心城区机械化保洁和清雪水平居全省前列。2013年以来，鸡西市加快了鸡冠新区的建设步伐，新区内新建体育会展中心并已投入使用，主要街路实现全线通车。2015年，鸡西市谋划水生态建设，规划建设穆棱河、"两沟一河"（孟家沟、冷家沟、矿棱河）水系，加快穆棱河风光带、鸡冠山森林公园建设，城区生态环境将得到一步优化。

（三）鹤岗市

"十二五"期间，鹤岗市以生态宜居理念为指引，按照科学规划、分步实施、适度超前的原则，在城区改造过程中努力营造生态、舒适、便捷、有序的居住环境，全面提高城市综合承载能力。超前打造城市生态景观，推进清源湖、鹤立湖两大生态景区和松鹤公园生态建设工程，完成清源湖景区服务中心主体工程，完善松鹤公园内基础设施建设。以建设松鹤生态新区为契机，高标准建设绿色生态小区。在改善居民居住条件方面，着力改善水质，提升城区供水保证率；着力加强路网建设力度，加快城市外围的国道、省道以及城市区间道路建设。对现有出城公路进行拓宽改造，建设城市外环公路，连通城市主要公路，保证城市内外围交通畅通。着力提高热、电设施的供给能力，完成500千伏鹤岗输变电工程项目的前期工作，保障城市生产生活需求，大力解决冬季供热能力不足的问题。

（四）双鸭山市

"十二五"期间，双鸭山市按照"重点打造滨水北城，加快建设南市新城，稳步推进环山东城，积极启动生态西城，着力提升中央商城"的思路，着力进行城区改造，完善城市功能。加强特色水生态建设，先后完成安邦河一、二期及安邦河下游治理工程，并完成滨水北城核心区基础设施建设。推进主要街道绿化带以及 59 个公园广场、住宅小区、厂区矿区绿化景观的提档升级，使城区环境面貌有效改善。石油大道东延工程的完成以及大同街东延工程的开工，确保环山东城建设取得了显著成效。扩建改建铁西路、东进街、北环路等主要道路，完成卧虹桥、东福桥等拓宽改造项目，推进排水管网改造工程，城市功能得到完善加强。扎实推进国家园林城市建设，于2012 年完成国家园林城市整改达标任务并通过国家专家组评审。

（五）七台河市

"十二五"期间，七台河市以国家园林城市创建为抓手，城区改造取得了一系列成果。通过改造城市公园、广场、主要街路和街景绿化景观，强化原有自然风貌管护等一系列工程，实现了城区绿化的提档升级。七台河市把城区改造作为最大的惠民工程，改造同仁中巷等 13 条 2.3 万平方米巷道，新建、维修、改造供水管网、供热管网，推进汇水区雨污分流管网工程，新建污水处理厂，启动运行医疗废物处置中心，市中医院、市妇幼保健院竣工并投入使用，市区基础设施和功能的完善使百姓得到了巨大的实惠。

二 黑龙江省煤炭城市城区改造面临的问题

（一）地方政府财政收入下降的制约

自 2013 年以来，受宏观经济形势及内生增长动力不足的影响，黑龙江省煤炭城市经济发展陷入了前所未有的困境。随着国内煤炭市场"黄金十年"的告终，煤炭需求量和煤价双双大幅下跌，直接导致2013年以来四煤城财政收入的急剧下滑（见表1）。其中下滑幅度最大的双鸭山市，2014年地方公共财政收入只有2011年的69%。2015年上半年，四煤城地方财政收入下滑的趋势仍然没有得到遏制，其中鸡西市同比下降8.4%，鹤岗市同比下降22.5%，双鸭山市同比下降1.9%，七台河市同比下降11.2%。财政收入的减少，令本就社会负担沉重的地方政府在城区改造中深受制约。

表1　2011~2014年黑龙江省煤炭城市地方公共财政收入及增速

单位：亿元，%

年份	鸡西		鹤岗		双鸭山		七台河		黑龙江	
	收入	同比	收入	同比	收入	同比	收入	同比	收入	同比
2011	35.2	35.6	22.2	43.3	26.8	30.0	20.4	-12.6	997.4	32.0
2012	43.3	23.0	27.1	22.1	32.2	20.1	21.8	6.9	1163.2	16.6
2013	33.4	-22.9	20.5	-24.4	29.5	-8.4	18.9	-13.3	1277.4	9.8
2014	33.7	0.9	16.8	-18.0	18.5	-37.3	18.0	-4.8	1301.0	1.8

资料来源：各年度《黑龙江统计年鉴》。

（二）城区空间布局不尽合理

黑龙江省煤炭城市都是"因煤而起""缘煤而兴"，城市发展与矿区连为一体，先天缺乏科学规划。由于煤炭资源分布广，四煤城工矿用地占地多且布局较为分散，城区面积相对"体格小"，使得城市生产区与生活区的功能区分十分混乱。城区旧有的空间布局不合理，随着城市规模增大、人口集聚增加，对城市功能的调整要求越发凸显。

（三）城区拆迁中产生的问题

在四煤城城区改造的快速推进过程中，涉及城中村、老城区改造、居民利益补偿等的拆迁问题往往成为城区改造面临的首要难关。城区改造是一个复杂的社会系统工程，涉及各方面经济利益的重新分配，处理不当极易引发社会矛盾。在四煤城城区改造过程中，部分居民把拆迁当成"唐僧肉"，为获取到更大的经济利益，违规违章进行突击私建乱建，还有部分拆迁户漫天要价，提出不切实际的补偿要求，使得"拆不起"和"拆不动"成为四煤城城区改造过程中的普遍问题。

三　进一步推进黑龙江省煤炭城市城区改造的建议

（一）推广PPP模式运用于城区改造

在黑龙江省煤炭城市城区改造过程中，对交通、环保、市政等基础设施建设推广运用PPP（政府和社会资本合作模式），将有效控制四煤城政府性债务、缓解财政压力，提高当地政府的财政资金使用效率。为确保PPP模式在城区改造中的有效运用，四煤城政府应简化项目审批环节，提高审查工作效率；积极完善财税支持政策，以财政资金的乘数效应带动社会资本和金融资本的参与；协调金融机构创新金融服务，优化信贷评审方式，特别是吸引开发性金融机构参与城区改造的PPP项目。

（二）完善升级已经饱和的中心城区

四煤城的中心城区基础设施较为完备，学校、医院、商场等生活配套设施也相对集中，但由于人口密度大，交通易堵塞，现已趋于饱和。已经饱和的城区改造对于拆迁成本和容积率有更高的要求，往往需要边际利润更高的商业项目解决这一问题，但新引进的商业项目又会加剧中心城区的拥堵。因此，对已经饱和的城区改造升级要在分散人流上下功夫。需要注意的是单纯拓宽道路需要更大规模的拆迁，导致开发成本陡增。因此，要提高土地使用效益，合理规划步行系统，有效衔接轨道交通和公共交通，使饱和的城区改造实现繁华、有序的合理升级。

（三）推动旧工矿区的转移

从国内外资源型城市的发展经验来看，几乎都经历过工矿改造、搬迁的调整。在黑龙江省煤炭城市工矿区改造中，要在空间上重新布局工矿和传统企业，通过土地置换，为困难企业搬迁发展筹集资本金。同时，对废弃工矿和闲置土地重新开发。因为城市老工业区内的土地存在着较大的级差地租。然而，土地置换和厂房拆除等仅仅是表层的空间重组，要真正实现旧工矿区的转型和可持续发展，应当以产业调整和生态环境整治为突破口，探索新的空间重组机制。

（四）城区改造中注意加强公众参与

城区改造事关民众切身利益。在老城区改造和新城区建设的过程中，坚持阳光征收，加强公众参与，充分发挥民众参与社会管理的基础作用，不仅对于推进民主社会的建设、提升城区环境质量、完善便民配套设施等非常重要，而且可以最大限度地确保市民对城区改造的满意程度。

管 理 篇

Report Management

黑龙江城市管理发展研究[*]

王爱新[**]

摘　要：　城市管理理念是基于宏观战略目标、优势特色城市、城市
案例，辅以城市各个方面可持续发展和生态效益综合目标
做出的相应管理。2010～2014年，黑龙江省城市管理取
得较快发展，成绩显著。但目前，在黑龙江省城市管理中
关于"人"的治理问题凸显，产业支撑能力薄弱，缺乏足
够的资金支持，条块体制的限制较多，城乡协调发展的矛
盾突出，具体管理与外化性规划存在矛盾。在"十三五"
时期，黑龙江省应进一步完善体制机制，从服务、指导、
监管三个方面推进，加快城市管理现代化步伐，加强综合
治理，逐步探索改革模式，在不断吸取外省份改革经验基
础上结合本省实际稳步推进改革，大力提升城市管理水

---

　*　本文是2015年黑龙江省哲学社会科学规划一般项目"黑龙江省产学研技术创新战略联盟运行
模式比较研究"（15JYB02）的阶段性成果。
　**　王爱新，黑龙江省社会科学院经济研究所所长，研究员，研究方向为城市管理和生态经济。

平，通过构建和发展城市集群提升城镇化增长极核的辐射力。

关键词： 黑龙江省　城市管理　市政事业

一 2011～2014年黑龙江省城市管理总体情况

关于城市管理概念，是城市依据宏观的战略目标、城市优势特色、城市情况，辅以城市可持续发展和各方面的综合生态效益为目标的对于城市做出的相应管理。随着城市高速发展中的民众生活水平、物质设施水平的不断改善，对于城市软环境和硬环境各个方面的公共需求也不断提高，但与此同时，管理城市的水平和能力的不足与以上需求无法匹配，产生了一系列矛盾。为了缓解这种发展速度与承载能力之间不相适的矛盾之处，当务之急就是要树立城市发展与管理的相关理念，并围绕城市的战略发展目标，进行宏观调控，尽可能盘活存量，以达到城市资源配置的最大化，促进城市管理和谐发展。在"十二五"时期，黑龙江省城市管理取得较快发展，2011～2014年，黑龙江省城市管理的总体情况和重点业绩主要表现在以下几个方面。

（一）城市管理投资力度进一步加强

2011年，全省城市道路和城市照明建设总投资达到280亿元，是历史上最多的一年。2011年黑龙江省共计完成新建和改造城市道路1102条、建设桥梁110座，全省新增人均道路面积0.65平方米，比计划增加0.25平方米。在哈尔滨开展了城市道路推广LED路灯照明试点，该工程是全省最大的LED试点工程，在哈市科技创新城内的道路上规划建设安装LED路灯3700盏，第一期700盏在2011年完成，受到建设部、发改委和交通运输科学研究院的好评，为该项目争取国家资金400万元，已全部到位。大庆对数字城管平台进行升级改造，开通了 VPN 系统，将近 70 个部门和企业接入数字城管系统，提高了案件的派遣率。大庆市还顺利通过了国家环保模范城市验收。

（二）进一步强化对城市管理的规划

2012 年，黑龙江省制定了《全省城市主要街路整饰工作实施方案》《六城市亮化工作实施方案》，对 21 个市县 42 条主街路综合整饰方案和 6 个城市的亮化方案进行评审，形成了"主街路改造和城市亮化评估报告"。全省综合整饰完成投资 75.8 亿元，整饰 154 条道路，改造道路 1023 万平方米，新建和改造路灯 15489 基，亮化楼体 3098 栋，新建绿带 236 万平方米；全省城市照明亮化共投入 13.6 亿元，消灭无灯街路 176 条，新建和改造路灯 46497 基，安装景观灯具 65330 盏，亮化临街楼宇 3986 栋，全省城市主城区道路装灯率达到 95%。

（三）全面推进城市管理综合工作

2013 年，黑龙江省编制完成了《黑龙江省城市景观照明设计导则》，明确了照明评价指标、城市景观照明规划设计要求、照明节能和绿色照明管理与监管等十个方面内容提出明确要求；完成整饰街路 127 条、改造道路面积 454 万平方米，亮化楼体 936 栋，新建和改造城市功能景观照明 8012 盏。种植行道树 5.43 万株，绿带 54.1 万平方米；城市亮化共投入 11.2 亿元，新建和改造路灯 41497 基，安装景观灯具 30031 盏，亮化临街楼宇 1466 栋。以污水、垃圾处理为着眼点，其他城市基础设施运营效能进一步增长，截至 2013 年底，全省城市污水集中处理率为 72%，垃圾无害化处理率 64%，燃气普及率 86.1%。全省贯彻落实住建部《关于促进城市园林绿化事业健康发展的指导意见》，加强城市中心区、老城区的园林绿化建设和改造提升，加快公园绿地、居住区绿地、道路绿化和绿道建设，完善绿地系统综合功能；七台河、佳木斯和海林获得国家园林城市称号，宁安等 3 个城市获得省级园林城市称号；全省新植树木 4510 万株，城市建成区新增绿地面积 3450

公顷，新增公园 13 个，城市建成区绿化覆盖率和绿地率分别新增 2.2 个和 2.0 个百分点。

（四）围绕城市管理工作进行深入改革

2014 年，黑龙江省城市管理工作的深入改革主要包括做好全省城市管网改造工程项目可研、立项、招投标和小锅炉撤并协议签订等前期工作，要求各地在供热期结束后，立即组织项目开工建设。落实建设项目资金，财政等部门及时预拨一部分省级配套补贴资金，鼓励各地加快推进管网改造和小锅炉拆除并网。在城市管理工作中加大对工程项目质量、安全、施工进度和项目资金使用的督查力度，年内组织多次专项督查检查，确保任务保质保量按时完成。组织对 13 个中心城市及省直管县热改工程进行核查，根据各地政府投入资金和工程项目完成情况据实核发省级补贴资金，采取切实措施促使各地工程项目如期完成，确保不影响供热。2014 年全省城市管理工作中共计采购清冰雪机械设备 1140 台套，采购资金合计 39667.8 万元；针对清冰雪机械设备迅速增加的情况，为加强机械设备的使用管理，组织起草清冰雪机械设备使用、维修、管理、库房建设及机械驾驶人员教育培训和管理方面的制度规定，并积极做好城市建设环卫工人冬季作业补贴发放工作。表 1 是 2014 年黑龙江省各主要城市管理中的市政公用设施水平建设发展情况。

二 当前黑龙江省城市管理中存在的主要问题

（一）黑龙江在城市管理中关于"人"的治理问题凸显

在"十三五"时期，黑龙江省城市需要从原来土地城镇化转向人口城市化，逐步实现向工业的转移，由农耕文明向生态文明转移。黑龙江省大部分农村依然有大批的农民需要从农村转移出来，但区域经济尚欠发达，黑龙江省城镇化建设所需的财力有限，难以解决以上问题，并实现对城市管理中关于"人"的问题的有效治理。

表1 2014年黑龙江省城市市政公用设施发展情况

地区	建成区供水管道密度（公里/平方公里）	人均城市道路面积（平方米）	建成区排水管道密度（公里/平方公里）	污水处理		人均公园绿地面积（平方米）	建成区绿化覆盖率（%）	生活垃圾处理	
				污水处理率（%）	污水处理厂集中处理率（%）			生活垃圾处理率（%）	生活垃圾无害化处理率（%）
黑龙江省	7.91	13.32	5.56	77.22	63.35	12.10	35.98	69.63	58.86
哈尔滨市	5.34	14.22	7.06	89.30	89.30	10.41	35.50	85.00	85.00
齐齐哈尔市	8.04	9.03	5.54	73.06	64.59	10.02	38.61	61.73	61.73
鸡 西 市	9.03	8.96	4.03	32.47	32.47	10.71	40.12	48.08	48.08
鹤 岗 市	11.03	8.13	5.82	50.14	50.14	14.90	42.16	0.00	0.00
双鸭山市	7.08	8.46	4.51	89.51	44.76	14.71	43.55	81.11	0.00
大 庆 市	10.56	22.79	6.24	97.61	41.11	14.20	45.40	97.90	97.90
伊 春 市	7.64	11.29	2.66	41.74	41.74	20.51	26.78	10.40	4.23
佳木斯市	6.55	9.50	4.87	81.98	81.98	14.02	41.57	100.00	100.00
七台河市	10.42	11.88	2.42	39.72	39.72	11.84	38.12	100.00	100.00
牡丹江市	7.36	13.63	5.28	41.95	22.31	11.24	37.63	98.28	98.28
黑 河 市	9.22	12.35	5.10	90.09	90.09	13.45	40.36	100.00	100.00
绥 化 市	11.32	7.20	5.47	100.00	100.00	8.69	29.76	83.71	83.71

资料来源：黑龙江省住建厅。

（二）黑龙江省城市管理产业支撑能力薄弱

黑龙江的城市大多属于集贸型或资源型，除了个别大城市外，多数城市整体产业结构不合理，企业发展水平不高，主要是以初级产品为主，缺乏技术升级的空间，甚至较少具有自主知识产权和核心竞争力的企业，缺乏足够的产业支撑，制约和影响黑龙江的城市自身发展及其管理功能优化升级。

（三）黑龙江省城市管理资金支持不足

黑龙江省城市管理被动和滞后主要原因是历史上基础设施建设欠账较多，而保护生态环境、维护城市环境等需要更多的资金投入。目前哈尔滨市要建设国际化、现代化大城市，必须保证对环境卫生整治的投入。现存的主要问题是城市配套设施资金投入不足，直接导致对环境卫生管理投入的人力、物力不足，进而影响到城市管理的进程和质量。

（四）黑龙江的城市管理受到条块体制的限制

黑龙江省的林区、垦区存在着城市管理中条块体制限制的现象。黑龙江省城市管理所需的内在动力存在明显不足；小城镇数量居多，规模小、布局分散；城市经济以农业为主，城市功能不健全，缺乏功能分工和横向联系；实行从中央到地方的农垦系统垂直管理体制，地方行政体制较为独立，经济和社会相对封闭，缺乏条块之间的有效合作，与地方经济的融合不足，有些地区还存在一定的利益冲突。林区、垦区小城镇建设受到传统体制下独立层级系统的管理，影响到更广范围的人口增长和城镇群发展；城镇建设与管理的资金主要依靠农场林场自身，缺乏政府投融资体制，进一步导致这类地区的城市管理业务存在一定的制度缺陷，影响到了城市管理的质量。

（五）黑龙江在城市管理中存在城乡协调发展的矛盾

黑龙江省已经进入促进工业化、城镇化和农业现代化协同发展的"三化"新阶段，担负着确保国家粮食安全、保护资源和环境、促进共同繁荣的艰巨任务。尽管工业化和城市化进程在不断加快，但一些农村地区的经济发展水平仍然比较低，导致外部资源的资金、技术、人力资源、管理和其他因素难以进入并发挥作用，很多资源都从农村和农业流出；一些地区的农业生产还处于小规模耕种，标准化、规模化、集约化水平不高，农业市场体系、农业社会服务体系不健全。以上的问题使得黑龙江省农业经济的发展难以支持城市管理的发展，且使得城乡发展水平差距扩大，造成黑龙江在城市管理中城乡难以协调、不能同步推进的难题。

（六）黑龙江省城市管理计划外部冲突问题

城市管理的目的是提高城市管理效率和城市可持续发展，而不是摩天大楼的数量。目前，哈尔滨市在风景区内建起的一幢幢超高的大楼，已经给哈尔滨市城市景观造成了影响。城市景观和街区文化要反映出哈尔滨的特色标志，是宝贵的遗产，而在原有社区和风景区建造摩天大楼不足以体现和代表哈尔滨的文化特色。由于规划和城市管理政策滞后等因素，导致黑龙江省城市规划和建设管理存在盲目性。

三 关于进一步加强黑龙江城市管理的对策建议

在"十三五"时期，黑龙江省应进一步完善城市管理的体制机制，从服务、指导、监管三个方面推进，加快城市管理现代化步伐，加强综合治理，逐步探索改革模式，在不断吸取外省份改革经验基础上结合黑龙江省实际稳步推进改革，大力提升城市管理水平，通过构建和发展城市集群提升城镇化增长极核的辐射力。

（一）加强城市管理体制建设

各城市政府部门要建立以主要领导牵头的相关协调机制，研究协调解决城市管理中的主要问题。城管部门要进行全面、协调等具体工作。根据规模和类型，将中心城市按照"两级政府，三级管理，四级网络"的城市管理模式运行。根据责任和权力相结合的原则，合理界定和划分城市和地区政府的概念和职能，以及城市街道办事处行政管理职能。进一步加强机构和团队建设，促进政府职能的转变，改进和完善社区自治功能，理顺各方责任，建立明确责任，理顺关系，协调城市运作机制有效运行。

（二）完善城市管理的资金保障机制

各城市政府要根据城市规模的空间大小、管理需求和总人员配额的有关规定，在机构限额、编制总量内科学配置城市管理相关机构编制，合理设置人员岗位。重点加大对街道办事处（社区）等基层一线的人力、财力投入，街道办事处（社区）要根据所承担的城市管理职责，明确任务分工，落实责任到人。实现城市维修基金的逐步增长，推进市政设施维护，景观保护、环境卫生工作按分摊的任务量分配资金，不断提高基金分配的质量，大幅增加桥梁维修、维护、清雪和其他项目的投资，安排专项资金支持城市公共管理应急机制的进一步完善。

（三）完善城市管理控制与监督机制

城市的政府部门要建立数字化城市管理信息平台，提高城市管理的技术含量，建立健全城市管理和监督管理的快速反应机制，指定城市管理部门分配任务，负责处理所发现的问题；理顺城市管理执法职责及有关部门之间的关系，并积极探索区域综合执法体系。

（四）完善城市管理中的精细化管理机制

各城市政府要按照城市地理空间划分网格管理单元，实行网格单元人员负责制，明确网格单元管理事项、管理标准、管理流程、管理时效等内容，形成多层级监管，全时段监控，问题发现快速、处置及时，以及可查询、可追溯、有记录、有考核的城市精细化管理新机制。对街路、树木、路灯等市政、市容管理要素进行及时有效的管理，实现精确、高效、全方位覆盖的城市管理目标。坚持专业化和社会化相结合，城市主次干道实施专业化作业，背街、背巷、社区内实行包干责任制。提高环卫清扫和清雪机械化作业率，积极推广新技术和新工艺。

（五）改善城市管理市场运作机制

各城市政府要转变经营管理模式，开放作业市场。城市道路清雪、园林绿化养护、环境卫生保洁、市政设施维护等领域走专业化、市场化经营之路，通过招标选择专业公司或社会组织承担日常管理和养护工作，并建立保证金制度，杜绝中途弃管等问题的发生。争取在重要的城市基础设施领域探索实行特许经营制度或实行许可制度。按照有关规定，引导社会资本参与投资和运营，形成有序竞争的市场化运作机制。

（六）改善外在市容市貌的城市管理

各城市政府要坚持从源头抓起，深入开展"三土"治理，从根本上解决因"土"致"脏"问题。加强城市垃圾清运和餐厨垃圾管理，逐步建立起布局合理、功能配套的城市垃圾收运与处理体系。加大力度实施城市棚户区和街道两边旧建筑的"打扮"项目建设，保持城市老建筑的外观清洁，对其装修和改造要保持原有风貌，并强化既有的建筑节能。加强城市景观照明管理，构建城市景观地理特征，并力求节约能源。

（七）以综合秩序整顿强化城市管理功能

各城市政府要进一步加强对城市各类道路挖掘、建筑工地和空中坠物的管理，确保市民和车辆出行安全畅通。要加强城市停车场规划建设，充分挖掘利用城市空间资源，新建公共停车场，制定政策鼓励既有建筑建设地下停车场，整顿和规范地面停车秩序。要科学组织市区车辆交通流向、流量和交通信号的关联设置，引导和规范城市道路行人秩序。进一步加强对已投入使用的大型桥梁建设的安全监控和专业系统管理。增加城市建设中的无障碍设施，满足特殊人群的需要，以促进区安全出行。

（八）推进城市环境园林绿化管理

要积极推进争创省级、国家级园林城市建设。坚决打击城市中乱砍伐树木，严禁对于城市绿色环保的破坏。加大对于城市景观的维护力度和更新速度，进一步提升路边绿化水平，促使城市建设用地必须严格遵循绿化目标，增加城市公园、林地和苗圃建设的空间，加大投入力度，创建一批高质量、独特的城市街道、城市公园、示范花园、精品广场、苗木生产基地。

（九）加强便民设施建设

一是开展城市便民设施建设调研活动，对便民设施情况进行一次全面摸查，摸清各类便民设施的底数以及存在的问题，以便确定下一步便民设施整治建设安排。二是研究出台便民设施建设指导意见。根据各地调研情况，研究出台全省便民设施建设指导意见，对便民设施建设提出具体任务、技术要求，明确责任主体，明晰各部门职责，将便民设施建设落实到街道办事处、社区一级，形成协调统一、各司其职、各尽其责、分工有序的齐抓共管格局。

（十）推进市政公用事业市场化改革

一是抓试点，总结改革经验。按照普查的结果，理清全省市政公用事业市场化改革基本现状、市场潜力和需求。选择相应城市（如佳木斯、牡丹江）、行业（如环卫）及市政公用事业企业，进行改革试点，从服务、指导、监管三个方面进行推进。按照国家行业管理有关规定结合试点改革实际经验，出台"我省市政公用事业市场化改革指导意见"，实现市场化的有效监管。二是找准突破点，稳步推进。市政公用事业市场化改革的难点就是价格和成本。国家对市政公用事业收费价格的不断改革，水、电等已经实行阶梯价格制度，为市政公用事业市场化改革奠定了坚实的基础。应在改革试点的市县，允许企业公平竞争，适度获取利润。允许多元化融资，拓宽投融资渠道，形成政府引导投资，以私人和社会资本为主体，辅以其他基金多元化融资模式。

（十一）推进城市管理的制度法规建设

进一步加强城市管理政策法规建设，继续规范城市管理体系的工作标准，明确管理责任和管理任务。坚持教育指导和行政处罚相结合，明确管理责任和管理义务的关系；加强城市管理的社会责任意识和法律意识，加快城市管理法治化、规范化、专业化和社会建设的步伐。建立健全城市管理监督评价体系，制定监督评价标准，应公众参与监督评价；城市管理年度绩效评估，要采纳公众的意见和建议，提高城市管理年度绩效管理评估和评价的水平。省级政府部门负责发布城市管理的年度绩效评估考试成绩和市政基础设施发展水平的报告。

（十二）加大城市管理的宣传教育力度

在全省树立广大市民作为城市管理主体的理念，坚持把城市管理与精神文明建设有机结合起来，广泛开展做文明市民活动，增强市民爱城、管城、护城意识，不断激发市民参与城市管理的热情。要坚持多渠道、多形式宣传在创建文明城市、园林城市、"人居环境奖"等方面涌现出的典型事迹，营造有利于提升城市管理实效的氛围。

黑龙江建筑质量与安全管理问题研究

王力力*

摘　要：　近年来，随着经济的快速发展，工业化、城镇化进程的不断加快，建筑行业日益壮大，但与此同时安全事故也时有发生，对人民生命财产安全造成一定的损失，需要大力加强建筑质量的安全管理。本文研究了"十二五"时期黑龙江省建筑质量与安全管理的现状、存在问题，并有针对性地提出对策建议。

关键词：　黑龙江　建筑质量　安全管理

建筑质量不仅关系着工程的适用性和建设项目的效果，更关系着人民群众生命财产安全。一旦发生建筑质量问题，将直接危及公众安全、损害国家利益，随着黑龙江省现代化建筑事业的蓬勃发展，建设规模不断扩大，每年投资建设的各类工程项目达千万平方米，所以建筑质量与安全管理问题尤为重要。

一　黑龙江建筑质量与安全管理取得的主要成就

"十二五"以来，黑龙江省委、省政府对民生问题的高度重视及对安全产生严厉问责，在省住建部门领导和员工的努力下，全省建筑质量稳步提升，建筑安全管理日益加强，全省建筑质量和安全管理工作取得了巨大成就。

---

* 王力力，黑龙江省社会科学院经济研究所助理研究员，研究方向为城市经济学。

（一）不断加强建筑质量安全管理指导工作

"十二五"期间，省住建厅领导始终坚持管理就是服务的理念，克服人手少、项目多的困难，积极探索全省建筑质量与安全管理工作的新思路，努力开创全省建筑业工作的新局面。每年召开多次全省建设工程质量监督会议、全省建设安全生产工作会议、建筑工程质量常见问题治理会议，认真研究安排落实当前主要工作，制定当年建筑质量与安全管理的工作安排，对全年主要工作任务进行逐一分解落实，全面做好质量监督与安全生产的工作部署。立足超前防范、认真查找工作中存在的漏洞和薄弱环节，积极消除建筑质量安全事故隐患，确保建筑施工安全。继续贯彻实施了"实体通病、工艺通病和管理通病并重治理"思路，明确了质量明显提高、性能明显改善、投诉明显减少、满意度明显提升"四个明显"目标。印发了《工程质量常见问题专项治理工作方案》《黑龙江省建设工程质量约谈制度》《关于进一步落实永久性标牌制度的通知》《关于提高县（市、区）工程质量监督管理能力的指导意见》《黑龙江省工程质量常见问题专项治理示范工程创建工作指导意见》，修订了《黑龙江省建设工程施工操作技术规程》，启动了修订《黑龙江省建筑工程施工质量验收标准》等指导性文件。

（二）深入开展建筑工程安全生产检查工作

"十二五"以来，在省委、省政府的高度重视和正确领导下，省住建部门坚持安全发展理念，坚持"安全第一"的原则，坚持把安全生产与经济社会发展同步规划、部署、推进。建立健全安全生产责任体系和安全生产长效机制，强化安全生产管理和监督，深化隐患排查治理。不定期对全省范围内的工程进行深入细致排查，实现全省城市行政区域内房屋建筑与市政工程质量监督覆盖率达到100%的要求，确保地基基础、主体结构质量安全，杜绝重大工程质量事故发生。在排查中对发现的安全隐患和问题根据情节严重程度分别下发整改通知单、停产通知单。年均检查工程几百个，排除安全隐患百余个，整改回复率100%。组织开展安全生产专项整治。落实总承包单位、监理单位等企业和从和安全员、安全监理工程师等从业人员安全生产责任；开展建筑起重机械、脚手架、模板和深基坑专项整治，加大对重点位置的监管力度，杜绝重大安全事故发生。推进安全生产标准化建设。指导督促施工企业开展项目和企业安全生产标准化工作，对施工企业安全生产标准化工作开展情况进行考评。对考评不合格的责任单位和责任人进行处理，对安全生产标准化工作成效显著的企业给予表彰鼓励。加大事故责任追究力度。对已经形成事故结案报告的安全事故，要迅速启动对责任单位和责任人的处罚程序，对事故责任单位和责任人依法依规严肃进行处罚。

（三）稳步提升建筑工程质量水平

"十二五"期间，全省大力推进科技进步，增强核心竞争力。支持有条件的企业建立省级以上技术研发中心，提高自主研发的能力和水平，增强企业自主创新的能力和市场竞争力。引导企业采用新技术和新工艺，创建一批新技术应用示范工程；鼓励引导企业编制工法，增强企业创新能力，提高施工技术。深入贯彻落实全国工程质量治理两年行动要求，开展工程质量治理两年行动，全面落实质量终身责任制，严厉打击转包挂靠等违法行为，规范建筑市场秩序，健全质量监管机制，全省建筑工程质量水平稳步提高。全面实施住宅工程质量分户验收制度，确保与百姓利益密切相关的住宅工程质量在全国处于先进水平，百姓对住宅工程质量投诉逐年下降，竣工工程质量验收合格率达到100%。安装工程一次试车成功，杜绝不合格工程流入社会。实施"精品工程"战略，到2015年争创国家"鲁班奖"工程4项、国家优质工程5项、省"龙江杯"优质工程150项、省优质工程350项、省"结构优质"工程1000项。

二　黑龙江建筑质量与安全管理存在问题

虽然黑龙江建筑质量与安全管理工作取得了一定的成就，但是在建筑设计、建筑材料、施工安全与质量以及相关部门监管方面仍存在一些问题。

（一）建筑施工单位对质量安全重视不够

一是部分领导和企业对建筑安全生产认识不高，重视不够，安全生产意识不强，存有麻痹大意和侥幸心理。二是企业安全生产主体责任落实不到位，由于质量责任意识不到位，在管理工作中，企业主要负责人、项目负责人没有真正树立"安全第一"的理念，没有真正认识到建筑施工质量安全责任重大。于是就出现了重生产轻安全，对安全生产例会、安全检查、现场带班等安全管理制度执行不力，质量管理体系不落实、不健全，部分企业的质量管理体系、质量手册、程序文件只是走形式、应付检查，没有真正贯穿于整个施工当中。安全投入不足，违章指挥、强令工人冒险作业现象时有发生。

（二）部分建筑设计不符合要求

工程质量发生问题，一般情况下是施工质量出现问题，但实际上也有一些问题是由于设计不到位造成的。建筑设计涉及的内容复杂多面，如何同时实现结构合理、防火抗震以及加强稳固等功能，如何协调设计本身与投资者、使用者、城市规划以及施工制作之间，以及在技术要求上各技术工种之间存在的矛盾，这些矛盾有很多是难以解决的，管理部门在进行决策的时候往往无法做到面面俱到，有时候会顾此失彼，甚至做出错误的决定，造成安全质量事故的发生。此外，现在有些设计单位实行的是谁承揽工程谁设计，在单位内部形成固定搭配，致使某几个人对某一类设计非常熟练，而一旦遇到不熟悉的工程，其他设计人员又难以介入，使设计单位的设计优势及专业之间的互补优势得不到充分发挥，进而影响了设计质量，使用标准图集和设计本身衔接不够，标注二次设计的，也没有对二次设计进行审核；施工图审查流于形式，有的地区就那么几个建筑师，几乎是谁设计谁审查，起不到把关作用。另外，质量监督机构对设计质量的检查是每年抽验，致使很多建设项目设计得不到及时检测，为设计质量问题埋下隐患。

（三）部分建设单位行为不规范

当前，部分建筑工程项目在施工过程中存在违规行为，比如层层转包、违法分包、以包代管等不规范生产行为屡禁不止。有的建设单位自有资金不足，要求施工单位带资施工，签订阴阳合同，对工程质量要求不严；施工企业特别是项目部管理制度不健全，项目管理人员履职不到位、责任落实不到位及质量、安全管理人员质量安全意识薄弱，没有加强对现有安全生产法律法规和标准规范的培训等，导致施工企业内部质量、安全自我检查、监督、控制、验收、保证、管理做得不到位，工程建设管理混乱，质量低下；有的要求低价中标，压价严重，致使施工单位偷工减料，克扣农民工工资；有的不是完全的法人主体，在建设资金使用、施工单位和建设标准的选择上不能自主决定，无法承担建设单位主体责任；有的工期设定不合理，片面追求高速度，从而致使工程质量安全无法保障；一些建设单位不遵守相关法律法规，甚至跨越企业的资质要求承接业务，使得建筑市场混入了很多不达标准的施工企业；还有的对应招、投标的施工项目不实行招、投标，导致企业之间出现了恶性竞争，使得建筑市场一派混乱；还有一些具备资质的施工单位允许没有资质的施工单位挂靠其名下，以他的名义承揽工程并以此收取管理费，而这些非法挂靠的施工单位根本不具备承建工程的技术要求，其管理水平也比较低，这些情况都是导致质量安全事故发生的原因。

（四）部分建筑材料质量不合格

建筑工程材料是影响建筑实体安全质量的基础，不符合设计及材料标准的将直接影响到整个建筑物安全使用功能以及使用者的人身安全。使用合格的建筑材料是建筑质量控制的关键环节。建筑材料常出现的问题有检查抽取的建筑材料达不到标准要求，对工程项目使用的主要建筑材料质量把关不严，对进入施工现场的材料未检查其出厂合格证等，这些导致部分不合格的产品或一些过期的建筑材料用于建筑施工中，严重影响工程质量，如瘦身钢筋、过期水泥、不达标混凝土等。

（五）从业人员素质有待提高

建筑施工行业从业人员素质有待提高。一是除技术管理人员外从事一线作业的建筑工人大部分是农民工，他们的职业素质与安全意识不强，也缺乏应有的知识，操作技能差，没有接受过足够正规的职业技能培训，很多都是经验施工，不遵守操作规程，缺乏自我防范和自救互救能力，没有有效的质量与安全管理办法。二是建筑全行业技术和管理人员数量偏少且综合素质不高，甚至有些项目经理和现场管理人员对建筑质量与安全管理方面的法律、法规、标准、规范也缺乏了解。

（六）监管队伍力量不足

有的地方建设执法和质量安全监督机构人员编制不足、懂专业的人员少、工作能力低下；有的质量安全监督人员不负责任，发现问题不敢管、不敢罚，受制于人；有的监督机构费用不足，检查检验设备、工具、检查手段落后。

三　黑龙江建筑质量与安全管理的对策

（一）重视安全生产，落实建筑质量安全责任

1. 严格落实企业质量安全生产主体责任

企业是质量安全生产责任主体，要严格遵守安全生产法律法规和标准规范要求，定期研究分析安全生产形势，认真自觉开展安全生产隐患排查和专项整治，严格落实整改措施，加大安全生产投入，确保生产安全。各级各类企业和中介服务机构法定代表人是企业安全生产的第一责任人，要制定并带头执行安全生产责任制度和安全教育、安全生产层级检查、现场带班等制度，保证本单位的安全生产投入。项目负责人是施工现场安全生产第一责任人，要严格落实现场带班、安全检查等管理制度，组织制定安全技术措施，及时消除事故隐患。

2. 要严格落实部门监管责任

各级住建主管部门要结合本地实际，制订有针对性的安全生产工作方案，认真组织开展本地建设安全生产检查、专项整治、"打非治违"专项行动和标准化工地创建。要加强对企业执行安全生产法律法规、标准规范及各项安全管理制度情况的监督，强化指导和服务，加大检查和执法力度，综合采取行政手段、经济手段和法律手段，督促企业落实安全生产主体责任。

（二）加大整治力度，优化建筑市场环境

1. 严格法定建设程序

建设单位要认真贯彻《城乡规划法》《建筑法》《招标投标法》等国家法律法规，严格按照国家规定履行立项、规划、土地、审批和质量监督、安全监督、施工许可、阶段验收、竣工验收等手续。严禁任何单位以招商引资、带资施工等为借口允许项目法人擅自简化建设程序，违规审批工程项目建设。清理工程建设领域设立的所谓"绿色通道"，对违反法定建设程序建设项目，责令整改，依法追究建设单位和法定代表人的责任；对违反审批程序擅自开工建设的要依法追究有关部门和相关责任人责任。

2. 规范工程分发包行为

建设单位应当依法将工程项目发包给具备相应资质的单位。凡中标施工总承包企业资质范围内的专业工程，建设单位不得另行发包。总承包企业不得将工程主体结构进行分包，专业工程分包应当征得建设单位同意。施工企业建筑劳务分包必须使用具有相应资质的劳务企业，不得要求劳务分包单位垫资承包，不得拖欠劳务分包费用。肢解发包、转包、违法分包工程的，对有关单位和责任人，视情节依法给予记录不良行为、罚款、暂停投标、降低或吊销资质资格等处罚。

（三）加强过程控制，强化关键环节管理

1. 加强勘察设计监管

严格执行工程建设强制性标准和勘察设计文件编制深度规定，完善勘察

设计单位内部质量管控机制和工艺、材料构造节点详细设计质量监管的衔接，凡是设计注明需要详细深化设计的分项工程，应由设计总包单位依法依规签订设计分包合同，详细深化设计后的施工图等设计文件应经总包设计单位和施工图审查后实施。加强工程勘查现场和室内试验质量控制，对照技术标准核对勘察点位和数量，遇到异常情况，应及时报告建设单位或建设主管部门。设计单位在使用勘察报告时，应对勘察的点位、数量进行复核，确保勘察成果真实准确有效。重大工程应强化初步设计方案论证，逐步推广建筑信息模型（BIM）技术，加强设计文件技术交底和现场服务。严格落实施工图设计文件审查制度，对不符合工程建设强制性标准的，审查机构不得出具审查合格书。规范设计变更管理，凡涉及主体结构安全、使用功能和消防设施调整及影响规划效果等重大变更必须送原施工图审查机构审查。

2. 严把材料使用关

按照"谁采购谁负责、谁验收谁负责、谁使用谁负责"的原则，所有进场材料，必须经过验收，合格后方可进入施工现场。完善见证取样送检制度，杜绝使用"瘦身钢筋""再生苯板"等不合格建材。建筑构件、消防产品、装修材料、保温材料要严格执行消防标准要求。建筑保温材料要优先选用燃烧性能为 A 级的材料，严格限制使用可燃材料，一律不得使用易燃材料。积极推广应用高强钢筋、高性能混凝土和预拌砂浆，鼓励使用绿色建材产品。实施建筑材料质量追溯制度，建立伪劣建材曝光退市机制。

3. 严把施工现场关

施工单位要严格按照法规规章、技术标准和建设合同要求，派驻现场技术和管理人员，依法履行施工现场质量管理职责。积极推行质量安全行为和实体质量控制标准化，健全隐患排查、风险分析、事故预警和应急救援机制，严格执行施工过程各阶段自检、互检、交接检制度，隧道工序由操作和验收人员签字确认，项目负责人对现场施工质量负总责。完善施工现场消防安全管理制度，配备消防器材，设置临时消防给水设施，落实消防安全责任制。

4. 严把工程核验关

工程建设各方主体要对工程实体和质量保证资料进行查验,依法客观出具验收意见,及时办理竣工验收备案。住宅工程竣工验收前,要邀请前期物业公司和业主代表参加,对住宅内部和相关公共部位设施要全数检查,逐套、逐间进行带水、带电、带负荷分户验收。建立分户验收比对性复核制度,并按差别化管理要求合理确定复合比例。全面落实住宅小区综合验收制度,对规划执行、竣工验收、物业承验、地下管网等设施配套进行审查,未经竣工验收备案或综合验收不合格的不得交付使用。

(四)健全质量安全监督机制,充分发挥监理作用

1. 加强监管队伍建设

各级住建部门要统筹勘察设计、建筑管理、招标投标、造价管理、质量安全、行政执法等各方面监管力量,各司其职,各尽其责,形成合力;要重点发挥质量安全监督机构作用,在监督建设工程质量安全的同时兼顾各方主体市场行为,形成招投标市场和工程现场"两场"联动机制;挑选有设计、施工经验的人员充实到监管队伍中来,并在经费、设备等方面提供充足保障,保持监管队伍的稳定,强化监管人员业务培训,全面提高建筑市场和工程建设质量安全监督执法水平。

2. 创新监督检查方式

各级住建部门要创新工程质量安全监督检查方式,改变事先发通知、打招呼的方式,采取随机、飞行检查的方式,对工程质量安全实施有效监督;改变以往检查发整改通知单检查模式,改为现场讲评、案例培训等模式以训促改,让现场人员接受深刻教育。进一步完善工程质量检测制度,加强检测工程和检测行为监管,严厉打击开具虚假检测报告行为。积极推进施工现场远程视频监控建设,开展网上巡检。

3. 充分发挥监理的作用

监理单位要严格审核队伍资质、人员资格、施工组织设计、专项施工方案,严把建筑材料进场关,加强施工现场巡查,对桩基施工、混凝土浇筑、

防水作业等关键部位和关键工序进行旁站，发现质量隐患责令停工整改。各市县建设主管部门要指导监理企业开展监理现场标准化，建立监理现场规章制度；建设单位要明晰监理授权委托的内容，准确界定监理工作边际，明确责任，不得随意压低监理服务费用；监理单位要按照《黑龙江省建设工程施工阶段项目监理机构人员配备标准与管理暂行办法》（黑建建〔2010〕22号）等要求配备人员，不得随意减少人员；鼓励有条件的监理企业开展项目管理服务。

4.健全质量安全事故应急管理体制

健全预警制度，指导各方责任主体做好质量、安全规划。建立安全生产应急救援机制和应急救援资源报备制度。完善安全生产应急救援预案，配备训练有素的应急抢险救援人员和必要的设备，开展应急预案的演练，提高突发事故的应急抢险救援能力。进一步规范和完善事故报告和事故处理的有关制度，健全事故处理机制，提高事故处理效率。

（五）强化相关人员岗位技能培训和安全培训

企业主要负责人和安全生产管理人员、特殊工种人员一律需要经过严格考核后按照国家相关规定持职业资格证书上岗。开展建造师、监理工程师等职业注册人员培训，培养一批行业拔尖人才。教育培训每位施工员、机械员、劳务员等熟悉符合技术要求的工艺流程、质量标准和操作规程，要严格按照施工顺序，操作规程施，确保工程质量。对每一位新工人入场（或转换工种）要求做好三级安全教育、安全技术交底和相应工种操作规程培训工作，做到先培训合格后上岗。在新工艺、新技术、新材料、新设备设施投入使用前，应对有关操作岗位人员进行专门的安全知识教育和技能培训。在施工过程中要进行经常性安全生产教育培训，培训内容包括不同的施工阶段具有各自显著的不安全因素、不同工种交叉作业的安全隐患、季节或气温变化而产生的新的不安全因素，提高作业人员的自我保护意识和安全防范意识，降低人的不安全因素而发生的质量安全事故。

黑龙江工程造价与招投标问题研究

朱德鹏*

摘　要：　随着黑龙江省城乡建设事业的不断发展，建设工程市场秩序逐步规范，各级政府和主管部门对建设工程造价和招投标越来越重视，黑龙江省建设工程造价管理和招投标工作逐步向规范化、制度化和法制化的轨道发展。但在工程造价管理和招标投标过程中还存在一些不容忽视的问题，例如，部分建筑企业对工程造价管理缺乏计划性、预见性，部分工程造价管理人员缺乏经验、专业知识不够全面，一些主管部门对招投标的重要性认识不到位，对招投标行为监督管理力度不够，甚至采取各种方式违规干预。为此，黑龙江省城乡建设主管部门应进一步完善规范全省工程造价和招投标行为的相关制度和规定。

关键词：　黑龙江　工程造价　招投标

"十二五"以来在黑龙江省委、省政府及省住建厅相关部门的监督和指导下，黑龙江省的工程造价管理越来越科学化和精细化，减少了资源浪费，同时提高和保证了工程质量。建筑招投标工作管理运营日益制度化、科学化、责任化，杜绝了很多权力寻租、欺诈骗标现象，保证了工程质量。

---

* 朱德鹏，黑龙江省社会科学院经济研究所研究实习员，研究方向为旅游经济学。

一　黑龙江省工程造价和招投标基本情况

（一）黑龙江省工程造价管理基本情况

"十二五"期间，黑龙江省住建厅认真贯彻和落实国家关于工程造价方面的法律法规、条例和规范。在指导全省建设工程造价管理方面，省住建厅于 2014 年 12 月 15 日出台了《关于进一步规范建设工程计价行为的指导意见》。该指导意见分为六部分，提出了健全市场决定工程造价机制、加强招投标阶段工程造价监管、加强施工阶段合同备案及履约监管、加强工程结算管理、加强工程造价信息化建设、加强行业监管 6 个方面的具体实施意见。

2011～2013 年，黑龙江省已竣工的房屋造价呈现了不断上升的趋势，每平方米造价分别为 1661 元、1977 元、2190 元。具体分析房屋造价的构成要素，一是建筑材料价格呈现下降趋势，低成本新型节能环保型建筑材料的广泛应用是建筑材料价格下降的主要原因；二是建筑业的人工费用在当前工资水平不断增加的大背景下同样呈现不断增长的趋势；三是建筑工程的机械使用费呈不断增长的态势。

黑龙江省住建厅积极落实国家关于工程造价的相关政策和法规，实现了对工程造价的电子化管理。由黑龙江省建设工程造价管理总站主办的黑龙江工程造价信息网（http：//www.hljgczj.cn）及时发布省内工程造价咨询企业及工程造价咨询人员的相关信息，提供工程造价相关政策法规和文件的查询和参考。黑龙江工程造价信息网实现了施工企业规费计取系统、施工企业合同备案管理系统、咨询单位管理系统、造价员管理系统和合同员管理系统五大系统功能。

（二）黑龙江省招投标工作基本情况

"十二五"期间，黑龙江省住建厅认真贯彻和落实国家关于招投标方面的法律法规、条例和规范。在指导全省建设工程招标投标管理方面，省住建厅于 2015 年 6 月 19 日印发了《黑龙江省房屋建筑和市政基础设施工程施工招标投标管理办法》。该管理办法共七章51条，七章内容包括：总则、招标、投标、开标和评标、定标、监督管理、附则。前六章为主体内容，共49条，是指导全省建设工程招标投标活动的规范性文件。

工程建设招投标的目的在于：一是引入公开、公平、公正的竞争机制，促进建设单位和承包单位规范化管理，做足、做好建设工程的前期准备工作，以达到保证工程质量、节约建设成本的效果；二是提高工程建设管理水平，促进发包方与承包方订立科学规范、相互制约、各负其责的工程建设合同。

黑龙江省住建厅积极落实国家关于招投标的相关政策和法规，通过黑龙江工程招投标网及时发布省内工程招标公告和预中标公示信息，提供国家和省内相关工程招投标的政策法规查询参考，对全省工程招投标中的违规行为予以曝光。黑龙江工程招投标网实现了建设工程招投标监管系统、招标代理机构资格管理系统、招标代理机构专职人员管理系统、建设工程评标专家管理系统和外省单项工程登记信息公示查询五大系统功能。

电子政务专家组对黑龙江建设工程招标投标网上监督管理系统进行严格的评审和考核，该系统的总体构架、实用性、资源共享和数据安全等方面都通过了专家组的考核，专家组认为该系统可以保证招投标工作的公开透明、科学使用和安全快捷。该系统不仅实现了对省内建设工程招投标工作的监督管理，实现了对网上评标专家的动态管理，而且实现了与省内电子政务平台的对接，实现了信息资源的共享。该系统可以保证投标人身份的有效性、招投标文件的完整性、招投标文件传输过程中的安全性以及招投标操作的公开透明性，保证招投标活动的规范化和标准化。

二 黑龙江省工程造价和招投标存在的问题

（一）黑龙江省建设工程造价管理中存在的问题

1. 一些建设企业对工程造价管理不规范

一些建设企业对工程造价管理缺少计划和预见，缺乏对工程全过程的造价控制和监督管理，往往仅停留在被动的事后算账。一些施工企业在施工阶段没有及时收集和整理造价文件，导致造价文件缺失，最后给工程结算带来麻烦，甚至需要重新核对工程量和材料价格。

2. 设计阶段造价人员对工程造价把握不准确

在工程设计阶段，由于设计人员和造价人员缺少沟通，造价人员对不同设计方案不够了解或者了解得不够全面，抑或由于没有工程量清单，导致造价人员对工程造价把握不准确。这样会影响到建设单位对设计方案的取舍。

3. 招投标阶段一些建设单位随意压低中标价

一些建设单位的招标控制价设置不合理，随意压低中标价，造成中标价低于实际工程造价。导致承包方在施工阶段偷工减料、用料上以次充好，给工程质量埋下隐患。一些承包方无故增加现场签证和设计变更，从中获取中标价款之外的收入。

4. 施工阶段一些建设单位对设计变更和现场签证管理不严

一些建设单位没有建立施工设计变更和现场签证的管理制度，即使有也没落实，造成施工单位直接找设计单位进行设计变更；现场签证不及时，审核不严，使得对工程造价的控制出现漏洞。对设计变更缺少监督，还容易出现腐败现象，造成建设资金的流失。在工程施工过程中，部分建设单位对工程进度款支付的审查和控制不严，或者工程进度款的支付超过了实际的工程完成量，没有起到监督工程质量和工期的作用。

（二）黑龙江省建设工程招投标管理中存在的问题

1. 对招投标的重要性认识不够

一些政府主管领导对建设工程招投标工作认识不到位或者存在认识上的误区，没有把"公开、公平、公正"作为招投标的原则，没有把通过招投标降低工程造价、选择最能满足质量和工期要求的投标企业作为主要目标。一些招标管理人员不顾招投标程序，搞"人情工程""关系工程"，或者采取各种方式违规干预、弄虚作假，将应该公开招标的建设工程项目采取邀请招标。

2. 地方保护主义问题严重，招标过程中给外来企业设置不平等的门槛

有些建设单位为了阻止外省企业参与投标竞争，设下重重难关，制定不合理的投标条件排斥外来企业。一些招标单位在招标文件中明确对本省或本地企业给予优惠与照顾，设立保护性条款。还有严重者，建设单位将一些实力不足的本地企业硬塞到工程中来，给工程施工带来了很大的风险，甚至难以保证工程的质量。对一些大型的工程建设项目，招标单位常常为地方施工企业保留一定的标段，或者强制要求中标单位将一部分工程分包给本地施工企业。这种不正当的干预虽然可以使本地施工企业参与工程建设，但却给工程质量带来很大的风险。

3. 招标中的资格预审条件不明确

我国城镇化步伐不断加快，黑龙江各地市都在进行全面开发建设，建筑行业获得大发展，各种办公大楼、居民住宅楼、百姓休闲购物中心、运动及休闲娱乐等建筑拔地而起。很多人看到建筑市场的高利润，一些没有专业知识的人都转行投资建筑行业，使得全省建筑行业施工队伍的专业水平参差不齐，一些施工队伍的技术水平和管理水平没达到相关要求，导致一些建筑工程粗制滥造或者偷工减料。出现这种情况通常是因为建设单位在招标文件中对资格预审条件表述不明，或者根本就没有提及资格预审条件。建设单位对建设工程需要哪些资格条件不明确，使得一些不具备相应资质的施工单位也能参与投标，影响最后的中标结果。

4. 行政监督和管理力度不够

一些地方和部门对招投标活动非法干预较多，例如降低对建设工程项目招标单位构建的招标组织的要求标准，便于暗箱操作。

三　促进黑龙江省工程造价管理和招投标工作健康发展的对策建议

（一）促进黑龙江省建设工程造价管理的对策建议

第一，建设单位的高、中层管理者应充分重视工程的经济性，应根据实

际需求、发展前景及掌握的资料，合理确定工程的规模及建设标准。建设单位应充分发挥投资主体地位的作用，积极参与到工程造价管理之中。从事工程造价管理工作的人员应该积极参与项目的前期准备工作，认真收集有关造价的资料，如工程建设主要设备和材料的规格、技术参数和价格，从实际出发，充分考虑工程中的各种有利及不利因素，把现代科学管理的方法运用于具体的工程造价管理中。

第二，在设计过程中，建设单位要积极配合设计单位工作，及时提供相关材料，特别是工程预期目标和需求，便于设计人员掌握有关信息，从而避免反复修改设计图纸，减少不必要的设计，缩短设计时间。同时要注重在设计阶段加强对造价人员的管理，保证设计方案经济可行。建设单位要把设计工作看成是一种"商品"，对不合格的商品，应该废除使用，并且要求设计方给以赔偿。建设单位可以采用分段支付设计费的方式增加对设计方的约束力。

第三，在招投标阶段，招标方应多方收集投标单位的相关资料，包括投标单位的资质、施工经历、技术水平、管理水平、设备情况等信息，通过对投标单位的资格审查，最终选择技术最优、质量最佳、工期最短、价格最合理的投标单位。在签订工程合同时，双方应明确合同条款，尽量使造价、工期、质量等预期目标具体详尽，对结算依据和影响工程造价的材料和设备的定价要明确，以消除歧义和误解。

第四，在施工阶段的工程造价管理应以合同价为基础，随着工程施工的进行，比照设计图纸做好主要材料和设备的认质认价工作。应按照合同约定和工程实际进度落实工程款，使工程款的拨付成为监督工程质量和进度的有力手段。在施工阶段，还应加强对设计变更和现场签证的监管，以避免工程造价大幅增加。对于单价变动大的主要材料和安装设备，要依据图纸规定或合同约定，密切关注材料市场价格以及"质优价廉"材料的采购渠道。

第五，在工程竣工结算阶段，应认真核对竣工图纸，做好竣工资料的收集和整理，特别是设计变更资料和现场签证资料，把这些资料交给建设单位的审计部门审核，使竣工结算能够准确反映工程的实际造价。

（二）促进黑龙江省建设工程招投标健康发展的对策建议

第一，应当严格审查投标人的相关资质，包括投标企业的技术水平、装备水平、管理水平、资质、施工经验和社会信誉。

第二，要加强对建设单位招标行为的监督管理，规范其招标行为。政府主管部门要对招标信息发布、投标人资格审查、评标委员会组成、评标办法确定、评标和定标进行跟踪管理并及时备案。政府主管部门要严肃处理建设单位规避招标、围标串标、内定施工方、违规分包、挂靠等不法行为，对以上行为给予曝光和现金处罚。

第三，要建立健全招标代理制度，积极培育经验丰富、技术水平高、专业知识强的招标代理机构。同时，要加强对招标代理机构的监督管理，对招标代理机构从业人员的业务知识和水平进行考核。对从业人员业务知识和水平不达标的招标代理机构，要限制其开展招标代理业务。招标代理机构应具有独立性，能够满足不具有招标能力建设单位的实际需求。

第四，建立统一的招投标诚信信息平台，公示行业处罚决定、违规行为记录、信誉良好的招标代理机构、信誉良好的评标专家等信息，为建设单位和施工单位提供查询参考，创建表彰诚信、惩处失信的良好招投标市场环境，促进招投标市场诚信建设。

第五，招标单位应加强对投标企业的资质审核，提高招标质量。加大对投标企业资质的审核力度，是做好招标工作的关键，将有助于提高招标质量。高质量的工程招标需要对投标人的资质、业绩、技术水平、管理水平、人员配备、施工机械等内容进行审核，通过不断地考察和详细地分析，从而判断投标人是否具备胜任和完成此项工程的能力。

第六，打造高素质招标人才队伍。高素质的招标人员往往可以协调好招标与投标之间的利益关系，让两者趋于平衡，选出最适合的施工单位。一支稳定的高素质技术骨干队伍被看成是规范招标工作的桥梁，是使招标朝着专业化、效率化方向发展的智力因素，是建筑行业不可或缺的力量来源。要想提高招标工作人员的素质，就应该依据市场需求的变化，鼓励工作人员不断提高自身业务水平，通过培训促进工作人员专业技术水平和综合技能的提高。要加强对招标人员的管理，实现招投标工作健康稳定发展的目标。

参考文献

《中华人民共和国招标投标法》，1999。

《中华人民共和国招标投标法实施条例》，2011。

《建设工程工程量清单计价规范》，2013。

《黑龙江省建筑市场管理条例》，2003。

《黑龙江省建设工程造价管理规定》，2000。

《关于进一步规范建设工程计价行为的指导意见》，2014。

《黑龙江省房屋建筑和市政基础设施工程施工招标投标管理办法》，2000。

黑龙江城乡建设法治体系构建研究

樊 欣　刘文峰 *

摘　要：　法治体系的构建对一个国家以及一个地区的法治建设具有不可或缺的指导作用，如何科学地构建法治体系对我国法治建设的进程意义重大，是建设社会主义法治国家所必须要进行的重要工作。黑龙江城乡建设法治体系的构建对于完善黑龙江省城乡规划管理体系，对城乡规划空间进行调整和布局，对城乡整体居住环境的改善和提高，以及全面协调城乡经济社会可持续发展等层面具有重大的意义和作用。

关键词：　黑龙江省　城乡建设　法治体系

一　城乡建设法治体系的理论与实践

城乡建设法治体系是指国家立法机关或其授权的行政机关制定的旨在调整国家及其有关机构、企事业单位、社会团体、公民之间在建设活动中或建设行政管理活动中发生的各种社会关系的法律法规的统称。这其中包含着相关的法律法规主要调整的是存在于各种城乡建设管理行为中的行政管理关系、城乡建设管理行为中存在的经济关系、城乡建设管理行为中产生的民事关系。我国的城乡建设法治体系包括行政管理和技术经济两个方面，在行政

---

*　樊欣，黑龙江省社会科学院政治学研究所助理研究员，法学博士，研究方向为科学社会主义理论与实践；刘文峰，黑龙江省社会科学院政治学研究所硕士研究生，研究方向为社会主义市场经济理论与实践。

管理方面包括法律、行政法规、规章和规范性文件，如《黑龙江省城市供热条例》《黑龙江省城市市容环境卫生管理条例》等都属于这个部分；技术经济方面包括标准、规范和定额等，如《城镇污水处理厂污染物排放标准》《城市道路清雪规范》等则属于技术经济层面。城乡建设法治体系按照立法权限划分可分为五个层次：一是建设法律，作为城乡建设法治体系的重心与核心组成部分，是下一个层次法律的立法依据，目前颁布的城乡建设方面的法律包括《中华人民共和国城乡规划法》《中华人民共和国房地产管理法》《中华人民共和国建筑法》。这类法律文件具备比较大的权威性，通常需要一系列的配套法规配合使用。二是建设行政法规，是由国务院制定颁发的，在全国范围内执行的法规，是建设法律的配套法规，像《建设工程建设管理条例》《城市节约用水管理规定》都属于这一类。三是建设部门规章，是由住建部或与国务院其他部门联合发布的"办法""规定""实施细则"等。四是地方建设法规，由省级人民代表大会及其常务委员会结合地方实际制定的法规，只适用于其管辖范围之内，如《黑龙江省燃气管理条例》《城市建筑垃圾条例》等则属于这一范畴。五是地方性建设规章，由省级人民政府和较大的市人民政府结合地方管理的实际颁发的规章，也只适用于管辖范围之内，如《城镇污水处理工作考核暂行办法》《黑龙江省清冰雪专业机械设备管理办法》等则是属于这一范围之内的（见图1）。

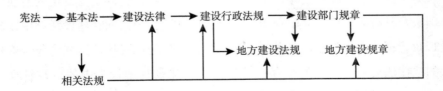

图1　五大类法律规范之间的关系

我国已经初步形成以《中华人民共和国城乡规划法》为核心，相关的法律法规相配合的法规体系框架，黑龙江省也逐渐形成了相关的法律法规体系框架（见表1）。

表 1　黑龙江省城乡规划相关法律法规体系

内容	法律	行政法规	部门规章
自然资源与环境保护	环境保护法 森林法 水法	黑龙江省城市市容环境卫生管理条例 城市排水与污水处理条例 城市建筑垃圾条例	城镇污水处理厂污染物排放标准
城镇建设工程管理	建筑法 公路法 测绘法	黑龙江省城市道路管理条例 黑龙江省城市园林绿化管理条例 黑龙江省城市供热条例 黑龙江省燃气管理条例	城市地下水开发利用保护规定 城市生活垃圾管理办法 城市道路清雪规范
房地产开发管理	城市房地产管理法	城市房地产开发经营管理条例 城市房屋拆迁管理条例 城镇个人建造住宅管理办法	城市新建住宅小区管理办法

从我国城乡规划法治建设的实践来看，新中国成立之初，百废待兴，城市建设工作刻不容缓，国家在第一个五年计划实施期间，于 1956 年颁发我国首个关于城市规划的法规文件《城市规划编制暂行办法》，这个办法由原国家建委制定，自此它成为对城市建设和管理进行指导的具有一定法律效力的文件，这在当时适应了我国经济建设和城市建设的需要。1960 年，全国计划会议上宣布了"三年不搞城市规划"的决定，各地的城市建设规划机构纷纷被撤销，这一决定直接导致城市建设失去了规划指导。并且在这之后的十几年里在城市建设相关的法律法规文件均以城市建设为主，城乡建设法规长时间得不到发展空间。1978 年，国务院召开全国城市工作会议上，下发了《关于加强城市建设工作的意见》，着重指出城市建设在国民经济中起到的重要地位和作用，要求各城市都要编制和修订城市的总体规划、近期规划和详细规划。在 1980 年召开的第一次全国城市规划工作会议上通过了《中华人民共和国城市规划法（草案）》等文件。1980 年 12 月，国务院批转《全国城市规划工作会议纪要》保证城市规划稳定地、连续地、有效地实施。1984 年 1 月 5 日国务院颁发了《城市规划条例》，这是新中国成立后城市规划建设管理方面的首部行政法规。1989 年，颁布了《中华人民共和

国城市规划法》，这标志着我国城乡规划法制建设取得了飞跃性的成果，这一法规的颁布毫无疑问是新中国城乡规划史上的里程碑。自 20 世纪 90 年代开始，国家建设部门陆续颁布了一系列与城市规划相关的法规和规章，我国城乡规划配套法规、规章相继发布、不断完善，城乡规划的法治建设不断走上新台阶，为全面实现依法行政、保证城乡规划顺利实施创造了良好条件。进入 21 世纪以来，城乡建设法治体系有了新的发展，国务院在短短的几年内接连发布了《关于加强城乡规划监督管理的通知》《关于深化改革严格土地管理的决定》《近期建设规划工作暂行办法》《城市规划强制性内容暂行规定》《清理整顿现有各类开发区的具体标准和政策界限》等多部行政法规。2007 年，《中华人民共和国城乡规划法》的颁布体现了我国城乡规划法制建设取得突破性的进展，是中国城乡规划发展历史上的又一座里程碑式的法律。

二　黑龙江省城乡建设法治体系的现状

《中华人民共和国城乡规划法》的实施，对不同种类的城乡规划建设编制程序和内容都有了具体的规定，作为城乡规划建设技术标准体系中的重要部分，规划编制规程还需要不断地结合黑龙江省的地方实际加以完善。

黑龙江省在城乡建设法治体系建构过程中做出了突出贡献，推动了全省城市市政公用事业的改革发展，提高了城市管理水平，改善了人居环境。例如，组织制定《五大连池风景名胜区"一镇三村"搬迁与环境综合整治规划》，认真推进五大连池风景名胜区的环境综合整治工作。

在城市园林绿地系统规划方面，黑龙江省根据《关于加快全省造林绿化工作的决定以及省政府城市园林绿化近期建设规划目标任务》核定下发了全省城镇园林绿化 2010 年度建设规划指标，计划全省城镇建成区新增绿地面积 9600 公顷。目前，全省城镇建成区新增绿地面积已达 12600 公顷、完成植树 4200 万株。印发了《关于加强春季城市园林绿化工程施工管理工作的通知》，并召开了全省城市园林绿化施工企业专题工作会议，在城市园林绿化工程设计与施工中，严格执行国家《城市园林绿化工程及验收规范》和黑龙江省地方标准《城市园林植物配植技术规范》《城市园林植物养护技术规范》的相关规定。规划省内至少有一座国家级园林城市经过努力发展，达到国家级生态园林城市要求。在规划期限内，计划每两年至少有 2～3 座城市成为黑龙江省"省级园林城市"，有 3～4 座城市达到"省级园林城市"关于城市园林绿化几项主要指标要求。

在城市专项工程规划方面，黑龙江省按照《国家节能减排及松花江流域水污染防治规划》，加大了对全省城市污水与垃圾处理项目的监管力度。实际形成污水处理能力 205.3 万吨/日、垃圾无害化处理能力 11222 吨/日，污水集中处理率与垃圾无害化处理率分别达到了 40% 和 29.86%。执行国家《城镇污水处理厂污染物排放标准》进一步加强了城镇污水和生活垃圾处理厂运营数据统计报告工作，集中培训了全省地市相关信息系统上报负责人、在建及已运营的污水处理厂行业管理者及技术人员。同省环保厅、省发改委完成了《黑龙江省城镇污水处理及再生利用设施建设"十二五"规划》编制工作，将黑龙江城乡建设法治体系的构建推上了新高度。全省的污水处理系统建设已经初步形成，目前大部分城镇污水处理设施已经建成。

黑龙江省委、省政府会同省政府法制办、省人大相关专门委员会认真组织了《黑龙江省城市供热条例》修编工作，与省财政厅、物价局、质监局联合下发了《关于转发国家四部委〈关于进一步推进供热计量改革工作的意见〉进一步推进我省供热计量改革工作的通知》，保证"暖屋子"工程，加快推进供热计量改革工作。专门下发《关于加强新建建筑安装供热计量产品选型管理工作的通知》，通知要求，各地在进行供热计量产品选择时，必须在省推荐名录中以公开招标投标的方式选择确定供热计量产品。全省77 个市县及大兴安岭地区现有总建筑面积 3.95 亿平方米，总供热面积 3.12 亿平方米。规划全省对现有集中热源进行扩建、新建，规划至 2015 年新增供热面积 1.49 亿平方米，总供热面积达到 4.61 亿平方米。

根据《黑龙江省城市市容环境卫生管理条例》和《城市道路清雪规范》，有效组织了各地城市道路清雪工作。2012 年全省各级城镇均已成立冰雪清运组织机构，并建立了应急指挥中心。至 2015 年市级城镇冰雪清运机械化率达到 75%，县级城镇达到 70%；2020 年市级城镇冰雪清运机械化率达到 85%，县级城镇达到 80%。以"喝上放心水"为目标，启动了"饮水安全工程"调研工作，起草上报了《以民为本以水为重》调研报告。黑龙江全省供水工程状况截至 2012 年，全省供水规模为每日 397.1 万吨，全省现有给水管网 10859.352 公里，其中市政供水管网 8119.11 公里，原水输水管线 2740.24 公里。全省规划到 2015 年新建水厂 57 座，总设计供水规模为每日 107.70 万吨；扩建改造水厂 49 座，总设计供水规模为每日 127.90 万吨。

黑龙江省编制印发了《全省建设系统创建"三优"文明城市工程实施方案》。依据国家数字化城市管理工作相关标准和规范，立足长效，加速完善数字化城市管理试点工作。探索出一条城市管理工作由粗放型到集约型、精确敏捷型转变的新途径。

以黑龙江省方正县为例，展现黑龙江省城乡建设取得的新成就（见表 2）。

表 2　黑龙江省方正县市政公共设施水平表

单位：%，平方米

年份	用水普及率	燃气普及率	人均城市道路面积	人均公园绿地面积
2013	76.27	55.25	14.12	8.81
2014	76.27	65.59	14.33	11.15

通过以上信息能够看出，黑龙江省在推进城乡建设法治体系的构建过程中做出了努力与贡献，也取得了显著效果。在城市园林绿化工作上以推进园林绿化建设为重点，进一步优化人居环境，编制了《黑龙江省风景名胜区规划及建筑整治导则》加强风景名胜区资源保护管理。在城市污水处理上，印发了《黑龙江省城市餐厨废弃物收运、处置许可证发放规定》和《黑龙江省城市餐厨废弃物收运、处置许可证核定标准》，依据全国《城镇污水处理工作考核暂行办法》对各地城镇污水处理情况进行综合考核评分，并将

考评排名结果通报各地市政府。大力推进暖居工程，加快推进供热计量改革工作。省住建厅会同省政府法制办和省人大完成了《清冰雪工作条例》初稿的起草工作，并对初稿进一步完善。通过这些措施以及相关的法规和规章制度的制定，黑龙江城乡建设法治体系逐渐完善。

三 构建黑龙江省城乡建设法治体系的路径选择

（一）进一步强化黑龙江省城乡建设的立法建设

不断拓展黑龙江省城乡建设法规的横向覆盖面，加强黑龙江省在城乡用水、风景名胜古迹保护等方面的立法工作。对城乡建设法治体系的纵向结构不断进行完善，以《中华人民共和国城乡规划法》以及行政法规、部门规章为依托，结合本地区特有的实际情况制定契合黑龙江地区的地方城乡建设法规、城乡建设规章。城乡建设法规要想得到有效的实施，不仅需要全国人大和政府制定有关的城乡建设法律法规，而且还需要地方各级人民代表大会和政府制定出不同层次的具有同样法律效力的地方性城乡建设法规、规章和实施细则，形成一个城乡建设法规网络，只有如此，才能全面地贯彻实施城乡建设法律法规。要不断地改进立法技术，尽量避免城乡建设法律法规成为空泛的用语，对原则性的法律表述要做出相应的立法解释，增强可操作性。一般来讲，较高层次的城乡建设法律表述得较为原则，而低一层次的法规性文件则一定要详尽，以便解决城乡建设法规执行过程中可能出现的所有问题。要进一步了解国外关于城市建设立法的相关信息，充分吸收国外有关城乡建设立法的经验和积极因素，用以补充黑龙江省城乡建设立法的不足，丰富城乡建设法治体系的内涵。

（二）进一步强化黑龙江省城乡建设的司法建设

城乡建设法律法规主要是调整存在于城乡建设活动中的行政管理关系、体现在城乡建设活动中的经济关系以及城乡建设活动中的民事关系，调整的对象是建设活动中的这些相关关系主体，所以城乡建设法律法规体系是围绕着建设活动展开的，是由一系列法律、行政法规和规章组成的法律法规体系。从严格意义上来讲，是属于行政法规范畴，我国的行政司法行为主要是指行政复议行为、行政裁决行为、行政调解行为和行政仲裁行为。但随着行政职能的日益广泛和复杂化，一般的法院已经不能处理和裁决城乡建设中出现的纠纷，为此需要行政机关作为裁判者来解决出现的行政争议或是民事纠纷。这就要求黑龙江省加快完善符合职业特点的行政司法人员管理制度，推进行政司法职业化进程，完善行政司法人员的选任招录制度。目前，全国普遍存在不重视法律教育背景和法律职业经历的问题，在招录行政司法工作人员时要严格考察其法律专业和背景，建立司法人员逐级遴选制度，有序交流。要深化行政司法公开，提高行政司法透明度和公信力。完善行政司法公开是彰显司法文明，提高行政司法水平，保证行政司法公正的有效手段。黑龙江省应该在以往的水平之上更好地回应公众对于行政司法的新要求，切实落实好行政司法公开，促进行政司法水平的不断提高。

（三）进一步强化黑龙江省城乡建设的执法建设

城乡建设执法活动要严格按照法定权限和程序进行，行政执法部门不能超越权限执法，更不能疏于履行自己的法定职责，在司法程序上要严格按照法定程序进行，用以保证执法的公正性和有效性。对有争议的城乡建设方面的行政管理行为和行政决定进行司法审查，如果存在问题就必须承担相应的法律责任。另外，对黑龙江省城乡建设执法队伍也要加强管理，建立健全城乡建设行政执法人员的录用、培训、考核制度，全面提高城乡建设行政执法人员的法律素质和执法水平。

综合来看，尽管在城乡建设法治体系的构建过程中还有很长的路要走，但随着社会的发展，法律体制的不断健全，通过一代代黑龙江人的努力，黑龙江省的城乡建设法治体系建设一定会有更加辉煌的未来。

黑龙江城乡建设领域依法行政问题研究

王 玉*

摘　要：　依法行政是全面推进依法治国，加快法治中国建设的重要举措。城乡建设领域是行政权力相对较为集中的区域，坚持依法行政在城乡建设领域更为必要。依法行政为黑龙江省法治政府、服务政府建设提供根本保障，同时促进了全省建筑市场的健康有序发展。由于体制机制的限制、法治意识淡薄、监督机制薄弱等原因，黑龙江城乡建设领域依法行政还存在相关法律依据有待健全、行政职能存在交叉重叠、法治意识有待提高、行政管理运行模式有待梳理、监督机制有待完善等问题。为进一步推进黑龙江省住房城乡建设系统依法行政，本文提出了不断完善各项法律法规制度，加强住建系统基层法制机构建设；规范行政权力运行；提高整体法律素质；内部监督机制与外部监督机制相结合的对策建议。

关键词：　黑龙江　城乡建设　依法行政

　　党的十八届三中全会明确提出，法治中国建设必须坚持依法治国、依法执政、依法行政共同推进；党的十八届四中全会进一步明确了全面推进依法治国的重要任务，提出了深入推进依法行政，加快建设法治政府。依法行政是依法治国的关键所在，所谓"依法行政"是指行政机关行使行政权力、

---

* 王玉，黑龙江省社会科学院法学研究所助理研究员，研究方向为法学理论、地方法治。

管理公共事务必须依照法定权限和法定程序履行职责，将行政权力与行政责任整合为一个有机整体，要求转变政府职能、建立合理的政府权责体系。根据国务院《全面推进依法行政实施纲要》和《关于加快推进法治政府建设的意见》要求，为进一步推进住房城乡建设系统依法行政，结合黑龙江省住房城乡建设系统工作的实际需要和具体情况，各级住建部门要充分认识到依法行政的重要性和紧迫性，努力提高服务意识，深入开展行政管理工作梳理，积极稳妥地推进依法行政。

一　黑龙江城乡建设领域依法行政的基本情况

在构建和谐社会与依法治省的社会背景下，黑龙江省各级住建行政部门的依法行政水平明显提高，加快建设立法进程，不断规范行政执法行为，依法解决建设领域社会矛盾和纠纷的能力得到了提高。

（一）城乡建设领域立法进一步完善，发挥了立法的引领和规范作用

依法行政面临的首要问题就是有法可依，加强城乡建设领域立法，为依法行政提供了强有力的法律保障。据统计，截至 2014 年，我国现行的有效法律 240 多件，行政法规 700 多件，国务院部门规章 2600 多件，地方法规、自治条例和单行条例 8600 多件；截至 2015 年，黑龙江省住建厅共颁布 11 部法规、11 部规章，修订法规、规章 16 部。近年来，黑龙江省城乡建设立法工作取得显著成效，2015 年由省住建厅起草力争年内完成的项目 2 部，《黑龙江省历史文化建筑保护条例》由省住建厅、文化厅共同起草制定，《黑龙江省物业管理条例》由省住建厅起草制定；预备项目 3 部，《黑龙江省生活垃圾处置利用管理条例》由省住建厅起草制定，《黑龙江省城市市容和环境卫生管理条例》《黑龙江省燃气管理条例》由省住建厅起草修订。2014 年，省住建厅已完成并实施《黑龙江省城乡规划条例》《黑龙江省城市清除冰雪条例》。近年来，省住建厅编制了建设系统行政法规汇编，对 2002

年以后出台的法律、法规、规章进行了全面整理，形成了 50 万字左右的法规汇编，为黑龙江省建设市场秩序的良性运转，行政管理工作的顺利开展提供了法律依据。在省人大和省政府法制办的大力支持下，建设系统采取积极措施不断提高建设立法的质量，根据建设系统行业自身的特点，立足于改革和发展的整体需求，进行立法调研和立法规划，制定符合国家政策、符合建设系统实际情况、符合广大人民群众切身利益的地方性法规和政府规章，先后出台了 10 多部地方性法规、政府规章，立法工作取得了阶段性的成效。

（二）行政执法体制机制进一步健全，行政执法工作取得成效

深化行政审批制度改革，黑龙江省根据建设行业特点，对建筑业、房地产、城市建设、勘察设计、规划等五大类的行政权力进行全面梳理，原有行政权力 312 项，其中行政许可 33 项，行政处罚 152 项，行政征收、复议、确认等 20 项，非行政许可 32 项，其他 75 项。[①] 按照"多取消、审一次、真备案"的原则，该保留的予以保留，该取消的予以取消，制定了拟保留、取消、下放及转变管理方式的行政审批事项目录。目前，省住建厅已取消行政许可 4 项，下放行政权力 61 项，转变管理方式 32 项。其中特别是取消了建设行业各类企业年检，将建设行业执业资格注册工作转为正常管理工作，外省企业进省备案下放地市审批，对建设行政机关在审批中自行设置的非法定条件全部予以取缔，提高了政府的法治服务能力。

黑龙江省及各市（地）住建部门均能够以合法的行政执法主体和执法岗位为依托，认真梳理执法依据，遵循"法无授权不可为、法定职责必须为"的原则，根据住建部门的工作职能，对行政执法内容、行政执法依据进行全面梳理，把在法律法规和规章中的执法职权、执法标准、执法程序和执法责任等编制成册，形成权责统一的行政执法制度。建立了完善的评议考

---

① 杨占报：《推进依法行政改善发展环境》，黑龙江住房和城乡建设信息网，http://www.hljjs. gov. cn/a/zhengcefagui/lingdaojianghua/2015/0728/43419. html，2015 年 7 月 6 日。

核和责任追究机制，推进行政执法责任制对于促进和监督行政机关及其执法人员认真履行职责起到了积极作用。在住建系统内部确立"权责明确、行为规范、监督有效、保障有力"的行政执法体制，提高了行政执法的整体质量和水平。在黑龙江省住建系统内部推行了行政执法责任制示范文本，将行政执法责任制的目标进行细化和量化，明确到具体的科室和工作人员。依法建立行政权力清单，在坚持"职权法定、简政放权、便民高效、公开透明"原则的基础上，对在优化公共服务、维护市场秩序、改善经济发展环境等方面发挥积极作用的行政权力予以保留，根据每项权力的名称、依据、行使主体、监督方式等建立权力清单并予以明确。省住建厅保留的行政权力由原有的 312 项减少到 152 项，核减率达到 50%，其中行政许可 29 项，行政处罚 119 项，其他征收、复议、确认等 4 项，权力清单已经在省政府行政服务中心向社会公布。①

（三）大力落实法制宣传教育活动

结合住建部关于开展"六五"普法教育的规划，建设领域法制宣传活动深入展开。在建设系统开展岗位学法活动，充分利用政治学习时间进行与建设领域相关与公共法律法规的教育学习，通过普法学法，有效地提高了行政执法人员的依法行政意识和行政执法水平。2015 年 4 月底和 6 月初，省住建厅组织系统内建设行政执法机构负责同志和业务骨干参加住建部举办的建筑市场、房地产市场、城乡规划行政执法专题培训班和《住房和城乡建设违法违规举报管理办法》宣传专题培训班，强化了执法人员依法行政、公正文明执法的意识。同时，为维护行业从业人员，特别是农民工的合法权益，省住建厅把加强行业从业人员和农民工的法律法规宣传列入普法规划。针对建筑施工现场农民工较多，文化水平较低，安全意识淡薄等特点，省住建厅组织专家编制了《建筑施工安全常识》读本，免费发放 5 万余册，从

---

① 杨占报：《推进依法行政改善发展环境》，黑龙江住房和城乡建设信息网，http：//www.hljjs. gov. cn/a/zhengcefagui/lingdaojianghua/2015/0728/43419. html，2015 年 7 月 6 日。

源头预防安全事故的发生，提高了农民工的自我安全防护意识。

省住建厅坚持把普法教育成果转化成工作实效，通过普法教育不断提高和巩固行业法治建设，优化建设环境，规范办事程序，提升依法行政能力。2015 年办理了 5 起省政府交办和住建部挂牌督办的重大案件，指导督促市（地）办理典型案件 12 起，办理行政复议案件 71 件，参加行政诉讼 13 件。目前，住建厅共受理各类案件 80 件，全部依法依规及时进行了查处。结合对建筑工程领域"乱象"的治理，省住建厅组织查处了一批规划、建筑、房产、招标领域的典型案件，截至 2015 年 4 月底，已处理各类违法违规案件 400 余件，对其中 269 项进行了处罚，87 项责令停工整改，建筑市场环境得到明显改善。①

二　依法行政在城乡建设领域逐步完善的重要意义

坚持依法行政是落实依法治国基本方略的根本途径，黑龙江省在认真贯彻落实国务院《全面推进依法行政纲要》的基础上，宣传依法行政在城乡建设领域逐步完善的重要意义，把建设系统政府部门的各项行政行为纳入法制化的轨道。

（一）坚持依法行政可为黑龙江省构建法治政府、服务政府提供根本保障

成熟的法治国家，政府的一举一动都要做到有法可依、有章可循。法治政府建设要求行政机关按照合法行政、合理行政、程序正当、高效便民、诚实守信、权责统一的原则管理经济文化事业和社会事务，真正做到有权必有责、用权受监督、违法受追究、侵权要赔偿。服务政府建设把政府定位在是公共管理和社会事务的提供者，行政管理体现便民原则，更加强调政府的服

---

① 杨占报：《推进依法行政改善发展环境》，黑龙江住房和城乡建设信息网，http://www.hljjs.gov.cn/a/zhengcefagui/lingdaojianghua/2015/0728/43419.html，2015 年 7 月 6 日。

务职能。坚持依法行政能够从根本上提高行政效率，保障人民权利，化解日益复杂的社会矛盾，为黑龙江法治政府、服务政府建设提供根本保障。

（二）坚持依法行政可促使黑龙江省建筑市场健康有序发展

建筑市场经济是法治经济，一方面市场主体的行为必须受到法律的规范和制约，另一方面履行市场监管和经济管理职能的行政行为也必须在法律允许的范围内实施。只有行政机关坚持依法行政、严格依法办事，才能更好地履行市场监管、社会管理和公共服务的职能，规范政府与市场之间的关系。依法经营，依法管理，明确权利义务关系，加大建筑市场的法治力度，对于建立和完善社会主义市场经济体系，形成良好的建筑市场秩序，加快建筑业的健康发展具有特殊的重要意义。

（三）坚持依法行政可为城乡建设领域党风廉政建设提供路径选择

行政权力的特性决定了它最容易和最可能产生腐败，尤其工程建设领域更是腐败问题的易发区和高发区。依法行政作为行政机关行政权力配置和运行的基本准则，要求政府的权力来源、行政行为的运行都要受到法律的规范和制约。行政机关在法律、法规规定的职权范围内进行行政管理，可以最大限度地防范住建系统徇私枉法、贪污受贿、腐化堕落等问题的发生。将依法依规行政、谨慎用权、廉洁从政作为每一个住建系统行政公务人员的行为准则，可为黑龙江省住房城乡建设又好又快地发展提供纪律保证。

三　黑龙江城乡建设领域依法行政 进程中存在的主要问题

虽然黑龙江省在城乡建设领域依法行政方面取得了很大的成绩，但是由于体制局限、法治意识淡薄、监督机制薄弱等原因，在当前城乡建设领域推进依法行政进程中，还存在不能适应经济社会形势快速发展的一些问题，主要表现在以下几个方面。

（一）依法行政的法律依据有待健全

坚持依法行政，健全立法依据是基础和前提。在城乡建设立法进程加快的同时，某些行政行为仍然缺乏直接的法律依据，随着社会进步、建设领域相关技术的发展，一些法律法规亟须修订，立法的速度和适应性不足以应对行业发展中出现的新问题、新趋势，需要在法律法规层面上进行解释及引导，旧的个别规定不能完全满足依法行政的要求，无益于引导行业可持续发展。比如，依据目前的一些法律法规，某一违法行为发生，将被处以 1000 元的行政罚款，但此违法行为却使其能获得 2000 元的利益，行政相对人个别违法行为的违法成本过低，不足以杜绝此类违法行为的发生。此类现象将导致行政处罚对违法者未形成任何惩戒作用，将会导致此类情况的再次发生，使法律失去了的严肃性和公正性。在城乡规划、保障性安居工程、国有土地房屋征收拆迁行为等重点领域的立法还需要进一步完善，为此类行政行为提供健全有效的法律依据，在法律层面上消除"断头路""钉子户"等现象存在的源头。同时，公民意见对立法内容的实质影响不明显，重视"听"意见、忽视"取"意见的制度，缺乏公民意见的反馈机制。公民获悉立法信息的渠道有限，与立法机关的信息拥有量不对等。在地方性法规的立项、起草等阶段，公民通常对立法并不知晓，在法规公布后才知道存在地方立法的调整，应进一步加强公民对公共事务与社会管理的知情权、参与权、建议权、监督权。此外，立法后的评估制度发展较为缓慢，积极推进法规规章的适时修改，及时发现在地方立法过程中存在的问题，启动法规规章的立、改、废程序。提高建筑领域立法的科学化和民主化，立法力求精细化，提高立法质量的整体水平。

（二）行政职能存在交叉重叠现象

在实际执法过程中存在行政职能交叉重叠现象，即横向分权不清，导致政府各部门之间分工不清、职能交叉重叠。比如，综合监督和行业监督之间存在交叉重叠，在行政职能上各个部门应该有明确的界限和分工，各自负责各自的工作，互不干涉和插手，但在实际执法过程中有些行政职能分工不清楚，要么相互推诿，要么相互扯皮。

（三）行政机关工作人员和执法人员的法治意识有待于进一步提高

在现行的住建法律、法规体系中，有90%左右的法律、法规都是由行政机关来执行，执法者的素质决定行政执法的效果。住建系统各级领导干部应实现由注重依靠行政手段管理向注重依靠法律手段管理的转变，充分认识到依法行政不仅是要依法管理社会事务和公共事务，而且行政管理者自身也必须守法，在法律规范规定的范围内行使行政权力，尤其在行政执法的程序方面，违反执法程序的现象还时有发生，行政机关在做出行政处理决定时，考虑不全面、不细致，没有充分调查研究和提供相关证据，处理方式简单。在适用法律正确、程序完备等方面行政执法人员的素质还有提升的空间。

（四）行政管理运行模式有待梳理

执法主体不明确，造成权责不一，给企业带来不必要的负担，不利于建筑市场的良性循环发展。执法不到位，存在执法覆盖范围缺失现象；执法行为不规范，自由裁量权过大，存在主观上的过度行使权力现象。这些问题严重影响了依法行政的实施和法治政府的建设；行政责任追究不到位，在现行的住建法律制度中没有成型有效的有关行政执法方面的法律保障，缺少责权利相一致的监督主体，因此造成很多行政违法案件、行政执法过错案件难以进行依法处理，对应当承担责任的相关责任人员难以追究其责任。执法不严、违法不究的现象有失社会公平，破坏了良好的建筑市场秩序。

（五）监督制约机制有待进一步完善

不受制约和监督的权力容易导致滥用和腐败。行政权力的制约和监督对住建系统依法行政来说意义深远。监督方面的法律制度还不够完善，行政许可法、行政处罚法、公务员法等法律法规的部分条款对监督进行了较为宏观的规定，具体的可操作性还较弱，系统性和严密性还有待提高；监督主体的监督作用在实际工作中并没有真正发挥作用。对住建系统行政机关及工作人员采取多样的监督方式，比如政府对部门机关的监督、党委纪检监察部门的纪律监督、社会舆论监督等，但是大多数监督形式属于一种滞后监督，制约了监督作用的发挥，不能满足实际监督工作的需要。

四　推进黑龙江城乡建设领域依法行政的对策建议

为推进依法行政、依法治建进程，充分发挥社会主义法治在住建系统中的应有作用，从各方面有序地、逐步地进行完善。

（一）不断完善各项法律法规，加强住建系统基层法制机构建设

1. 解决"有法可依"的问题

加快城乡建设立法进程，改变某些领域无法可依或有法难依状况。及时跟进配套措施以配合法律法规的实施，各地市及时出台具体的实施细则，推进立法精细化。加强建设系统重点领域的立法，坚持科学立法、民主立法，着力提高立法质量，为经济社会平稳健康发展提供有力的法制保障。针对项目决策、设计审查、工程招投标、施工管理、工程决算审核等重点环节，制定有针对性的预防工程建设领域腐败问题的相关制度。着力从源头上预防和治理工程建设领域中存在的突出问题，促进投资项目和工程建设健康有序地发展。

2. 严格抽象行政行为的制定程序和备案审查

按照《黑龙江省规范性文件备案办法》的有关规定，省住建厅起草的规范性文件和法规、规章要经政策法规处按规定进行审查，不得与现行的法律、法规和规章以及上级规范性文件相抵触，确保颁布实施的抽象行政行为合法有效。同时还需要按照要求报送省政府法制办备案审查，省住建厅还应加强对各市（地）建设行政主管部门制发的规范性文件备案的抽查工作。

3. 注重提高住建系统立法质量的整体水平

开展立法后社会第三方评估，建立地方立法质量跟踪评估制度。立法后

评估是对地方法规、规章实施后的社会效果进行总体评价，通过实践检验法规、规章是否符合经济社会发展的实际需要，适时地梳理与评判，及时进行修改与废止，适时监督立法工作。省住建厅要充分利用评估结果，切实提高建设立法质量，增强住建系统立法的可操作性和实用性。

4. 加强基层住建系统法制机构建设

部分基层住建系统法制机构作用没有充分发挥，市、县（区）基层住建法制部门的人员不足、机构薄弱，有的由其他业务科室人员兼任，经费没有保障，影响基层法制工作的正常开展。因此，应当改变"倒三角"的工作体制，加强基层住建系统法制机构设置，使"倒三角"转变为"正梯形"，为基层依法行政工作提供充分的组织人员保障。

（二）规范行政权力的运行

坚持依法行政，就是按照法定的权限和程序执法、履行职责，对建设领域的行政管理事务依法进行处理，做到严格、公正执法，规范行政权力的运行。优化政府行政管理运行模式，建设以服务市场、引导市场为方向的行政管理体系。

1. 深化行政审批制度改革

要进一步转变行政管理方式及理念，在依法依规的前提下，采取灵活有效的方式，以服务行政相对人为改革方向，切实落实一次受理，一次审批，改变一项审批需要跨多层级政府的现象，建立行政审批机关直接对接行政相对人的工作机制。结合建设行业实际情况，按照"多取消、审一次、真备案"的原则，进一步取消和下放一批行政审批事项。逐条逐项对省住建厅的行政审批事项进行梳理，制定拟保留、取消、下放及尤其是转变管理方式的行政审批事项目录，取缔省厅机关和市县归口单位在审批中增加法外设置的前置条件。

2. 规范行政许可行为

认真贯彻实施《中华人民共和国行政许可法》，在制定相关配套制度和实施行政许可示范文书的基础上，将行政许可的设定依据、条件、申报材料、办理程序、办理时限、收费依据和标准、办理情况和结果、联系方式、投诉电话等，对社会进行公示，公众可以随时查询。同时，为行政管理人员及相对人提供便利的查询条件。

3. 规范行政处罚行为

严格依照《中华人民共和国行政处罚法》的相关规定规范行政处罚，减少人为主观性的影响因素，使行政处罚行为更加客观化和程序化。客观、公正的统一行使行政处罚自由裁量权，制定科学、合理而又规范合法的处罚操作程序、裁量基准和相应的法律文书。在行政处罚时要充分保障当事人依法享有的陈述权和申辩权，在保证执法严肃性的前提下创造良好的经济发展环境。

4. 完善行政复议、行政赔偿制度

依法公正、及时有效办理各类行政复议案件，通过行政复议案件的办理，及时纠正一些违法、不当的具体行政行为，提高行政机关依法行政的能力和水平，切实维护公民、法人或其他组织的合法权益，充分发挥行政复议化解矛盾、纠正错误、教育引导的功能，促进社会的和谐稳定。对于行政机关及其工作人员违法行使职权并造成损害的，积极承担赔偿责任。

（三）加强行政机关及执法人员的法治意识，提高人民群众的法治信仰

1. 高度重视行政执法队伍建设

执法队伍的整体素质决定着执法质量，执法人员首先要懂法。提高执法人员整体素质，首先，要严格把好人员来源关，明确规定进入行政执法队伍的条件。目前进入行政执法队伍的人员学历相差较大，专业基础不同，在坚持逢进必考原则的基础上，推动执法资格考试，合格的人员方可从事行政执法活动。其次，执法人员应至少具有一定的专业基础，建设领域涵盖自然、社会科学诸多方面，执法人员应在专业上配备全面。最后，应根据执法情况的发展，持续的组织学习、业务交流等，到经济发达先进地区多学习，多与周边类似地区开展交流合作。

2. 开展形式多样的宣传活动

通过法治宣传书画展、设计宣传板、发放宣传单、观看普法影视资料等形式，组织大型法律宣传教育活动。热心接受群众咨询、投诉，并设宣传站向群众宣传法律法规，同时还要利用电视、广播、报刊等新闻媒介及宣传车、宣传栏等形式进行广泛宣传。通过多种方式、多种媒介向人民群众普及相关执法知识，使广大群众了解执法程序、执法内容、执法要求，增强人民群众守法意识，进而监督行政执法工作。

（四）采取内部监督机制与外部监督机制相结合的监督方式

1. 强化行政执法的内部层级监督机制

内部设立督察部门，在住建系统内部开展依法行政的监督工作，同时受理外部监督渠道的监督要求。按职责分工，进行定期与不定期的抽查，开展全面的检查或专项督察工作。扩展监督范围，加强事前监督和事中监督，进行常规性、经常性行政执法监督，从立案、调查、决定、结案到卷宗归档，从颁发证照等行政许可到使用行政强制措施等各个环节进行全方位、全过程的监督。

2. 完善行政执法的外部监督机制

做好依法行政信息公开工作，促进政府信息公开合法化、规范化，信息公开制度是保障公民履行参与公共事务管理，并对政府实施监督权利的手段，建立管理高效、公开透明的执法信息管理机制，从执法信息采集到执法信息公告等诸多环节，建立严密的工作程序。保证执法信息公开，对不涉及企业商业机密及个人隐私的，均应积极主动公开，切实保障公民的知情权。充分利用网上行政审批平台，对行政审批依据、条件、程序、时限、收费等内容在网上进行公开，接受行政审批的电子监察、法治监督和社会监督，提高行政审批的效率。畅通公众监督渠道，聘请人大代表、政协委员、社会团体、人民群众等各界人士作为行风监督员，自觉接受人大、政协、政府法制办、新闻舆论和人民群众的监督，真正使人民群众感受到行政执法的公开、透明和高效，提升满意度。

案 例 篇

Report of Case Studies

黑龙江省城市规划勘测
设计研究院

李达理*

摘 要： "十二五"时期，黑龙江省城市规划勘测设计研究院经济效
益持续增长，经营模式逐步完善，设计质量管理稳步提升。
不断适应市场经济体制的要求，承接了省内外多项重大项目，
极大增强了市场竞争能力，为黑龙江省城乡建设发展提供了
有力支撑。"十三五"省规划院处于转型关键时期，应努力
适应市场需要，扩大品牌影响力，提高创新能力，建设成为
省内龙头、国内一流、国际知名的综合设计机构。

关键词： 黑龙江省规划院 生产经营 科技人才 改革管理

---

* 李达理，黑龙江省城镇建设研究所村镇建设研究室副主任，研究方向为村镇建设与规划。

黑龙江省城市规划勘测设计研究院（以下简称"省规划院"）始建于
1979 年 8 月，隶属于黑龙江省住建厅的综合型规划设计勘察科研单位，具
有城市规划编制、建筑工程、风景园林、给排水工程、热力工程、环境卫生
工程、工程测量、岩土工程勘察、工程咨询、旅游规划、文物保护、水文地
质等甲、乙级资质。建院 30 多年来，业务遍及国内 12 个省份，承担完成各层
次和类型的城市规划设计、市政工程设计、风景园林规划设计、建筑工程设
计、勘察测绘、工程咨询、旅游规划以及政府下达的科研任务总计 4000 余项。

"十二五"期间，在省住建厅的领导和支持下，省规划院不断适应宏观形
势的变化要求，科学定位，发挥职能，坚持为全省发展服务，积极主动落实
省委、省政府和省住建厅安排的工作任务，承担起龙江规划战线的"省队"
的责任；积极开拓市场，增强市场竞争力，不断充实壮大自身实力。既赢得
了上级领导的信任和支持，又挖掘了市场潜能，提升了知名度，提高了市场
占有率，做大了经营规模。"十二五"以来，省规划院不仅蝉联"省级文明单
位""全省城市规划设计先进单位"，还获得了"全国建设系统文明单位标兵"
"黑龙江省五一劳动奖状集体""全国住建系统先进集体"等多项重量级荣誉。

一　重大项目及经营情况

1. 经济效益持续增长

通过狠抓设计质量、严格生产管理、提高后勤保障等手段，不断加大市
场拓展力度，增加收益，在提升省内市场占有率的同时，巩固和拓展了吉林
和内蒙古市场。积极响应与参加省政府部署的援助新疆活动，开拓了新疆市
场，先后在喀什、阿克苏、阿勒泰等地区承接项目，完成的规划与设计项目
均获得地方好评，为省规划院建立新疆分院打下了良好的基础。通过对生产
数据的分析，可以看出无论是签订项目数、合同额还是进款额均有了大幅度
的提高（见表 1）①。

---

① 数字来源均为黑龙江省城市规划勘测设计研究院提供。

表1　2011～2014年黑龙江省规划院产值经营状况

单位：个，万元

专业	2011年			2012年			2013年			2014年		
	项目数	合同额	进款额	项目数	合同额	进款额	项目数	合同额	进款额	项目数	合同额	进款额
规划	93	2096	2219	108	2403	2609	97	2786	2593	115	4064	2376
园林	23	450	462	22	409	424	13	210	432	25	951	597
市政	68	652	763	128	2075	1606	91	1734	1369	121	2146	1377
建筑	26	1233	640	25	473	510	20	259	867	29	253	280
勘测	30	232	304	20	154	183	24	49	140	20	190	238
合计	240	4663	4388	303	5514	5332	245	5038	5401	310	7604	4868

2. 完成省级重大项目

"十二五"期间，省规划院把完成省委、省政府和省住建厅的各类重点建设项目作为最重要的本职工作。完成了《省城镇体系规划》《黑龙江省城市排水（雨水）防涝综合规划（2014～2030）》等省级项目10余项、《抚远县总体规划》《亚布力旅游总体规划》等重点城镇规划10余项、《杜蒙县域村镇体系规划》《兴十四村中心区详细规划》等重点村镇规划20余项、《城市住宅建筑日照标准研究》《省滨水城市规划建设研究》等专题研究报告4项、《全省百镇污水处理近期规划编制大纲》《全省镇村居民点空间布局规划编制技术要点》等规范标准3项，共计有60多项各级指令性任务。还竞争承接了省级重点项目"'旅游名镇'及'百镇'三供两治近期建设规划""镇村居民点空间布局规划"等百余项。在这些工作中，省规划院积累了多专业协同作战和与著名院校、设计机构合作的经验，通过实战真正树立了精品意识，增长了市场信心。

3. 经营模式逐步完善

为了逐步向市场化经营转型，更加适应市场拓展和竞争的需要，黑龙江省规划院对经营的目标、流程、组织和生产过程等各方面都进行了调整和完善，使整个经营活动更加顺畅，市场推广和内部运转更加富有效率。一是对"年度技术经济责任状"进行了修订。不仅使全院的年度经济总目标得以成功分解，还极大地调动了设计人员的积极性。从实施效果看，"责任状"的作用显著提高。二是更加重视学习掌握国家和地方的新政策、新导向，不断提高思想认识，制定了省规划院长远的和阶段性的发展目标，引导各设计所向关注市场热点、行业动向和前瞻性目标方向发展，使设计工作由"追随市场"向"引导市场"转变。三是规范了一线作业生产流程，实现了"项目联系、合同签订、任务分配、进度调控、设计变更管理、设计费催缴、满意度回访、后期服务及外委设计"的流程化规范管理。四是建立了甲方信誉分级管理系统和免费技术咨询服务体系，将甲方分为诚信守约、基本守约、信誉低下三类，针对甲方以往的信誉度，制定不同的经营策略，分类管理、提前规避风险。通过对甲方的主动管理，实现了甲乙方的互动，促进了项目的正常运行。另外，共梳理出七大类别 40 余个可免费服务项目，建立了"免费咨询服务项目库"，努力使之成为培育与维护市场的有效服务体系，提高了对外宣传和推介的效果，增强了与合作方的联系。

二 积极加强科技与人才队伍建设

设计质量的管理工作，被作为重中之重，常抓不懈。一是经过几年的努力，全院的 ISO9001 国际质量管理观念得到了加强，逐步向流程化、程序化、自觉化发展，质量管理体系持续有效运行。二是调整了技术委员会的结构，成立了各个专业评审组，加强了项目成果的评审力度，做到了项目中期对方案进行评审，成果汇报前进行审查，保障了设计成果质量，规划设计水平明显提高。三是建立以国内知名专家为主，包括境外专家共计 45 人组成的专家库，对重点项目进行技术咨询，增强了方案设计工作的组织领导和质量把关力量。四是每年邀请多位知名专家来院做学术讲座，同时安排人员参加相关行业部门（学会）组织的各类培训研讨活动，还安排专门人员到省外乃至国外考察，开阔眼界，有效地提高了专业技术人员的创新意识。五是启动了各专业常见、多发问题分析研究工作，将近些年专家对城市总体规划的评审意见汇编成册，组织专业技术骨干进行分析研判，提出解决对策，并陆续向其他专业推广，为提高省规划院的全面设计水平安上了"加速器"。

六是多渠道收集行业动态，政策文件、前沿理论、新技术等有价值的信息及时整理汇总，每月一期在院内网的科技信息港发布，年终汇编成册，现已形成多册《年度规划设计勘测管理重要文件汇编》，便于设计人员学习查阅。七是为确保标准规范的有效性，组织专业总工及时收集整理标准规范的版本，按专业编制《标准规范有效版本目录》，及时提醒设计人员关注。

目前，省规划院有职工 240 人，其中研究员级高级工程师 16 人，高级工程师 52 人，各类注册执业人员 56 人，技术人员占全院职工人数 85.6%，专业配置齐全，技术力量雄厚。

"十二五"期间，《宁安市城市总体规划（2009~2030）》《嫩江县城市总体规划（2010~2030）》等项目获得省城市规划学会优秀设计奖，《双城市给水工程》《五大连池市城市排水及污水治理工程》《萝北宾馆（界江国际大酒店）》等项目获得省优秀工程勘察设计奖，《中国北极冰川博物馆规划设计策划》《群力西区异地安置暨保障性住房项目公园及居住区"桃园人家"环境景观设计》获省优秀工程咨询成果奖，《阿城区控制测量及地形图补测》获省优秀测绘工程，共计有 58 项成果获奖。

三 科学管理深化改革

1. 加强管理

院领导班子认真分析和研究了省规划院的现状、优势和不足，明确了管理就是规划院的生命源泉，只有先进的管理理念、高效率的管理制度，才能带来活力、效率和经营收益。按照这个思路，做出了多项重要决定。一是按照"谁主管、谁负责"的原则将权责分解下放，逐级管理，定期召开例会，集中总结部署工作，充分发挥各级管理层的力量，使责任和义务更加明确。二是请专业团队量身订制了机构文化理念体系，统一了核心价值观，修订了质量标准，明确了机构愿景和对外品牌形象，同时从生产、生活的各个方面都进行了规范，在全院形成了良好的文化环境，收到了良好的效果。三是对体制改革进行了初步探索。适时调整了机构设置，成立了规划研究所、规划四所、建筑二所、建筑三所和城市景观所，一线作业所的数量达到了 15 个。同时将管理部门由 8 个压缩为 5 个，实施了全员竞聘上岗制度，为机构改革奠定了基础。四是建立健全了各项规章制度，重新修订了《管理手册》《质量管理体系》等重要管理文件，规范了人员聘用和物品采购审批流程。调整实施了"年度技术经济责任制""项目方案评审工作补贴"等管理规定，提高了注册人员补助水平。现在，省规划院的组织结构更加科学合理，制度设计和执行更加富有效率，更加适应市场经济体制的要求，增强了市场竞争中的实力。

2. 改善工作环境

良好的工作环境，是时代发展的要求，是单位形象的体现，也是增强干部职工凝聚力、促进大家爱岗敬业意识的重要条件。全面更换了办公家具，绿化美化了办公环境，整修了食堂，提高了用餐标准，铺设了庭院，粉刷了楼体，加强了安全措施，全面重塑了省规划院的外部形象。"十二五"期间，共计购入图书及规范 4600 余册；更新换代各种硬件设备 181 台套；购进专业设计软件 100 余套；完善了网络建设，同时自行开发了适用于日常管理业务的"管理系统"软件，提高了工作效率。

3. 重视民主决策

在重大问题上，省规划院积极落实民主集中制。除了在院党政会议、中层以上干部例会和全体职工大会上研究相关问题外，凡是涉及全院利益的大事必经职工代表大会审议通过，加大了职工参与民主管理的权利。力求做到公开、公正、民主决策。院工会通过组织"球类比赛""棋类比赛""徒步大赛""办公环境大赛"等丰富多彩的活动，活跃了工作气氛，强健了职工体魄，增加了职工交流沟通的渠道，丰富了职工的业余生活。院团委每年都为青年团员举办各种形式的纪念活动。

"十二五"期间，全院有 800 余人次向灾区捐款，捐赠现金 11 万多元、衣物 400 余件，同时送技术下乡、为农村进行无偿设计、为辖区的"志愿者慈善超市"捐助了善款，选派专人参与"援川""援疆"行动。2013 年，黑龙江省城镇和乡村遭遇特大洪水灾害，重建压力巨大，省规划院积极行动，组织力量深入灾区调研，为省政府赶制了《黑龙江省因灾损毁房屋恢复重建规划》，及时为灾后重建工作提供了指导性文件；继而又在边设计边施工的压力下，完成了《抚远县亮子组团灾后重建规划》《同江八岔赫哲族乡灾后重建规划》，还免费为绥滨县绥东镇"东方村"和"种畜场"做了灾后重建规划；同时积极联系其他受灾地区的政府及规划建设部门，以免费服务的形式多次支援灾区灾后重建。

四　奋斗目标与发展预测

"十三五"带给建设行业的不仅是重重挑战，还有更多的发展机遇。省规划院确定的发展目标是：紧紧围绕省委、省政府和省住建厅的总体部署要求，全面构建符合现代企业制度和市场需求的发展格局，努力扩大品牌影响力和提高创新能力，打造"省内龙头，国内一流，国际知名"的综合设计机构。在产值上力争实现新突破，在人才培养上计划引进更多研究生学历和高级职称人才充实壮大设计力量。顺应市场要求和可持续发展，未来的专业发展重点在以下领域：新型城镇化与新农村建设、城镇基础设施规划建设、人居环境和绿色节能建筑、休闲产业及旅游规划、历史文化名城保护及文物保护规划，具体涉及海绵城市、城市设计、美丽乡村、生态景观、地下综合管廊、节地节能型规划、寒地人居环境优化等方面。力求做到实事求是、尽力而为，使规划经得起时间的检验，在体制、人才、市场、质量、创新等方面全面发展，不断增强集体荣誉感，不断提高创新能力。为龙江城乡建设贡献力量。

黑龙江省建筑设计研究院

丁　萍*

摘　要:　黑龙江省建筑设计研究院是有 60 多年历史的甲级设计院,技术力量雄厚,质量体系完善。在省内有较强技术优势,设计投标中标率高,承揽大型项目多,多次获得国家、省级的勘察设计奖。编制多项规范标准,为设计规范、设计标准的技术进步做出贡献。在"十二五"期间,随国家投资政策及房地产政策的变化,产值和收入也发生相应变化。本文对"十二五"期间黑龙江建筑设计研究院生产经营、技术管理、人才培养、科研成果几个方面的发展状况进行分析,提出对"十三五"的展望。

关键词:　生产经营　技术管理　规范编制　勘察设计

黑龙江省建筑设计研究院(以下简称省建筑院)建于 1954 年 8 月,经过几代人的努力与进取,现已发展成为"专业齐全、实力雄厚、省内一流、国内知名"的甲级设计院。拥有建筑工程设计、工程勘察、工程咨询甲级资质,城市规划编制、给水工程、排水工程、热力工程、冷冻冷藏工程、风景园林、工程测量、工程造价乙级资质。现有职工 352 人,"黑龙江省工程设计大师" 12 名,各专业注册师 80 余人。下设施工图审查公司、建筑装饰

---

* 丁萍,黑龙江省城镇建设研究所城镇管理室主任,高级工程师、一级注册结构师,研究方向为城镇管理及结构设计。

公司、监理公司、房地产公司、图文制作公司等多种经营单位。

60多年来，设计的项目数以万计，先后有300余项设计、勘察、科研成果获得国家和部省级奖励。在工程设计领域较早通过ISO9001质量管理体系认证。连续多年被省、市政府和主管部门评为建筑工程质量管理先进单位、贯彻城市规划法先进单位、省文明建设先进单位标兵，被中国资信评估学会和中国质量标准研究中心评为中国建设系统信誉、信用AAA级企业，被中国勘察设计协会评为全国建筑设计行业诚信单位，被中华全国总工会授予"工人先锋号"称号，被黑龙江省总工会授予五一劳动奖状，被中国建筑学会评为当代中国建筑设计百家名院，被中国勘察设计协会评为全国勘察设计行业创优型企业。

一　生产经营情况

（一）收入情况

2011~2014年，共签订合同额6.06亿元，财务收入3.13亿元，上缴税金2211万元（见图1）。[①]

2009年，省建筑院开始转变生产经营模式，对生产组织机构进行了重新调整，生产经营活动实现良性运转，产能也随之提高。2011年，生产形势发展较好，财务收入实现了历史新高。进入2012年，随着国家对房地产行业宏观调控力度的加强，经济下行压力加大，基本建设投资减少，房地产市场持续低迷，对整个建筑设计行业造成很大影响。在此形势下实际收入在2012年后逐年降低，到2014年合同额及实际收入都达到最低。

（二）生产情况

2011年是全国地产形势快速发展的一年，省建筑院的项目规模和项目种类有了大幅提升。从2012年起产值逐年下降，到2014年生产任务处于不

---

① 本文资料均由黑龙江省建筑设计研究院提供。

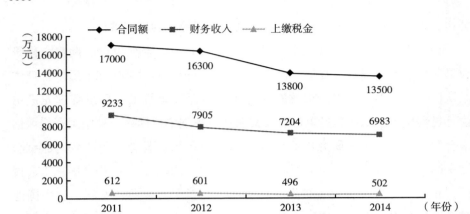

图1　2011～2014年省建筑院合同、收入及上缴税金情况

饱和状态。

　　设计项目的承揽在省内体现出技术力量的优势，在建筑方案投标时整体的设计中标率在80%左右，省内设计项目主要在哈尔滨、齐齐哈尔、牡丹江、佳木斯、伊春、鸡西、鹤岗、双鸭山、黑河等城市，同时也开拓外省项目，涉足省外的项目有内蒙古、四川、山东、海南等省份。单体设计项目合同额超过400万元的有大正地产松北项目、安通街住宅小区、鸡西天府华城住宅小区、大连长兴岛中心医院、哈尔滨恒大地产、鲁商集团松江新城、伊春鹿鸣中心林场生活区、哈尔滨群力新区"星光耀"、松北国际家居生活广场、齐齐哈尔新城华嘉地块、佳木斯唐人中心、鸡西福兴天地住宅小区、海拉尔天顺新城和善上居住宅小区、牡丹江胡商国际物流园、齐齐哈尔中汇城A08和A09地块、义乌中国小商品城东北市场一期工程，大型公共建筑设计项目有哈尔滨太平国际机场改扩建工程、松雷传媒影视文化艺术产业中心、南岗松雷商场，齐齐哈尔第一医院南院工程，呼伦贝尔市森林资源保护管理中心等项目。其中太平国际机场项目，争取到了2880万元的项目合同额。

　　勘察所共完成勘察测量项目165项，累计完成产值3882万元，累计实现收入2914万元。

　　建筑经济所累计完成产值约2000万元，实现收入1734万元。

二　生产技术管理

在企业发展进程中，管理制度与管理手段必须随着发展不断改进。几年来，为推进信息化管理平台的建设和应用，实现信息资源的有效共享，加强对生产项目的管控和跟踪，省建筑院着手研发和设计了信息化管理系统，顺应了"十二五"规划提出的全面提高信息化水平的要求，并对人力资源管理、行政管理、技术管理等模块进行了充实和完善，全面促进管理能力和服务水平的稳步提升，引领设计工作的规范化、标准化和现代化，节约了管理费用和生产成本，提高了管理效率，增强了企业核心市场竞争力。

技术质量管理工作始终围绕"科学管理、服务生产、持续改进"这个宗旨，规范技术行为，努力为生产经营提供技术支持和质量保障。技术管理工作进一步制度化、规范化。针对技术规范应用过程中存在的共性问题，多次组织专项技术问题讨论及处理实际工程中的技术难题会议，各专业分别召开技术例会，深入剖析质量管理体系与生产过程中的验证把关和责任意识等突出矛盾，不断完善院的技术质量管理服务体系。

三　科研成果及项目获奖荣誉

1. 编制多项规范标准，为技术进步奠定基础

作为主编单位，会同有关高等院校、设计院和教育部门对《托儿所、幼儿园建筑设计规范》（JGJ39－87规范）进行修订。2009年12月，成立《托儿所、幼儿园建筑设计规范》修订编制组，目前编制组已完成报批稿。本规范适用于全国城镇、农村幼儿园新建、改建、扩建的规划和建筑设计工作。遵循保证幼儿园的幼儿、教师及工作人员的安全并具备防灾能力；满足使用功能要求，有益于幼儿健康成长；执行节约土地、能源，保护环境的基本方针；精心设计、节约建设投资等原则。

为更好地贯彻执行国家绿色可持续发展的经济目标，规范了全省建筑电气设计人员在现代绿色建筑的设计工作。编制的《黑龙江省绿色民用建筑智能一体化控制系统设计标准》已完成报批稿，此标准适用于黑龙江省宾馆、酒店、商场、机场、车站、码头、办公写字楼、医院、学校、城市综合体等各种类型的公用大型民用绿色建筑的智能一体化控制设计。该标准的完成，符合当前社会的节能形势需要，为推动全省建筑电气节能设计的进一步发展，指导工程设计人员正确选择和应用成熟的节能技术做出了突出贡献，也是全省建筑电气行业的迫切要求。

为适应全省人口结构老龄化趋势，保证养老设施建设健康有序的发展，使保障养老建设工作有据可依，由省住建厅委托承担了《黑龙江省养老设施建设标准（试行）》的主编任务，于 2014 年 10 月发布实施，加强和规范黑龙江省养老设施的建设，提高养老工程项目决策与建设管理水平，充分发挥投资效益，并切实有效的提高老年人的生活质量，推进了全省养老服务事业的可持续发展。

2. 设计项目获国家、省级奖项，体现技术能力

"十二五"期间，承揽并完成了多项大型、复杂的勘察设计项目，有 4个项目在国家、部委获得表彰，有 47 个项目在省、市级优秀设计项目评选中获得奖励（见表 1）。

其中，萧红纪念馆设计始于 2009 年，2011 年在萧红诞辰百年之际竣工并投入使用。萧红故居为省级文物保护单位，始建于 1908 年，其文化品位和时代影响都具有深远的教育意义。基于对原故居的尊重和环境保护等要求，在南北狭长的用地范围内建筑形态采取化整为零，满足了建筑的使用功能，以谦恭的姿态伫立在老故居旁边，纪念馆设计用地紧凑、造价节约、技术先进、环保节能，建筑的艺术氛围达到了时间与空间的完美结合。此项目荣获全国优秀工程勘察设计行业三等奖。

哈尔滨太平国际机场扩建工程是民航"十二五"规划中的重点建设项目，也是黑龙江省和哈尔滨市的重点工程。扩建工程以 2020 年为目标年，预期工程落成后航站楼总面积将达 22.7 万平方米，跑道总长达 3600 米，机

表1　"十二五"期间黑龙江省建筑设计研究院获奖情况

奖级	年份	项目	奖项
国家、部委奖	2012	哈尔滨麦凯乐休闲购物广场总店及公寓	中国建筑学会建筑设计奖(给水排水)设计优秀奖(公共建筑)
		哈尔滨麦凯乐休闲购物广场	国家优质工程银质奖
	2013	萧红纪念馆	全国优秀工程勘察设计行业三等奖
	2014	嘉茂·尚都商业广场	全国优秀建筑电气工程设计二等奖
省优秀勘察、设计奖	2011	省肿瘤医院放疗楼、外科楼、阳光厅	一等奖
	2012	萧红纪念馆	一等奖
		扎赉诺尔博物馆(方案)	
		宏伟华轩住宅(勘察)	
	2013	鸡西市第一中学	一等奖
		扎赉诺尔博物馆	
		月亮湾9号(方案)	
		哈尔滨市群力新区翠湖尚城项目(方案)	
		伊春寒地水城生态住区"院之宅"会所(方案)	
	2014	哈尔滨群力新区星光耀——商业工程	一等奖
		黑龙江省博物馆新馆建设项目建筑方案设计(方案)	

位总数达74个，可以同时满足1800万人次旅客吞吐量、17.5万吨货邮吞吐量、14.1万架次飞机起降需求，机场的综合保障能力也将得到进一步提升。哈尔滨太平国际机场的扩建，本着地域性、前沿性、功能性和前瞻性的原则，树立新理念，体现新思维，融入新元素，同时探索了高寒地区大型空港机场的设计经验。不仅如此，省政府要求新建的航站楼要满足地域风格，凸显人文、智能、环保、低碳特点，力争把哈尔滨机场建成美观、绿色、安全、高效的新型机场。

四　人才培养

省建筑院经常开展常规的技术质量培训和外部的技术交流活动，召开专业技术讲评、技术培训、技术例会。各专业分别开展与专业相关的技术培训。结合质量抽查、内审、外审、管理评审和召开技术质量工作会议等方式，把集中教育与个别辅导相结合，使技术管理人员随时掌握国内行业的先进技术动态和技术业务知识。

黑龙江省从 2012 年开始，为了表彰对全省勘察设计行业做出贡献的设计人员，借鉴住建部及其他省份的做法，开展评选省级"工程勘察设计大师"工作（每两年一次）。省级工程勘察设计大师作为全省工程勘察设计行业中各专业的带头人，组成全省工程勘察设计行业发展的专家组和智囊团，以此保证全省建设工程勘察设计质量和水平的迅速提高，推动全省经济建设的更快发展。省建筑院获此殊荣的人员有赵伟、陈力岩、于胜金、陈永江、廉学军、马平、李弘范、荆涛、黎虹、陈钧、全珞峰、苗永阳，荣誉大师孙宗仁、徐勤。

五 "十三五"展望

当前国民经济发展进入"新常态"，只有正确理解和把握经济发展的新常态，主动适应这种"新常态"的变化，在发展战略、经营思路上积极做出调整，才能保设计任务稳定、保设计收入稳定、保专业队伍稳定，确保省建筑院的健康可持续发展。

目前的勘察设计市场已经不是黄金时期，项目多、项目饱和的情况短期内不会出现，利用现有时间苦练内功、夯实基础，加强广大设计人员综合素质能力的提高，进一步打造企业的核心竞争力，为未来的竞争打好基础是最佳的选择。

坚持每年对质量体系的认证，认真总结检查组提出的有关改进质量运行的各项问题，召开各部门工作会议，贯彻和部署工作意见。通过培训和继续教育，提高验证岗位人员的业务水平，特别是加大三级审核的实施力度，使全员牢固树立加强质量意识是企业生存保障的根本思想。

未来五年，应加大推广设计科技创新力度，积极探索新技术、新手段、新领域，使设计人员了解、掌握环保和绿色建筑、BIM 技术的标准及设计方法，并在适当时机组建以省级设计大师为主导的绿色建筑、BIM 技术工作室，以提高在建筑设计前沿领域的技术水平。

目前，作为国有体制的设计院还面临体制改革，改企转制工作的核心问题是人员安置费用和资产处置两个方面，内部的管理机制方面也需要打破原有事业单位的分配体系与理念，引入企业的管理理念和思想。只有顺应市场、顺利实现转制，才能打造新形势下的设计实体。

黑龙江建筑职业技术学院

张　莹*

摘　要：　黑龙江建筑职业技术学院是 1998 年经国家教育部批准设立的
一所全日制普通高等学校。"十二五"期间学院办学实力不
断增强，办学水平不断提高，社会声誉和影响力不断扩大，
为黑龙江省乃至全国建设行业培养和输送了大批高等技术技
能人才。本文通过对"十二五"期间黑龙江建筑职业技术学
院办学教育体系、人才培养、科学研究及管理体制改革几个
方面的发展状况进行分析，对学院在教学、育人、科研等领
域的发展提出可行性对策与展望。

关键词：　黑龙江建筑职业技术学院　教育体系　人才培养　科研工作
管理体制改革

一　办学教育体系逐步完善

（一）办学条件有较大改善

黑龙江建筑职业技术学院（以下简称学院）占地面积 96 万平方米，校
舍建筑面积 38.8 平方米，实验仪器设备总价值 8365.9 万元，已投入使用的
新、改、扩建实验实训场地 25600 平方米，已投入使用的实验实训设备

---

* 张莹，黑龙江省城镇建设研究所建筑师，研究方向为绿色建筑及评价体系。

8643 台（件），馆藏图书资料 76 万余册。教学行政用房及办公条件、学生食宿条件、实验实训条件等均有很大改善。

（二）教育体系日益健全

"十二五"期间学院全日制在校生的规模一直稳定控制在 1.2 万人左右，以利于充分发挥和利用学院的教育资源。学院现设置 13 个二级学院（建工、机电、市政、热能、建筑、建经、建管、材料、计通、环艺、艺术、商务和成教院）、4 个教学部（思想政治理论课教学部、外语教学部、数学教学部和军事体育教学部），44 个专业。构建了全日制高职教育、成人教育等多种形式、多种层次的教育体系。

（三）教学管理水平稳步提高

创新、完善了"2 + 1"人才培养模式，加强了重点专业建设。建成优质专业核心课程 18 个，其中国家级精品课程 2 个，省级精品课程 11 个。建成了理论实践一体化教学平台，构建完善了职业道德教育体系，建立了教学质量保障与监控新体系，全面实行"学分制"取得良好成效。

（四）师资队伍水平较快提升

目前，学院有专任教师 518 人，具有硕士及以上学位的教师 196 人，40 岁以下具有硕士及以上学位的教师占 50.4%；有"双师型"教师 347 人，占专任教师的 67%；有国家级教学团队 1 个，省级教学团队 4 个；有国家优秀教师 1 人和省级教学名师 9 人；有副高级职称教师 213 人，正高级职称 57 人。具有一支素质较高、教学科研能力较好、适应学院发展与建设的师资队伍。

（五）教育教学形式全面改进

定期举办教师培训班，通过调研了解教师的需求，采用专项培训、公开示范课、课程设计与交流等形式，全面提高教师的教育教学水平。开展教师教案设计评选及展示，提高教师教学设计能力。开展教研室主任"说专业"汇报会，搭建专业建设交流与分享的平台，全面提升专业建设能力和水平。

二 育人与人才培养

扩大学院学科专业定位，到 2015 年学校共设 44 个专业，12 大类，其中，国家重点专业 7 个，省级重点专业 7 个（见图 1）。[①] 将学院的办学规模定位不断提升，2011 年全日制招生总数为 4235 人，2012 年全日制招生总数为 4265 人，2013 年全日制招生总数为 4325 人，2014 年全日制招生总数为 4375 人，2015 年合计在校生总数达到 12103 人。

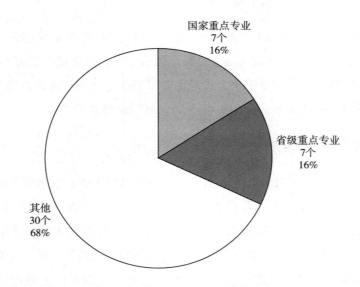

图 1 学院重点学科专业分布

满足建筑等行业人才需求，培养综合素质水平高的专业才人。创新办学工作模式，提高学生综合素质。加强学生的学习管理，加大考核力度；办好

---

① 本文的统计数字由黑龙江建筑职业技术学院提供。

学生领导岗位能力训练班，提升学生干部的综合素质。提升文化育人功能。通过宣传栏、校报、开展书画展等方式深入开展社会主义核心价值观宣传教育活动；实施"青年马克思主义者培养工程"。开展各类文体活动，丰富学生文化生活，推进高雅艺术进校园，提高学生的人文素养、情操境界和就业能力。

"十二五"期间，学院通过分析传统中等职业教育体系和专科人才培养体系，打破"老三段"的束缚，在以行动为导向的世界主流教育思想指导下，重构具有中国特色的基于工作过程和学习相结合的人才培养体系。主要是以实现培养学生"四能四证"的教育教学任务为目标，以"四个支撑"为保障，从五个方面进行改革和创新。一是不断创新校企合作教育、工学结合"2+1"的人才培养模式；二是积极推行项目导向、任务驱动、案例教学及情境—达标等多元教学模式；三是建立和完善教学与实践结合后的课程体系和教学内容；四是构建工学结合、一体化教学平台；五是采取适合社会发展需要的素质教育模式。

推进CDIO人才培养模式建设。以建工学院建筑工程技术专业、环艺学院室内设计技术专业、建筑与城市规划学院建筑设计技术专业为抓手，加大工作力度，依据CDIO建设方案开展教学工作。融合XLP极限学习理念，在施工、设计、管理、服务等5大类课程中实施，提升课堂教学效果，探索总结经验。

依照品牌化、项目化的方向组织开展一系列符合时代特征、青年特点、学院特色的校园文化活动。通过开展丰富多彩、积极向上的学术、科技、体育、艺术和娱乐活动，弘扬主旋律，突出高品位，营造良好的校园文化氛围，有效地推进了素质教育工作的实施。

修订了人才培养方案项目。深入研究人才培养方案的制订原则，对既有人才培养方案进行顶层设计，全面修订和完善专业人才培养方案，使人才培养方案更加合理，教学内容更加符合行业企业的用人需求，不断提高人才培养质量和提升学生就业竞争力。

三 科研工作和教学成果显著

"十二五"期间，在已结题的课题中获省级优秀科研成果奖，一等奖 17 项，二等奖 29 项，三等奖 24 项；公开发表论文获省级优秀论文一等奖 11 项，二等奖 68 项，三等奖 76 项；编写教材获省级一等奖 14 项，二等奖 21 项，三等奖 20 项。科研工作和教学成果如下。

（一）拓宽社会服务领域和范围

充分发挥学院的自身优势，指导兄弟院校土建类专业建设，实现教育教学、实训教学的资源共享。加强科研工作力度，促进产学研有机结合。开展规范化科研团队和科研基地学校创建工作，逐步完善校本教学研究管理制度和运行机制，创建良好的科研工作氛围。优化科研管理体制机制，增进教师持续参与研究的动力。通过各种选先评优活动，为优秀人才的脱颖而出和优秀成果的推广应用提供平台。建设高素质科研骨干队伍。引进高学历研究型人才，实施教科研系统内"青蓝工程"，组成结构合理、战斗力强的科研队伍。

（二）突出教学改革创新人才培养模式

把教师派到海外培训学习，丰富他们的教学阅历，培养其科研能力，从而提高师资队伍整体水平。学院已选派总计 200 名左右的教师到德国、加拿大、中国香港、泰国培训学习，还将定期选派教师去泰国、新加坡学习培训和进修，掌握国外优秀学校先进的教学理念、教学方法、教学手段等，同时培养在特定语言环境中的工作经验。

（三）改革人才培养模式增强学生就业能力

以服务为宗旨、产业为引领、就业为导向，以知识为基础、能力为核心、素质为本位，以重点专业和特色专业建设为重点，实行订单培养、工学交替、顶岗实习等多样化的人才培养模式。参照职业标准，认真研究制定专业建设标准，推进课程体系改革，使课程体系标准和职业技能标准相衔接，中等职业教育、高等职业教育与应用型本科教育课程相衔接，参照职业岗位任职要求，与行业企业共同制订专业人才培养方案，坚持育人为本，德育为先，强化职业道德和职业精神培养，促进学生知识、职业素养协调发展。以教学管理制度创新为基础，积极推行以学分制和弹性学制为核心的现代教学管理制度，探索建立职业教育质量的多元评价体系，积极推行"双证书"制度。深化教学内容与教学方法改革，探索并推行任务驱动、项目导向等一体化教学模式，适应经济全球化，将国际化技能人才职业标准融入教学内容，为学生可持续发展奠定基础，增强毕业生就业竞争能力。

（四）积极推进校企合作办学

探索建立职业院校董事会或理事会，形成各利益相关方合作办学，合作育人、合作就业、合作发展的长效机制，实现共赢，增强办学活力。结合"八大经济区"建设和"十大工程"建设，在黑龙江省 13 个地市，按产业、行业分类，依托办学能力基础好的院校，采取校企合作、在企业建基地、校办企业等方式，建设一批集生产、教学、服务、培训、鉴定、应用技术研发和推广于一体的中职、高职、应用型本科教育共享的校企合作职业训练示范基地和应用技术研发基地，实现优质实训资源共享。探索建立"校中厂""厂中校"，系统设计、实施生产性实训和顶岗实习，保证学生职业能力的培养和养成。实施"卓越现场工程师""卓越技师"培养计划和"职业培训"工程，与企业合作培养高技能人才。

（五）教研活动和教风建设项目

严格执行每周五教研活动制度，以教研室为单位，加强对专业建设、课程设置、学时分配等内容的研讨和研究，形成教学改革、教学研究的氛围。建立专家进二级学院制度，每个专家负责几个学院的教研活动，与各二级学院就教学改革的难点、热点问题进行深入交流和研讨，全面提升专业建设、课程建设的水平。

四 管理体制改革不断深化

（一）校院两级管理制度改革

将原有的 12 个教学系（部）改为二级学院，同时在各二级学院增设教务科，对部分教研室进行了调整。学院党委进一步向二级学院合理放权，明确基层办学的"人、财、物"权限，调动基层办学的积极性和主动性。制订并实施了《学院机构设置和编制管理方案》，切实推动"三定"工作，对现有机构、人员进行重新核定，为校院两级管理和学院的下一步发展夯实基础。"十二五"期间，学院共制定决策制度 12 项（其中党政决策制度 7 项，民主决策制度 5 项）、运行管理制度 97 项（其中干部人事管理制度 23 项，财务审计管理制度 16 项，采购管理制度 2 项，基建工程管理制度 9 项，资金管理制度 4 项，饮食服务管理制度 4 项，教育教学管理制度 27 项，学生管理制度 3 项，科研管理制度 3 项，后勤管理制度 1 项，安全管理制度 3 项，信息管理制度 1 项，招生与就业管理制度 1 项）、监督保障制度 26 项（其中监督制度 16 项，党风廉政建设制度 10 项）。

（二）人事制度改革

健全了领导干部公开竞争上岗制度，使优秀人才能够脱颖而出，促进人才合理流动。继续实行全员年度绩效量化考核制度，重新修订了职工年度绩效考核办法，设定了全面的考核指标体系、合理的考核程序，对考核对象进行科学分类；修订了绩效考核结果的应用。对干部实行聘用期绩效考核制度，用制度激励教职工特别是青年教师加强学习，努力工作。

（三）后勤管理体制改革

学院进一步加大了后勤系统改革力度，实行了总务处、饮食服务中心、游泳馆、学生浴池、卫生所经费包干制度，大幅度地节约了学院经费支出。

学院后勤系统初步实现了由原来的管理型向经营型的转变，有效降低了学院的办学成本，仅"四项"经费包干预计每年可为学院节余668.3万元，为今后进一步深化后勤改革起到了积极的推动作用。

（四）民主治校改革

学院党委根据党的十七届四中全会精神，结合学院实际情况，于2009年11月上旬在全院实施了《黑龙江建筑职业技术学院关于实行重大事项决策票决制度的规定》，更好地贯彻了党的民主集中制原则，进一步规范了重大事项决策的程序和步骤，建立了科学、民主、规范的决策机制。为不断满足教职工的"六项权益"（即政治权益、经济权益、文化权益、民主权益、价值权益、环境权益），学院工会研究确定了每年为教职工办"十件"好事、实事，并已经逐项落实。

黑龙江省滨才房地产开发
集团有限公司

汲彤焱*

摘　要：　黑龙江省滨才房地产开发有限公司成立于 2000 年，以"舍
得、用心、创新"的企业价值，"开拓、创新、求实、奉献"
的企业精神，"理念新、品质高"的整体目标，"同心同德、
团结拼搏、精诚合作、携手共进"的团队意识，通过对环境、
建筑理念的全新理解与演绎，实现地产品牌化、人文化，成
为黑龙江省有影响力的房地产开发企业。通过开发翰林辰霞、
柏林四季、柏林印象、滨才星城、滨才城等大型项目，打造
绿色环保、生态宜居新家园，推动了区域经济、文化的发展。
滨才集团以肩负社会责任为己任，积极为社会贡献力量，捐
助了社会福利院及贫困大学生，捐建了城市公园，开展赈灾
援助等公益事业。

关键词：　滨才集团　房地产开发　生态宜居　社会责任　黑龙江

　　黑龙江省滨才房地产开发集团有限公司历经 10 多年的发展，由注册资
金 3000 万元、资质等级为二级、专业经营房地产开发的单一企业，转变为
系统化、精细化、集团化运营管理，形成以房地产开发与经营为主体，涉足

---

*　汲彤焱，黑龙江省城市规划勘测设计研究院高级建筑师，一级注册建筑师，研究方向为建筑、
　规划、房地产领域。

诸多跨行业的产业经营大型企业集团。至 2015 年上半年，注册资金已达 1 亿元，具备国家一级开发资质。

一　滨才集团的发展情况

1. 房地产开发

2004 年，滨才集团进入哈尔滨市松花江北岸松北区的大学城学院路，以城市运营商的视角，深入每个细节，规划出柏林四季以及滨才商业街，铸造哈尔滨松花江北岸江北的高端生活样本。2005 年，柏林四季及滨才城项目，以社区内完善的商业规划，成为区域的商业重地、消费主力，形成江北现代新城规划发展中成熟、集中的商业圈。柏林四季项目以高端的德式规划，分别荣获"2006 年最佳景观设计楼盘金奖""最佳价值潜力楼盘金奖""最佳销售业绩楼盘金奖""最佳户型设计楼盘金奖"以及"中国最具投资潜力楼盘""中国地产文化品牌企业""中国最佳创新户型楼盘"等奖项。2007 年，滨才集团的建筑理念开始全面向科技、节能、环保的方向转变，并在工程管理上实行企业管控与监理管控的双重管控模式。在物业服务方面树立了"不仅让您知道，更要让您得到"的理念，以深化体制与机制、观念与思路、结构与文化的服务价值，奠定了滨才地产蓬勃发展的根基。2008 年，打造第二个德式系列楼盘"柏林印象"，在建筑规划以及园林设计上进行了本质性的升级。2009 年，滨才城以 600 万平方米成为"公园里的城市"，实现集团"占位江北，运营城市"的房地产发展理念。2010 年，是滨才集团进入高速发展的一年，再造品质人居之城"滨才星城"，为哈尔滨生态人居的发展做出示范，使其成为哈尔滨市闻名且具有影响力的城市运营商。2012 年，滨才集团以多年来对高端人居住宅的潜心研究，为哈尔滨高端人群打造出全新的高端湖岸别墅——湖与墅。项目总用地面积约为 55 万平方米，计划投资 3.2 亿元，结合建筑营造与湖面高差等现状打造具有浓郁法式风格景观特点的高端社区。

2. 集团化发展

滨才集团旗下包括黑龙江省滨才房地产开发集团有限公司、哈尔滨市嵘森园林景观工程设计有限公司、哈尔滨市滨才物业管理有限公司、黑龙江省滨才商业发展管理公司、哈尔滨二十一世纪凤凰数码科技有限公司、哈尔滨市三乐四川美食有限公司等 6 家子公司，与汇赢投资（香港）股份有限公司联手投资成立北京春福伟业投资股份有限公司。

二 集团开发项目业绩

作为哈尔滨市本土的开发商，滨才集团涉足房地产开发以来，坚持扎根本土助力家乡发展，先后开发了翰林辰霞、柏林四季、柏林印象、滨才星城、滨才城等楼盘。

1. 柏林四季

柏林四季项目位于哈尔滨松花江北岸大学城核心地段学院路。40 万平方米建筑规模，8 万平方米生态主题公园，10 万平方米动感商业街区。建筑风格简约时尚，属于纯德式建筑、生态园林。

规划的生态主题公园，由休闲度假区、健身养生区、儿童娱乐区三部分组成。小区绿化在树种的选择上采用四季变化分明的植被来营造小区内环境，采用邻里间的庭院作为景观主题。庭院绿地线条简练干净，露台中穿插片墙、汀步等元素，规划摆放的块石与小区简洁的风格一致，树木为居民提供绿色屏障，隔绝噪声和污染，营造生态的居住环境。

2. 滨才城

项目位于哈尔滨市松花江北岸学院路，距哈尔滨市江南主城区约 15 公里，是一个超级国际生态大盘，同时也是哈尔滨市"北跃"政策的重点关注项目。

总占地面积 470 万平方米，规划总建筑面积 600 万平方米，项目融汇国际前瞻性理念，由国际知名的澳大利亚柏涛设计公司担当建筑设计。通过不同建筑风格的演绎，自然分成多个组团，整合多层、高层、洋房、别墅等多种产品形式，以高低错落的建筑产生韵律美，形成国际化视野的建筑风格，为冰城百姓带来了前所未有的高品质人居体验。

滨才城坐拥生态居所，整体容积率为 1.25、绿化率 65%，有 1.5 公里的原生溪流、70 万平方米生态体育公园、生态湖周边园林景观及岛屿会所，兼享配套完善的优质人居环境。项目规划 30 万平方米商业综合体滨才新天地，地处大学城核心地段，辐射 20 万人的消费群体。

三 深化绿色环保、生态宜居新理念

滨才集团致力于推动社会发展、关注生态、崇尚自然、关心社会、关爱民生、尊重历史。在理解哈尔滨人居生活、精神文化需求与向往的基础上，通过对环境、建筑理念的全新理解与演绎，实现地产品牌化、人文化。

设计开发之初，在倡导生态地产、品质地产的同时，充分利用地区优越的自然生态资源，大量运用低碳科技节能方式，如外墙采用节能墙体、雨水收集系统、路面铺装透水地砖等，将新型的低碳技术和产品应用到业主生活中，营造出城市中的宜居环境。

塞纳维拉组团的楼王——慕云 C 栋是塞纳维拉组团内唯一获得"国家二级绿色建筑"称号的建筑。该建筑南面为农垦职业学院，两侧被两条景观绿化带所围绕，学院气息浓厚，景致宁静优美，是大学城板块内唯一近人文、临商业的独立生活主题区。在科技应用上，慕云 C 栋住宅采用太阳能热水系统，每户均配一台 140L 太阳能热水器，热水量完全能满足住户的要求。设置分户控制箱，每个住户在采暖入户处装有热计量表并设置流量调节阀。还有保温、隔热、遮阳等多项科技系统与自然环境的良好互动，让室内达到高舒适度、低能耗的最佳人居环境。

四 推动区域经济发展

公司在开发建设项目的同时，注重企业使命和城市责任，投资 500 万元在哈依高速公路旁建成一个 8 万平方米的绿色主题公园，无偿献给利民开发区，以科学、实用并且追求塑造完美的态度，为业主打造理想的高品质的居住及使用空间。将建筑与景观完美结合，注重建筑与绿地的形式，在空间上相互渗透，绿化与建筑互为界面，相互围合，采用平坡结合、乔灌结合、花草结合的手法营造景观；利用场地落差，形成自然的起伏，采用立体式景观，注重植被搭配，大小乔木、灌木、地被植物、草坪结合，使景观产生丰富的层次感，全面提高业主的生活品质，创造区域内精品楼盘。

集团重金打造的 15 万平方米白金教育学校，引进知名幼儿园、小学、中学，成为孩子们的成长基地。30 万平方米商业综合体，以学院路、休闲景观带、南京路、教育大街组成的三横一纵格局，不但解决社区商业配套需求，更成为江北最大的商业核心圈，以龙头产业带动区域经济的发展，形成了经济学界的"榕树经济"。利用自己品牌优势、资本优势、营销系统优势，科学规划，积极配合开发区整体发展部署，在新城区的商业配套等方面加大投资力度，为城市发展运营、带动一方经济发展做出了应尽的义务。

十年来，滨才集团参与并组织过多次社会公益活动，捐助希望工程、福利院、贫困大学生、社区、地震灾区等，并且持续不断地举行各种社会公益、爱心慈善活动，希望用最贴近民生的姿态为构建良好社会环境做出贡献！

公司坚持以人才作为前进的第一动力，以人才作为企业腾飞的第一资源；坚持人才使用高素质化、人才开发科学化、人才管理制度化、人才培养职业化，选好人、育好人、用好人的人才观念，在各届大学生中吸纳新鲜血液，搭建有利于年轻人才发展的平台，旨在为社会创造更多的效益，培育更多的精英。

五 未来发展规划及发展战略

（一）发展理念

始终坚持以"民生地产"的理念建造老百姓都买得起的精品住宅，通过集中采购、统一配送、工程集中招标等实现规模效益，降低了材料成本及建设成本。切实践行"为民生，造新城"的开发理念，让利于民、回馈社会。为更多的人提供高品质人文住区，不断为百姓开发民生地产，回报广大客户的厚爱与支持。在不断为民生创造价值地产的同时，积极热心公益事业、回报社会。积极参与扶贫济困、贫困大学生助学、社会救助、民俗公益活动等慈善公益事业，为社会公益、文化事业添砖加瓦，贡献公司的力量。

（二）战略原则

自 2003 年起，滨才集团在市政府发展江北的指导下，紧跟政府领导进军江北地产，秉承"开拓、创新、求实、奉献"的企业精神，以"科技、生态、家"的企业理念，注重生态、品质、服务，严格按照保护生态和可持续发展战略原则进行开发建设和招商引资，一贯以保护和改善人类的生存环境、建设生态健康的家园为己任，全力打造哈尔滨地产行业一流品质楼盘。尤其是在"北跃"大战略的指导下，滨才集团更是进入江北，以运营城市、为区域造福的气魄，打造区域性地产领袖产品，引导哈尔滨市松花江北岸利民板块的大发展。

（三）发展目标及重点

第一，在快速发展的经济社会中，不断努力钻研专业技术，以保护生态和可持续发展战略为原则，建设生态家园，提高国人的居住水平；永远向客户提供满足其需要的住宅产品和良好的售后服务。通过提高工作效率，实现良好的经济、社会效益。

第二，以良好的信誉品质树立品牌，成为房地产行业最知名和最受信赖的企业；以诚信理性的经营行为树立优秀新兴企业的形象，为投资者提供理想的回报。

第三，快速发展地产行业全省布局目标，加强各子公司业务能力，在开拓创新的环境中快速发展；继续进行民生地产板块扩展，为更多百姓提供价廉质优的住宅产品。

大庆高新物业管理有限公司

徐文婷*

摘　要：　物业管理作为一个劳动密集和技术劳务型的服务性行业是住
房制度改革深化的产物。大庆高新物业管理有限公司重点在
管理和服务模式上大胆创新，明确"一业为主、多元经营"
的发展定位，从发展规划、市场拓展、优化业务、科学管理、
加强服务等方面推动企业转型。"十二五"期间，大庆高新
物业取得长足发展，成为业界的新标杆。本文通过对大庆高
新物业的分析，总结了企业发展的成功经验，并对企业下一
步发展的战略、措施和目标提出了建议。

关键词：　大庆　高新物业　企业经营　发展思路

大庆高新物业管理有限公司（以下简称"高新物业"）地处大庆高新
区，近年来，在现代服务企业的管理模式和服务模式创建中不断探索，为业
界树立起一个新标杆，为大庆地区乃至黑龙江省的物业服务发展起到了重要
推动作用。

大庆高新物业起步于1997年，2005年体制改革后焕发新春，与全国
知名物业管理咨询顾问公司合作引入深圳物业管理模式，从此走上现代
化、标准化、专业化的物业发展之路。具有国家一级物业管理资质，是中
国物业管理协会常务理事单位、黑龙江省房地产业第六届理事会副会长单

＊　徐文婷，黑龙江省城镇建设研究所环境园林室副主任，研究方向为环境与风景园林、房地产。

位。相继通过 ISO9000 质量管理体系认证、ISO14001 环境管理体系和 OHSAS18001 职业健康安全管理体系认证。现有员工 4319 人，其管理住宅小区、写字楼、商业物业、学校物业等各类全委托和部分委托物业管理项目 101 个，总建筑面积 720 万平方米；同时承担着道路保洁、绿化养护等专业作业面积 1400 万平方米。先后荣膺全国守合同重信用企业、全国厂务公开民主管理工作先进单位、物业管理改革发展 30 周年行业突出贡献奖、全国高校后勤服务优秀企业、全国巾帼文明示范岗、黑龙江省十佳物业好管家等光荣称号。

"十二五"期间，高新物业明确了"一业为主，多元经营"的企业发展定位，企业综合实力迅速提升。服务领域从单一物业服务向园林绿化、电梯安装维保、酒店餐饮等多元发展；管理建筑面积从"十二五"规划期初的223 万平方米猛增了 2.2 倍；2014 年实现总产值 2.68 亿元，利税 2700 万元，较"十二五"期初分别增长了 2 倍和 4.4 倍。其中 2014 年多元经济收入达 4200 余万元，约占企业全年总产值的 16%，形成了"一业为主、多元发展"的企业经营格局。于 2011 年晋级为中国物业管理综合实力入围企业，居第 138 位；2013 年升至全国物业行业百强，居第 84 位；2015 年晋升为第50 位，居黑龙江首位。

一 措施与做法

面对市场环境的不断变化和国内外企业的激烈竞争，高新物业积极推动改革创新，全面提升服务水平，主动引领企业转型升级。

（一）规划发展促转型

"十二五"前期，高新物业的业务发展仅限于大庆高新区范围之内，服务类型主要侧重于大庆高新区的市政设施的维护，如道路保洁、绿化养护、路灯检修等，虽然业务量随着大庆高新区建设规模的扩大而不断增加，但业务覆盖范围始终没有走向区外，业务类型单一。随着物业市场的日益成熟和竞争的日趋激烈，高新物业品牌定位不清晰、服务类型单一、赢利能力较弱、缺乏扩大发展所需的资金和人才等问题日渐显现，形势迫切要求企业必须要做出改变。就如何明确定位、拓展服务、构筑核心竞争力等涉及企业战略发展的核心问题，高新物业与中国著名的战略策划咨询机构合作，结合国际、国内物业行业发展趋势，制定出台"一业为主，多元经营"的企业"十二五"战略发展规划，即"主业以大庆特别是大庆高新区为根据地，深耕大庆，将市场做深做透后，再图区域拓展；同时以主业为基础，加速纵向、横向、关联产业链的延伸，实现物业服务从单一向多元、从园区向城市、从单独作战向联盟合作的转变"，逐渐将高新物业打造成黑龙江物业服务的航母型企业、具有全国影响力的综合物业服务集团。战略规划的出台，使企业解决了发展中所面临的整体性、长期性和基本性问题，不但使企业上下达成发展共识，增强了队伍的凝聚力和向心力，也使企业经营决策更具有目的性和原则性，确保了资源利用的最大化，为企业进一步发展打下了牢固基础。

（二）拓展市场促转型

市场份额扩大，是企业转型发展的动力。自战略规划形成并启动后，高新物业抓住大庆房地产行业快速发展的巨大历史机遇，充分利用大庆高新区管委会直属企业的属性优势、口碑优势、人员稳定优势，积极采取多种方式迅速扩大主业战场。首先成立了市场开发部，专门负责市场信息的收集和投标工作，形成专业特长，积极参与社会公开竞标。目前，高新物业共有 31 个物业项目是参与社会公开竞标而获得。另外，以"物业服务品牌促销售"为合作基础，与地产商大庆高新城投公司达成战略合作伙伴关系，优先拥有其开发建设的物业项目的前期管理权，为最终获得正式物业服务合同抢占先机。"十二五"期间，累计接管物业项目 49 个，新增项目规模 497 万平方米，增加产值 1.12 亿元。业务类型包括住宅、写字楼、校园物业、工业园区、道路专业清扫保洁等多种业态，业务覆盖范围也迈出了大庆高新区，辐射到大庆的龙凤、萨尔图、让胡路、林甸，市外辐射到省城哈尔滨。实现了物业服务从单一向多元、从园区向城市、从单独作战向联盟合作的转变。

（三）优化结构促转型

优化结构、转型升级是各行各业近年来高度关注的热点话题。"十二五"期间，高新物业在立足主业发展的基础上，坚持"横向拓展，纵向延伸"优化业务结构。在横向拓展方面，以园区物业服务积累的资源、经验和品牌为基础，本着业务关联性高、营利性好、持续性强的原则，横向拓展业务，相继成立了道路养护修缮队、晟然绿化工程公司、电梯维保公司和百汇宾馆。其中，道路养护修缮队为大庆高新区提供道路修缮服务，累计承揽修缮工程4000余万元；晟然绿化工程公司具备绿化工程施工二级资质，累计工程创收1.6亿元，自建绿化育苗、蔬菜基地10万平方米；电梯维保公司拥有电梯销售、安装、维保一条龙服务资质，在管电梯600余部；百汇宾馆的服务等级达到三星级别，可提供餐饮、住宿、会议等服务。在纵向延伸方面，以物业管理为中心，向物业服务产业链条的两端延伸，拓展收入来源。在所管的住宅小区内，成功地开展了广告平台、家政保洁、垃圾清运、物电共建、家装团购展销会等多种经营项目，"十二五"期间已累计实现收入1860余万元。

（四）科学管理促转型

企业管理是永恒的主题，向科学管理要效益成为转型发展的重要环节。"十二五"期间，高新物业在企业公司化运作、企业管理流程再造、企业文化构建、服务品牌的打造、人才资源的培养与储备等事关企业核心能力方面的建设，进行了积极的探索和尝试。

1. 提升服务质量

建立健全了《质量管理体系》《环境管理体系》《职业健康安全管理体系》一体化的科学管理体系，并通过了权威认证。为确保体系的适宜性、有效性和符合性，高新物业严谨对待中国检验认证集团的外审工作，做到培训经常化、督导制度化、改进持续化。3个标准体系共9个手册152个程序文件，涵盖了物业管理的全部过程，规范了物业服务的每一个细节。如电话铃响三声内必须接听、业主报修后15分钟必须到场、一块抹布的16面使用法等，诠释了高新物业对服务细节完美的追求。

2. 抓人才的培养与储备

高新物业开办了员工大讲堂、道德大讲堂，通过聘请全国知名专家培训、数字化网络培训、培养内训师等多种形式完善人才内生机制，培养了一大批专业型管理人员；在社会上高薪聘请电梯、消控等急需专业人才，保障了企业的专业能力和发展速度；与大庆油田职业中专联合办学，员工子女优先录用，不但免收住宿费和学费，学校每年还给困难学生补助1800元，毕业后优先安排在高新物业就业，几年来培养了100多名学生，在勇于担当社会责任的同时对企业人才队伍也是有力的补充。

3. 大力提升机械化作业能力

高新物业累计投入资金3500余万元购置大中型道路清扫车107台套，全面提升了企业机械化作业能力，目前道路保洁机扫率达到60%，领先大庆市同行业机扫水平。降低人员使用需求高达20%，降低了环卫人员冬季清雪劳动强度达60%，降低了员工流失率，未受到全国范围用工荒的严响，保持了队伍的稳定性。

4. 抓激励机制的创新

在建立部门、个人月度和年度关键绩效指标考核体系（KPI）的同时，推行收费工作《全员收费奖励办法》，对收缴难度大的陈欠费用，每名员工都可自由认领，加大提成比例，充分调动了各级人员的积极性。综合收费率由三年前的93.5%，提高至目前的98%。

5. 实施文化强企工程

制定实施企业文化发展战略，实施"企业识别系统（CIS）工程"，全面统一规范高新物业外部形象，凝练并践行高新物业管理服务理念，细化员工的日常礼仪及行为规范。围绕"敬业、重信、笃学、创新"的企业核心价值观，常态化开展系列主题企业文化活动，如"幸福像花儿一样"小区大型歌舞晚会、端午包粽子比赛、果树认栽认养、便民服务月、盛夏清凉电影节、家庭趣味运动会、社区书画展比赛等文体活动贯穿全年，拉近了业主与物业、业主与业主之间的距离，共同构建和谐社区。优秀的企业文化增强了员工归属感和企业凝聚力，培养出以全国劳动模范王友秋为代表的一大批先进典型。

6. 推行互联网技术办公应用

企业量身定制开发的企业资源统计划（ERP）信息管理系统，实现了网上签报审批、计划流转、报修派单、信息查询、数据统计等系统功能，涵盖了企业所有的管理模块和服务流程，实现了对人、财、物等资源的集约化管理，提升了企业科学管理服务水平。2014 年开通了企业微信公众平台，进一步拓宽了企业与业主、企业与社会的交流渠道。

（五）强化服务促转型

服务文化是引领支撑企业做强、做长行之有效的手段，也是高新物业多年发展的重要经验。经过摸索、整合，以诚信为核心，以首问负责制度、经理接待日制度、业主恳谈会制度、业主满意度测评制度、班子成员走访制度、总经理投诉热线制度、管理人员问责制度、服务公开制度等八项制度为支撑的"诚信物业，阳光服务"的服务文化体系初步成型，诚信特色得到了广大业主和社会的认可。每月一次的经理接待日从会议室移到小区广场，搬到业主身边，物业经理热情阳光的形象、及时迅捷的办结效率让业主心服口服，业主满意度很快就上升到 91%；领导班子成员定期下基层蹲点，掌握第一手情况，自己看、自己找，真正把问题找准、找实，帮助员工解决实际问题，一年一度的员工满意度始终保持在 99% 以上；物业办事公开制度尤其受到社会的广泛关注，将服务范围、服务内容、服务标准、承诺事项、收费价格、财务收支等八项涉及业主切身利益的事项予以公示，在维护业主利益的同时也树立了企业形象。省住建厅主持的"全省物业系统办事公开典型经验现场交流会"曾在高新物业所服务的小区召开，该企业的管理经验被作为典型在全省物业系统内推广。

二 "十三五"发展思路

（一）发展战略

大庆高新物业确定了"十三五"时期的"五大企业发展战略"。

1. 本质安全型支撑战略

把本质安全型企业建设作为实现企业总体发展战略目标的基础和支撑，放到企业各项战略的第一位全力实施。

2. 规模品质领先战略

打好规模、品质两张牌，不断扩大物业服务主业在同行业的领先地位，提高市场占有率，获得更大的市场话语权

3. 新业态跟进推动战略

整合客户资源，利用"互联网＋"模式，在打牢基础物业服务的同时，更加注重全方位满足和增强业主体验感，通过整合线上线下资源，积极拓展特色化个性服务、居家养老服务、社区商务服务和智能化社区服务等服务项目，提升企业服务效率，扩大服务领域，树立行业品牌，实现向现代化服务业转型升级，提高新业态对企业经济总量的贡献率。建立企业数据库管理系统，将物业服务企业资质等级、经营规模、生产经营收入、用工情况等基础数据纳入物业服务企业数据库，便于社会检索查阅。

4. 经营多元化促进战略

加快改革机制体制，培育新经济体，提高多元经济体之间的融合度，有效发挥多元经济的集聚效应和运营效率。

5. 和谐廉洁创新文化引领战略

突出和谐、廉洁和创新三大主题，推进队伍建设、企业和谐，不断取得新成效。

（二）发展目标

"十三五"期间，大庆高新物业规划企业收入规模、资产总额要在"十

二五"末的基础上实现翻一番。"十三五"期末的收入规模要达到 6 亿元，力争 10 亿元，资产总额达到 2 亿元。力争在全国物业管理行业中综合实力排名更上一层楼。

（三）发展措施

1. 本质安全是保障

以安全、和谐、稳定发展为目标，标本兼治，务实创新，抓紧解决在本质安全型企业建设中的突出问题，消除影响和谐建设的深层次制约因素，引领企业进入和谐持续发展的轨道，建立起有效和长效保障机制。

2. 人才培养是动力

以人才队伍建设和科技创新为动力，按照"优秀人才扶植支持、紧缺人才多方引进、骨干人才重点培养、后备人才超前储备"的思路，采取"培养一批、选树一批、引进一批"的方式，培养造就适应大集团技术创新、业务调整、资本运作需要的经营管理、专业技术和技能人才队伍，使企业各类人才的需求得到基本保证。

3. 技术创新是支撑

现今的物业企业，通过流程再造等传统手段已经无法解决人力成本问题，唯有通过高科技的运用，引入高科技设施设备，并以技术手段充分利用人力的"碎片"时间，才可能减少对人工的依赖，节约成本。当前，互联网技术的发展，客观上为物业管理创新服务模式创造了条件，企业将联合信息技术研发部门加强管理服务 APP 技术攻关，加快信息技术向实际应用转化，推出集移动考勤签到、设备运行远程监控、巡检巡更实时监测、移动办公签批、受理报事报修、物业账单查询、线上费用催缴、社区商业服务等功能于一体的移动服务终端，以此为起点不断探索完善"互联网＋"模式，推动物业管理手段向技术优势转变，提高集团核心竞争力。

4. 提升服务是根本

开展物业企业信用评价等级制度的网络化平台建设，引入第三方考评监督机制，对物业企业的服务态度、服务质量、维修管理、保洁管理、保安管理情况等内容测评打分，并将评定结果纳入企业信用管理体系，公开企业信用评价等级，接受社会监督，实现优胜劣汰，良性竞争，不断提升物业监督管理水平。

5. 资本运营是手段

立足"一业为主，多元经营"的企业发展定位，利用企业的品牌优势、技术优势、规模优势实施资本运作，通过合资、合作、兼并、重组、收购等方式加速外部具备发展潜力的上下游企业并购力度，走低成本扩张之路。横向拓展新产业板块，纵向延伸产业链上下游服务，不断壮大规模和服务范围，尽快完成企业的产业和区域布局，拓展企业生存空间，将企业打造成以物业管理为主，纵向、横向、关联产业链不断延伸的、多产业互动的具有可持续竞争力的全国一流物业服务集团。

物业服务事关广大人民群众的切身利益，对于改善人居环境、促进社区建设、维护社会稳定具有重要意义。近年来，黑龙江省物业服务行业发展迅速，截至 2014 年底，全省共有物业服务企业 2221 家，从业人员 13 万余人，管理面积 5.1 亿平方米，城镇物业服务覆盖率达到 62.2%，形成了包括房屋及相关设施设备维护、环境卫生清洁、公共秩序管理、居民生活服务等多层次的配套服务体系。大庆高新物业是我省物业企业的先进典型，通过其带动示范，将有更多的黑龙江本土企业创优争先，从而提升行业整体发展水平，树立省内物业服务新形象，为千万百姓造福。

附　　录

Appendix

黑龙江省住房和城乡建设
主要法规条例

黑龙江省城乡规划条例

（2014 年 12 月 17 日黑龙江省第十二届人大常委会第十六次会议通过）

第一章　总　则

第一条　为科学制定城乡规划，保障城乡规划有序实施，协调城乡空间布局，改善人居环境，提升城镇化发展的水平和质量，促进城乡经济社会全面协调可持续发展，根据《中华人民共和国城乡规划法》和有关法律、法规，结合本省实际，制定本条例。

第二条　在本省行政区域内制定、实施和修改城乡规划，在规划区内进行建设活动及其监督管理，应当遵守本条例。

本条例所称城乡规划，包括城镇体系规划、城市规划、镇规划、乡规划和村庄规划。城市规划、镇规划分为总体规划和详细规划。详细规划分为控制性详细规划和修建性详细规划。

第三条 制定和实施城乡规划，应当遵循城乡统筹、合理布局、先规划后建设、保护和改善生态环境、综合利用资源的原则，注重保护历史文化遗产，保持地方特色、民族特色和传统风貌，防止污染和其他公害，符合区域人口发展、国防建设、防灾减灾和公共卫生、公共安全的需要。

第四条 各级人民政府应当坚持民主决策和科学论证，加强城乡规划信息化建设，建立公众参与制度，广泛听取意见，从本地实际出发，吸收和借鉴先进规划理念和成果，保障城乡规划的科学制定和有效实施。

第五条 各级人民政府应当设立城乡规划委员会。城乡规划委员会是本级人民政府进行城乡规划的决策机构，负责审查通过、协调实施城乡规划。

第六条 省城乡规划主管部门负责组织实施本条例。

城市、县城乡规划主管部门负责本行政区域内的城乡规划管理工作。

县级以上人民政府其他有关部门应当按照各自职责，做好城乡规划管理的相关工作。

第七条 独立进行行政管理的垦区、国有重点林区应当完善城乡规划管理体制，做好垦区、国有重点林区城乡规划的制定和管理工作。独立的垦区、国有重点林区小城镇，由垦区、国有重点林区城乡规划主管部门进行城乡规划管理；与城市、镇毗邻的，应当在城乡规划制定和实施上相衔接、相协调；在城市规划区中心城区内的，应当服从城市的城乡规划管理。

第八条 实行城乡规划公开公示制度，公开公示的内容和期限应当符合国务院城乡规划主管部门的有关规定。

第九条 经依法批准的城乡规划应当严格执行，未经法定程序不得修改。

第二章　城乡规划的制定和修改

第十条 编制城乡规划应当依据国民经济和社会发展规划，符合国家法律、法规和相关技术规范的规定，并与土地利用规划、新型城镇化规划、产业发展规划相衔接，兼顾长远发展和近期建设、整体利益和局部利益，促进城乡统筹规划、区域协调发展。

第十一条 省人民政府组织编制的省域城镇体系规划，城市、县人民政府组织编制的总体规划，在报上一级人民政府审批前，应当先经本级人民代表大会常务委员会审议，常务委员会组成人员的审议意见交由本级人民政府研究处理。

镇人民政府组织编制的镇总体规划，在报上一级人民政府审批前，应当先经镇人民代表大会审议，代表的审议意见交由本级人民政府研究处理。

规划的组织编制机关报送审批省域城镇体系规划、城市总体规划或者镇总体规划，应当将本级人民代表大会常务委员会组成人员或者镇人民代表大会代表的审议意见和根据审议意见修改规划的情况一并报送。

第十二条 跨市（地、县）区域性城镇体系规划，由共同的上一级城乡规划主管部门会同有关部门组织编制，报共同的上一级人民政府审批；垦区、国有重点林区的小城镇体系规划分别由省农垦总局、省森林工业总局组织编制，报省人民政府审批。

国家级和省级开发区的总体规划，由所在城市、县城乡规划主管部门组织编制，经本级人民政府审查后，报省人民政府审批；垦区、国有重点林区的国家级、省级开发区总体规划，分别由省农垦总局、省森林工业总局组织编制，报省人民政府审批。

独立工矿区规划，由所在地城市、县人民政府组织编制，并纳入城市、镇总体规划。

垦区、国有重点林区的小城镇总体规划，分别由省农垦总局所属管理局、省森林工业总局所属林业局组织编制，分别报省农垦总局、省森林工业总局审批。

第十三条 城市、县、镇人民政府应当根据城市总体规划、镇总体规划、土地利用总体规划和年度计划以及国民经济和社会发展规划，制定近期建设规划，报总体规划审批机关备案。

第十四条 各有关行政主管部门组织编制基础设施、公共服务设施、环境保护、防灾减灾、城市交通、绿地系统、旅游、河湖水系、低影响开发雨水系统、住房建设、商业网点等有关专项规划，应当符合城市总体规划。

组织编制专项规划的行政主管部门应当征求相关行政主管部门意见，报本级人民政府审批。

第十五条 城市、县城乡规划主管部门应当会同有关部门依据城市总体规划、县人民政府所在地镇总体规划，组织编制地下空间规划，报本级人民政府审批。

地下空间规划应当对地下交通设施、人防设施、公共服务设施、市政管网、保护文物以及其他地下建筑物、构筑物等进行统筹安排，并与地面相关设施衔接。

第十六条 历史文化名城、名镇、名村保护规划，由所在地城市、县人民政府组织编制，报省人民政府审批。

历史文化街区保护规划，由所在地城乡规划主管部门会同同级文物主管部门组织编制，报城市、县人民政府审批。

纳入保护名录的历史建筑，城市、县城乡规划主管部门应当在规划编制中明确保护措施和使用功能，并可以根据保护需要划定建设控制地带，报本级人民政府审批。

垦区、国有重点林区历史文化名镇规划，由省农垦总局、省森林工业总局组织编制，报省人民政府审批。

垦区、国有重点林区历史文化街区保护规划，由省农垦总局所属管理局、省森林工业总局所属林业局城乡规划主管部门组织编制，分别报省农垦总局、省森林工业总局审批。

垦区、国有重点林区纳入保护名录的历史建筑，省农垦总局所属管理局、省森林工业总局所属林业局城乡规划主管部门应当在规划编制中明确保护措施和使用功能，并可以根据保护需要划定建设控制地带，分别报省农垦总局所属管理局、省森林工业总局所属林业局审批。

第十七条 控制性详细规划应当符合城市、镇总体规划和国家、省相关技术规范、标准，并覆盖城市、镇总体规划确定的近期建设用地范围。

城市人民政府城乡规划主管部门根据城市总体规划的要求，组织编制城市的控制性详细规划，经本级人民政府批准后，报本级人民代表大会常务委员会和上一级人民政府备案。

镇人民政府根据镇总体规划的要求，组织编制镇的控制性详细规划，报上一级人民政府审批。县人民政府所在地镇的控制性详细规划，由县人民政府城乡规划主管部门根据镇总体规划的要求组织编制，经县人民政府批准后，报本级人民代表大会常务委员会和上一级人民政府备案。

第十八条　城市人民政府城乡规划主管部门组织编制城市中心区、滨水区、历史文化街区、公共绿地和生态绿地、重要的市政基础设施、大型公共服务设施、城市主干道以及主要景观轴线两侧等重要地块的修建性详细规划。县城乡规划主管部门组织编制县人民政府所在地镇的重要地块的修建性详细规划；其他镇人民政府组织编制本镇重要地块的修建性详细规划。

城市、县人民政府应当向本级人民代表大会常务委员会提报重要地块名录，经审议通过后由本级人民代表大会常务委员会向社会公布。

第十九条　城市、县城乡规划主管部门、镇人民政府应当组织编制城市、镇总体城市设计并纳入各层次城乡规划进行管理。

城市、镇的旧城改造和新区开发以及重要景观控制区域，应当编制城市设计；未编制城市设计的不得进行建设。

城市、镇总体城市设计应当对城市、镇的总体形态、城市风貌特色、公共空间、交通系统等内容予以明确，并符合城市的功能和定位。城市、镇编制的城市设计应当对设计范围内地块的开发强度、交通组织以及建筑物的造型、色彩、高度、体量等内容予以明确。

城市设计应当经城乡规划委员会审查通过，在城市、县人民政府报请本级人民代表大会常务委员会审议决定后，由本级人民政府组织实施。修改城市设计的，应当按照原批准程序进行；未经批准的，不得修改城市设计。

第二十条　城乡规划的组织编制机关应当对城乡规划的实施情况进行评估。城镇体系规划每五年评估一次，城市、镇总体规划每两年评估一次。

第二十一条　有下列情形之一的，方可启动控制性详细规划和城市设计修改的法定程序：

（一）总体规划修改后，用地布局和功能发生调整的；

（二）实施国家、省重点工程需要修改的；

（三）建设重要基础设施、公共服务设施等工程需要修改的；

（四）控制性详细规划经评估确需修改的。

第二十二条 有下列情形之一的，方可启动修建性详细规划修改的法定程序：

（一）因控制性详细规划修改，原修建性详细规划无法实施的；

（二）涉及文物保护、地质灾害、公共安全等原因，原修建性详细规划无法实施的；

（三）确需修改原修建性详细规划，并且不改变控制性详细规划强制性内容的。

第二十三条 城镇体系规划、城市和镇总体规划、乡规划和村庄规划、各类专项规划以及控制性详细规划、重要地块的修建性详细规划的编制和修改，应当由各级城乡规划委员会组织技术论证。

第二十四条 各类城乡规划应当依法进行备案。重要地块的修建性详细规划应当报上级城乡规划主管部门备案；垦区、国有重点林区的小城镇总体规划，应当向省城乡规划主管部门进行备案。

第三章　城乡规划的实施

第二十五条 城乡规划主管部门应当在城乡规划确定的建设用地范围内，依法对建设项目实施规划许可。

核发建设项目选址意见书、建设用地规划许可证、建设工程规划许可证和乡村建设规划许可证，按照法定程序办理。

第二十六条 以划拨方式取得国有土地使用权的建设项目，建设单位在依法报送有关部门批准或者核准前，向城市、县城乡规划主管部门申请核发选址意见书时，应当提交下列材料：

（一）建设项目选址申请书；

（二）符合规划审批要求且能够反映拟建项目用地位置以及周围空间关系的现状地形图；

（三）建设项目土地证明文件。

市政管线工程还应当提供拟建工程示意图。

第二十七条　以出让方式取得国有土地使用权的建设项目，建设单位向城市、县城乡规划主管部门领取建设用地规划许可证时，应当提交下列材料：

（一）建设项目用地规划申请书；

（二）建设项目批准、核准、备案文件；

（三）国有土地使用权出让合同。

以划拨方式取得国有土地使用权的建设项目，建设单位向城市、县城乡规划主管部门申请建设用地规划许可证时，应当提供前款第一项、第二项规定的材料。

第二十八条　在城市、镇规划区内新建、扩建和改建建筑物、构筑物、道路、管线和其他工程建设的，建设单位或者个人应当向城市、县城乡规划主管部门申请办理建设工程规划许可证。

前款所称的其他工程建设，包括广场、停车场、重点绿化工程，城市雕塑、大中型户外广告固定设施，大中型或者受保护的建筑物外立面装修，以及法律、法规规定的其他工程建设项目。

第二十九条　城乡规划主管部门应当对建设工程设计方案进行审查，重要地块和重要建筑物的建设工程设计方案还应当提交城乡规划委员会主任主持的城乡规划委员会会议进行审查。

审查建设工程设计方案应当重点审查是否符合控制性详细规划和城市设计要求，是否与周边空间环境相协调，以及建筑物的平面、立面、剖面、风格特点和建筑立面材料、门窗、屋面、墙体、主要出入口等建筑元素。

第三十条　建设单位或者个人申请办理建设工程规划许可证，应当提交下列材料：

（一）建设工程规划申请书；

（二）使用土地的有关证明文件；

（三）建设工程设计方案。

重要地块和重要建筑物的建设，还应当提交经城乡规划委员会审查通过的建设工程设计方案；需要编制修建性详细规划的建设项目，还应当提交修建性详细规划。属于原有建筑物改建、扩建的，还应当提供房屋产权证明。

在已建成的城市道路上进行结构改造、维修的项目以及地下管线建设项目，应当提供本条第一款第一项、第三项规定的材料。

建设项目开工前，建设单位应当按照城乡规划主管部门的规定，在施工现场设置建设项目工程规划许可公告牌。

第三十一条　在集体土地上进行农村村民个人住房建设的，村民应当向村民委员会提出个人建房申请。村民委员会受理后，应当在本村公示七日。村民委员会同意建设的，应当将建房申请报乡、镇人民政府，由城市、县城乡规划主管部门或者其委托的乡、镇人民政府核发乡村建设规划许可证。申请办理乡村建设规划许可证时，应当提交下列材料：

（一）宅基地使用证明、房屋用地四至图，或者国土资源行政主管部门书面意见；

（二）村民委员会同意建设的书面意见；

（三）房屋设计方案或者简要设计说明。

在乡、村庄规划区内进行乡镇企业、乡村公共设施和公益事业建设的，建设单位或者个人应当向乡、镇人民政府申请，由乡、镇人民政府报城市、县人民政府城乡规划主管部门核发乡村建设规划许可证。申请办理乡村建设规划许可证时，应当提交下列材料：

（一）国土资源行政主管部门书面意见；

（二）村民委员会同意建设的书面意见；

（三）建设项目用地范围地形图和建设工程设计方案。

第三十二条　城市、镇规划区内临时建设应当办理临时用地、临时工程规划审批手续，但建设项目用地范围内因施工需要的临时建设除外。

临时建设的建筑物不得超过二层，不得办理房屋产权登记，不得擅自改变使用性质或者转让。

城乡基础设施、公共服务设施和公共安全设施建设项目因施工需要搭建的工棚、库房、管理用房、围墙等临时建设的使用期限至建设项目竣工之日止。其他临时建设的使用期限不得超过二年；确需延长使用期限的，建设单位或者个人应当在使用期满三十日前向城市、县城乡规划主管部门提出申请，经批准可以延续一次，延续期限不得超过一年。

临时建设应当在批准的使用期限内自行拆除。因城市、镇规划建设需要提前拆除的，应当在接到原批准机关通知之日起三十日内自行拆除。需要恢复场地原貌的，应当按照要求恢复。建设项目用地范围内因施工需要进行的临时建设，应当在规划条件核实前自行拆除。

第三十三条 有下列情形之一的，城市、县城乡规划主管部门不得批准进行临时建设：

（一）在历史文化名镇、名村、历史文化街区和文物保护单位核心保护范围内的；

（二）在国家和省级风景名胜区、自然保护区核心区、城市防洪区保护范围内的；

（三）影响近期建设规划、控制性详细规划实施的；

（四）影响交通、安全、市容的；

（五）占用绿地、水面和广场、公共停车场等公共空间场地的；

（六）占用城市主干道和城市重要交通节点红线内用地的；

（七）法律、法规禁止的其他情形。

第三十四条 未经城市、县城乡规划主管部门确定规划条件，国有土地使用权不得出让。擅自改变规划条件的，城市、县城乡规划主管部门不得核发建设用地规划许可证。

规划条件确定满一年土地未出让的，在土地出让前，应当由城市、县城乡规划主管部门重新核定规划条件。

城市、县城乡规划主管部门核发建设用地规划许可证时，应当向建设单位或者个人提出建设工程设计条件，建设单位或者个人应当按照建设工程设计条件，编制修建性详细规划或者工程设计方案。

第三十五条 城市、县城乡规划主管部门在受理规划许可前，应当将办理要件、办理程序和办理期限等一次性告知申请人，并应当自受理之日起二十日内做出行政许可决定；二十日内不能做出决定的，经城市、县城乡规划主管部门负责人批准，可以延长十日。对符合条件的核发行政许可，对不符合条件的，应当书面告知并说明理由。

第三十六条 建设项目选址意见书、建设用地规划许可证、建设工程规划许可证、乡村建设规划许可证的有效期限为二年，期限届满前应当取得后续批准文件。未取得后续批准文件的，规划许可自行失效。

城市、县城乡规划主管部门核发规划许可依据的建设项目批准文件被撤销、撤回或者土地使用权被收回的，相关部门应当告知城乡规划主管部门，由城乡规划主管部门注销相应的规划许可。

第三十七条 已经取得规划许可的建设项目，建设单位或者个人发生改变的，应当重新进行规划审批。重新核发的规划许可不得改变原规划条件。

规划条件的内容应当包括：

（一）地块的位置、范围和面积；

（二）土地使用性质；

（三）建筑密度、建筑高度、容积率、绿地率；

（四）建筑退让、出入口方位、停车泊位、应当配置的公共服务设施和市政基础设施的位置和规模、地下空间开发利用等规划要求；

（五）建筑风格、色彩等有关城市设计引导要素。

需要建设单位编制修建性详细规划的，应当在规划条件中予以明确。

第三十八条 建设单位或者个人应当按照规划条件和规划许可的内容进行建设，不得擅自变更；确需变更的，应当向城乡规划主管部门申请。变更内容依法应当先经其他有关主管部门同意的，建设单位或者个人在向城乡规划主管部门申请变更时，应当提供相关证明文件。

申请变更的内容不符合控制性详细规划的，城乡规划主管部门不得批准。

对房地产开发项目，除因公共利益需要外，申请变更的内容涉及提高容积率、改变使用性质、降低绿地率、减少公共服务设施和基础设施的，城乡规划主管部门不得批准。

第三十九条 城乡规划主管部门在规划许可和变更前应当采取公示、听证会、座谈会等形式，听取利害关系人的意见。因变更规划许可内容给利害关系人合法权益造成损失的，申请变更的建设单位或者个人应当依法给予补偿。

第四十条 城市、县城乡规划主管部门负责本地区地下空间的综合管理和协调，统筹地下空间资源的规划和建设，统一建立地下空间公共信息管理平台。

地下空间的开发利用，应当履行规划审批手续。与地面建设工程一并开发利用地下空间的，应当与地面建设工程一并办理规划审批；单独开发的地下交通、商业、仓储、能源、通信、管线、人防工程等建设项目，应当向城市、县城乡规划主管部门申请办理规划审批。

城市、县人民政府应当对旧城区的地下管线进行普查，并将普查档案移送当地城建档案管理机构统一管理。

鼓励城市建设地下综合管廊。

第四十一条 涉及日照需求的建设间距，应当符合国家强制性标准中有关日照的规定，采取日照间距系数或者日照分析方法确定。

采取日照分析方法确定建设间距的，应当由具备城乡规划编制资质的单位，采用国家认定的日照分析工具编制日照分析报告。

第四十二条 建设工程开工和地下管线隐蔽工程覆土前，建设单位或者个人应当向城市、县城乡规划主管部门申请验线。

城市、县城乡规划主管部门收到验线申请后，应当于五日内完成验线核实。

第四十三条 建设工程竣工后，建设单位或者个人应当向城市、县城乡规划主管部门提交竣工图和竣工测绘报告等资料，申请规划条件核实；经核实符合规划条件的，方可组织竣工验收，并按照国家和省有关城乡建设档案管理的规定，及时向有关部门移交建设工程档案资料。

城市、县城乡规划主管部门受理申请后，应当在十五日内完成规划条件核实。

第四十四条 各类园区、开发区、城市新区的设立，应当符合城市、镇总体规划确定的规划建设用地范围和规划布局，并由所在地县级以上城乡规划主管部门按照法律、法规和国务院有关规定实施规划管理。

第四十五条 设区城市的旧城区内除基础设施、公益性服务设施、绿地外，不得插建建设用地面积三千平方米以下的零星建设项目。

城市、镇规划区外的公路、铁路、电力、通信、输油输气管线等重大基础设施和加油加气站、殡葬设施等公共服务设施的城乡规划管理，依据经批准的城镇体系规划或者村镇体系规划实施。

第四章　监督检查

第四十六条 各级人民政府应当每年向本级人民代表大会常务委员会或者乡、镇人民代表大会报告城乡规划的实施情况，并接受监督。

城市、县人民政府确定的城市规划实施中的重大事项和重点建设项目，应当提请本级人民代表大会常务委员会审议。

第四十七条 城市、县人民政府应当向上一级人民政府报告上年度城乡规划的编制、审批、实施和修改情况；下级城乡规划主管部门应当每年向上一级城乡规划主管部门报告城乡规划行政许可核发和变更情况。

上级城乡规划主管部门应当加强对下级城乡规划主管部门的监督检查。对违法审批的建设项目，上级城乡规划主管部门可以直接撤销或者责令其自行撤销行政许可或者批准决定。

城市、县城乡规划主管部门依法应当做出行政许可或者批准决定而未做出的，上一级城乡规划主管部门有权责令其做出准予行政许可决定或者批准决定，也可以建议地方人民政府责令其做出准予行政许可或者批准决定。

第四十八条 上级城乡规划主管部门应当对下列情况进行监督检查：

（一）城乡规划的编制、修改、审批、备案情况；

（二）城市设计的编制、实施情况；

（三）城乡规划许可办理、执行情况；

（四）城市、镇、乡、村庄规划区内规划实施情况；

（五）建设工程规划核实情况；

（六）建筑物、构筑物的使用性质情况；

（七）违法建设查处情况；

（八）依法应当监督检查的其他内容。

第四十九条 省人民政府应当建立城乡规划督察制度，对城乡规划的编制、审批、实施和修改情况进行督察。

第五十条 任何单位和个人有权就建设活动是否符合规划的要求向城乡规划主管部门查询，有权就涉嫌违法的建设活动向城乡规划主管部门或者其他有关部门举报。

城市、县城乡规划主管部门及其他有关部门应当公布举报方式，对公民、法人和其他组织举报的违法行为，属于本部门职责范围的，应当及时进行核实、处理，并答复举报人；不属于本部门职责范围的，应当及时转告相关部门并告知举报人。

第五十一条 对于无法确定建设单位或者个人的违法建设工程，建设工程所在地城市、县城乡规划主管部门应当通过公告送达或者现场发布公告等形式告知违法建设所有人，公告期限不得少于三十日。公告期满后，由城乡规划主管部门依法处理。

第五章　法律责任

第五十二条 违反本条例规定，城市、县人民政府在城乡规划管理活动中有下列行为之一的，由上级人民政府责令改正，通报批评，对有关人民政府负责人和其他直接责任人员依法给予处分：

（一）未履行城乡规划组织编制义务的；

（二）未按照法定程序和要求组织编制、审批、修改城乡规划的；

（三）未按照城市、镇总体规划确定的建设用地范围和布局设立城市新区、各类园区、开发区的；

（四）对设立的城市新区、各类园区、开发区未依法实施规划管理的；

（五）未按照法定要求进行规划备案的；

（六）法律、法规规定的其他情形。

第五十三条 违反本条例规定，城市、县人民政府有关部门有下列行为之一的，由本级人民政府或者上级人民政府有关部门责令改正，通报批评；

对直接负责的主管人员和其他直接责任人员依法给予处分：

（一）未按照法定程序修改控制性详细规划或者修建性详细规划的；

（二）未按照法定程序做出行政审批决定或者核发行政许可的；

（三）未按照法律、法规规定擅自批准临时建设和插建零星建设项目的；

（四）对未经规划条件核实或者核实不合格的建设工程，办理竣工验收备案的；

（五）未按照法定程序和要求，办理房屋权属登记的；

（六）未按照规定进行城乡规划公开公示的；

（七）未按照规定及时完成验线核实的；

（八）法律、法规规定的其他情形。

第五十四条 违反本条例，在城市、镇规划区内，建设单位或者个人未取得建设工程规划许可证或者未按照建设工程规划许可证规定进行建设的，由县级以上人民政府城乡规划主管部门责令停止建设。

违法建设工程尚可采取改正措施消除对规划实施影响的，由县级以上人民政府城乡规划主管部门责令限期改正，并处以建设工程造价百分之五以上百分之十以下的罚款，改正后应当及时补办相关手续；无法采取改正措施消除影响的，由县级以上人民政府城乡规划主管部门限期拆除，逾期不拆除的，依法强制拆除，并处以建设工程造价百分之十的罚款；不能拆除的，没收实物或者违法收入，可以并处建设工程造价百分之五以上百分之十以下的罚款。

前款所称无法采取改正措施消除影响的情形包括：

（一）占用历史文化街区、各级文物保护单位保护范围用地进行建设的；

（二）违反建筑间距、建筑退让城市道路红线、建筑退让用地边界等城市规划管理技术规定或者控制性详细规划确定的强制性内容的；

（三）擅自在建筑物楼顶、退层平台、住宅底层院内进行建设的；

（四）未按照控制性详细规划建设基础设施、公共服务设施而建设其他设施的；

（五）法律、法规规定的无法采取改正措施消除影响的其他情形。

第五十五条 违反本条例规定，建设单位或者个人有下列情形之一的，由城市、县城乡规划主管部门按照以下规定给予处罚：

（一）未依法办理建设工程规划审批手续，擅自进行地下空间开发建设，或者擅自改变经规划审批的地下空间的使用功能、层数和面积，以及在经规划核实合格后的建筑内擅自新建地下建筑物、构筑物的，责令停止建设，限期改正，并处以违法建设工程造价一倍的罚款；

（二）擅自变更经批准的城市设计或者建设工程设计方案所确定的建筑物造型、色彩的，责令限期恢复原状，并处以二万元以上五万元以下的罚款；

（三）未经城市、县城乡规划主管部门验线核准，擅自开工的，责令限期改正，补办相关手续，可以并处三万元的罚款；

（四）未在建设项目施工现场设置建设项目工程规划许可公告牌或者公示内容不符合规定的，责令限期改正；逾期未改正的，对建设单位处以三万元的罚款。

第五十六条 建设单位或者个人有下列行为之一的，由所在地城市、县人民政府城乡规划主管部门责令限期拆除，可以并处临时建设工程造价一倍以下的罚款：

（一）未经批准进行临时建设的；

（二）未按照批准内容进行临时建设的；

（三）临时建筑物、构筑物超过批准期限不拆除的。

第五十七条 在乡、村庄规划区内未依法取得乡村建设规划许可证或者未按照乡村建设规划许可证的规定进行建设的，由乡、镇人民政府责令停止建设、限期改正；逾期不改正的，可以拆除。

第六章 附 则

第五十八条 本条例未作规定的，法律、行政法规对城乡规划的制定、实施、修改、管理、监督以及行政处罚已作规定的，从其规定。

第五十九条　本条例自 2015 年 3 月 1 日起施行。1992 年 6 月 9 日黑龙江省第七届人民代表大会常务委员会第二十七次会议通过的《黑龙江省实施〈中华人民共和国城市规划法〉办法》同时废止。

黑龙江省建设工程勘察设计条例

（1998 年 8 月 15 日黑龙江省第九届人民代表大会

常务委员会第四次会议通过；根据 2008 年 6 月 13 日黑龙江省

第十一届人民代表大会常务委员会第三次会议修订）

第一章　总　则

第一条　为加强建设工程勘察（以下简称勘察）和建设工程设计（以下简称设计）的管理，规范勘察、设计行为，维护勘察、设计市场秩序和当事人的合法权益，保证建设工程质量，保护人民生命和财产安全，根据国家有关法律、法规，结合本省实际，制定本条例。

第二条　本条例所称勘察，是指根据建设工程的要求，查明并分析建设场地和有关范围内的地质地理环境特征、岩土工程条件，编制建设工程所需的勘察文件及其相关的活动。

本条例所称设计，是指根据建设工程的要求，对其技术、经济、资源、环境等进行综合分析、论证，编制建设工程所需的设计文件及其相关的活动。

第三条　在本省行政区域内从事勘察、设计和施工图审查活动，以及对其进行监督管理，均应当遵守本条例。

第四条　勘察、设计应当遵守有关法律、法规、规章，执行城乡规划和工程建设的标准、规范，贯彻安全适用、保护环境、节约用地、节省投资、节省能源的原则。

第五条　鼓励勘察、设计单位在勘察、设计中采用先进技术、先进设备、先进工艺和节能环保材料。不得采用已经淘汰或者不符合标准的技术、设备、工艺和材料。

第六条　省建设行政主管部门负责全省勘察、设计的监督管理，并组织实施本条例。

市（行署）、县（市）人民政府的建设行政主管部门负责本行政区域内勘察、设计的监督管理。

省农垦总局、省森工总局建设管理机构负责垦区、国有森工林区内勘察、设计的监督管理，业务上接受省建设行政主管部门的指导和监督。

交通、水利、人防等有关部门依据法律、法规赋予的职责，做好本专业勘察、设计的监督管理工作。

第二章　从业资格

第七条　勘察、设计单位，应当取得建设行政主管部门颁发的相应资质证书，方可从事勘察、设计业务。

第八条　申请勘察、设计资质证书，应当具备下列条件：

（一）有设立勘察、设计单位的申请文件；

（二）具有法人资格的营业执照；

（三）有符合规定的注册资本；

（四）有与其从事的勘察、设计活动相适应的专业技术人员和执业资格注册人员；

（五）有符合规定的固定工作场所和技术装备；

（六）法律、法规、规章规定的其他条件。

第九条　勘察、设计单位资质的标准、类别、级别和核定、升级、增项、变更等，以及审批程序按照国家有关规定执行。

第十条　取得勘察、设计资质的单位，按照规定可以承接与其资质等级确定的业务范围相应的工程咨询、技术服务业务。

第十一条　资质证书实行年度检验制度。勘察、设计单位应当接受省建设行政主管部门的年度检验。

未经年度检验或者年度检验不合格的，应当按照规定重新申请资质等级。在确定新的资质等级之前，不得从事勘察、设计活动。

第十二条　从事勘察、设计活动的专业技术人员，依法实行注册执业管理制度。未经注册的勘察、设计人员，不得以注册执业人员的名义从事勘察、设计活动。

勘察、设计注册执业人员和其他专业技术人员只能受聘于一个勘察、设计单位；未受聘于勘察、设计单位的，不得从事勘察、设计活动。

第十三条 勘察、设计注册执业人员和施工图审查人员及其他专业技术人员应当按照国家和省规定的学时和内容，定期接受建设行政主管部门或者法律、法规规定的其他专业部门组织的继续教育。

第十四条 勘察、设计单位和注册执业人员应当使用国家建设行政主管部门统一制作的资质证书、执业人员注册证书、执业印章。出图专用章、施工图审查专用章、施工图审查人员资格证书由省建设行政主管部门统一制作。

严禁转让、出借、涂改、伪造资质证书、执业人员注册证书、执业印章、出图专用章、施工图审查专用章和施工图审查人员资格证书。

第三章　发包与承包

第十五条 勘察、设计的发包与承包，应当遵循公开、公正、公平和诚实信用的原则。任何地区、任何部门不得分割、垄断、封闭勘察、设计市场。

第十六条 勘察、设计发包依法实行招标发包或者直接发包。

依法必须实行招标发包的，不得以技术服务和行政审查等方式取代招标发包。

第十七条 建设单位应当根据工程规模和专业技术要求，按照有关规定将勘察、设计业务发包给具有相应资质等级的勘察、设计单位。

对于影响城市景观和公共利益的标志性建筑物、构筑物或者重大的基础设施工程的设计方案，有关行政主管部门应当向社会公示，征求公众意见。

第十八条 建设单位应当将建设项目的勘察、设计业务发包给一个勘察、设计单位。大型或者技术复杂建设项目的勘察、设计业务可以发包给两个以上的勘察、设计单位，但是应当选择其中一个为主体勘察、设计单位，负责建设项目的协调与配合。

第十九条 承包整个建设项目勘察、设计业务的总承包方经建设单位书面同意，可以将所承包的勘察、设计业务中的部分专业或者非主体业务再分包给其他具有相应资质等级的勘察、设计单位；承包部分勘察、设计业务的单位作为分承包方不得将承包的业务再分包。

分承包方对总承包方负责，总承包方对发包方负责。

勘察、设计单位不得将承包的全部勘察、设计业务，以任何形式转手发包给其他勘察、设计单位。

第二十条 民用住宅建设项目中的水、电、燃气、消防、抗震设防、供热、电视、通讯等专业设计，不得分别发包，应当统一勘察、设计，统一出图，禁止行业或者部门垄断。

第二十一条 勘察、设计前，发包和承包双方应当签订勘察、设计合同，并使用国家和省制订的规范合同文本。

勘察、设计合同签订后 15 日内，建设单位应当将合同报送建设项目所在地建设行政主管部门登记备案。

第二十二条 发包和承包双方应当执行国家和省规定的勘察、设计取费标准，不得擅自提高或者降低；国家和省没有规定取费标准的，由双方协商确定。

第二十三条 建设单位应当按照勘察、设计合同约定的时间和额度，向勘察、设计单位支付勘察、设计费。

勘察、设计单位应当按照勘察、设计合同约定的时间和质量，向建设单位提供勘察、设计文件。

第四章 质量管理

第二十四条 勘察、设计单位应当建立健全勘察、设计质量保证体系和质量责任制，执行国家推行的质量体系认证制度，并逐步实行质量责任保险制度。

第二十五条 在勘察、设计前，建设单位应当向勘察、设计单位提供下列文件并对文件的真实性负责：

（一）建设项目勘察、设计发包书；

（二）依法批准的建设规划；

（三）建设项目环境影响评价文件；

（四）建设项目勘察、设计所需的其他基础资料和文件。

第二十六条 勘察、设计单位应当对勘察、设计的科学性和正确性负责。勘察、设计文件应当符合下列要求：

（一）法律、法规、规章的规定；

（二）建设项目勘察、设计发包书的要求和勘察、设计合同的约定；

（三）勘察、设计标准和规范、规程的要求；

（四）经济合理，计算准确，表述清楚，图纸清晰；

（五）有关勘察、设计责任人员签字齐全；

（六）按照规定加盖印章。

第二十七条 勘察、设计文件中所选用的材料、构配件和设备，应当注明其规格、型号、性能等技术指标，并符合国家规定的质量标准，但不得指定生产厂或者供应商。

第二十八条 建设单位应当将施工图设计文件报县以上建设行政主管部门和具备相应承接业务范围的施工图审查单位审查。未经审查或者经审查不合格的，不得使用。

施工图设计文件审查的范围、内容、程序和时限，由省建设行政主管部门依照国家有关规定制定。

第二十九条 在工程开工前，建设单位应当组织监理、勘察、设计、施工等单位并聘请有关专家，进行设计交底和施工图会审。未经设计交底和施工图会审进行施工造成质量事故的，建设单位应当承担相应责任。

第三十条 勘察、设计文件实施过程中，任何单位和个人不得擅自修改。确需修改的，应当由原设计单位负责，经原设计单位书面同意也可以委托其他具有相应资质的设计单位进行修改。

设计文件的修改部分以及修改部分对未修改部分产生的连带影响，由修改设计文件的单位承担相应的责任。

勘察、设计文件修改部分涉及工程建设强制性标准和地基基础与主体结构安全的，应当由原施工图审查单位重新进行审查。

第三十一条　设计文件实施过程中，设计单位应当向施工单位交代设计意图，解释设计文件，及时解决施工中出现的设计问题，参加主要阶段验收或者试车考核，做好设计总结和回访。重大和复杂工程应当签订现场技术服务合同，派驻现场设计代表。

建设工程发生重大质量事故，勘察、设计单位应当参加事故原因调查，并参与提出处理方案。

第三十二条　任何单位和个人不得以任何理由，要求勘察、设计和施工图审查单位违反法律、法规、规章和有关技术标准进行勘察、设计和施工图审查。

勘察、设计和施工图审查单位及其工作人员对违反前款规定的要求应当予以拒绝。

第三十三条　勘察、设计的地方标准，由省建设行政主管部门提出，省标准化行政主管部门审批、编号、发布，并报国务院建设行政主管部门和标准化行政主管部门备案。

凡通用性强而又具备条件的建筑构配件、建筑设备、建筑物、构筑物、公用设施以及单项工程项目设计，均应当编制建设标准设计图集，并积极推广应用。建设标准设计图集由省建设行政主管部门负责审查、批准。

第三十四条　勘察、设计文件的著作权由勘察、设计单位享有。勘察、设计文件除依据合同用于约定的建设项目外，任何单位和个人不得剽窃、抄袭，不得擅自出售、转让或者重复使用。

第三十五条　勘察、设计单位应当按照国家和省有关规定建立健全档案管理制度。凡与勘察、设计有关的文件，应当及时整理归档，不得损坏、涂改。

重大建设项目的勘察、设计文件，建设单位应当按照有关规定，交付当地档案管理部门保管。

第三十六条　县以上建设行政主管部门应当建立勘察、设计和施工图审查单位信用评价制度，设立信用档案，记录勘察、设计和施工图审查单位及其专业技术人员的基本情况、服务质量、不良行为等内容，并定期向社会公布。

第五章 法律责任

第三十七条 建设行政主管部门和有关部门有下列行为之一的，由其上级行政机关责令改正，并对直接负责的主管人员和其他直接责任人员依法给予行政处分：

（一）为不具备法定条件的申请单位办理审查、批准手续的；

（二）对符合法定条件的申请不予受理，或者未在法定期限内审查完毕或者做出决定的；

（三）施工图设计文件未经审查或者审查不合格发放施工许可证的；

（四）未按照国家工程建设标准和规范对勘察、设计实行质量监督，未及时处理有关勘察、设计质量投诉，或者未依法履行其他监督管理职责的；

（五）不按照规定建立勘察、设计和施工图审查单位信用档案的；

（六）分割、垄断、封闭勘察、设计市场或者指定勘察、设计单位的；

（七）其他违反法律、法规、规章的行为。

第三十八条 勘察、设计和施工图审查单位违反本条例规定，有下列行为之一的，由县以上建设行政主管部门责令停止违法行为，限期改正，没收违法所得，并按照以下规定给予处罚：

（一）未经年度检验或者年度检验不合格从事勘察、设计业务的，处以一万元以上三万元以下罚款；

（二）转让、出借资质证书或者出图专用章的，处以一万元罚款；涂改、伪造资质证书或者出图专用章的，处以三万元以上五万元以下罚款；情节严重的，由发证机关吊销资质证书；

（三）未按规定的内容和标准进行施工图审查或者施工图违反强制性标准未指出的，处以五万元以上十万元以下罚款。

第三十九条 勘察、设计人员违反本条例规定，转让、出借、涂改、伪造执业人员注册证书、执业印章、施工图审查人员资格证书的，由县以上建设行政主管部门责令停止违法行为，没收违法所得，并处违法所得一倍以上两倍以下罚款；情节严重的，由发证机关吊销从业资格证书。

第四十条 建设单位违反本条例规定，有下列行为之一的，由县以上建设行政主管部门责令停止违法行为，限期改正，并给予下列处罚：

（一）未按照规定期限办理勘察、设计合同登记备案手续的，处以五千元以上一万元以下罚款；

（二）对民用住宅建设项目中的专业设计分别发包的，处以一万元以上三万元以下罚款。

第四十一条 勘察、设计活动中的违法行为，本条例未作处罚规定的，依照国家有关法律、法规、规章的规定实施处罚。

第六章 附 则

第四十二条 抢险救灾工程、临时性建筑和农民自建两层以下住宅的勘察、设计不适用本条例。

第四十三条 军队系统的勘察、设计单位承包地方勘察、设计业务的，应当执行本条例。

第四十四条 本条例自 2008 年 8 月 1 日起施行。

黑龙江省建筑市场管理条例

（2003 年 10 月 17 日黑龙江省第十届人民代表大会
常务委员会第五次会议通过）

第一章 总 则

第一条 为了加强建筑市场管理，维护和规范建筑市场秩序，保障建筑市场交易当事人的合法权益，促进建筑业健康发展，根据国家有关法律、法规的规定，结合本省实际，制定本条例。

第二条 在本省行政区域内从事建筑市场活动，实施建筑市场监督管理，应当遵守本条例。

本条例所称建筑市场，是指房屋建筑工程和市政基础设施工程（以下简称建筑工程）的勘察、设计、施工以及建筑工程中介服务业务的交易行为和场所。

本条例所称房屋建筑工程，是指各类房屋建筑及其附属设施和与其配套的线路、管道、设备安装工程以及建筑装修工程。

本条例所称市政基础设施工程，是指城市道路、公共交通、供水、排水、燃气、热力、园林、环卫、污水处理、垃圾处理、防洪、地下公共设施及附属设施的土建、管道和设备安装工程。

第三条 从事建筑市场交易活动应当遵循诚实信用、竞争有序的原则，建筑市场的监督管理应当坚持公开、公平、公正的原则。

第四条 省建设行政主管部门负责全省建筑市场的监督管理，并组织实施本条例。

市（行署，下同）、县（县级市，下同）建设行政主管部门负责本行政区域内的建筑市场管理。

省农垦总局、森工总局按照省人民政府的相关规定，负责本系统小城镇的建筑市场管理，业务上接受省建设行政主管部门的监督和指导。

第五条 建设行政主管部门及其执法监察机构进行建筑市场管理时，有权采取下列措施：

（一）进入被检查单位的施工现场和其他工作场所进行检查；

（二）查阅与监督检查事项有关的文件和资料；

（三）向被检查的单位、个人和其他有关人员调查了解情况；

（四）向社会公布对建筑市场交易活动实施检查的情况。

第二章 建筑市场准入

第六条 建筑工程实行报建制度。建设单位应当在建筑工程立项文件批准之日起三十日内，到建设行政主管部门办理报建手续。

大型、省重点建筑工程的报建手续到市建设行政主管部门办理；其他建筑工程的报建手续到项目所在地建设行政主管部门办理。

第七条 从事下列活动的单位应当向建设行政主管部门申请资质证书，经审查合格并取得相应等级的资质证书后，方可在其资质等级许可的范围内从事相关活动：

（一）勘察、设计、施工、安装、建筑装修；

（二）监理、造价咨询和招标代理；

（三）预制构配件、预拌混凝土、预拌砂浆生产；

（四）施工图设计文件审查代理；

（五）工程项目管理。

第八条 申请资质证书的单位，应当按照规定向建设行政主管部门出具真实、有效的文件。

第九条 建筑工程开工前，建设单位应当依照有关规定，向建设行政主管部门申请领取施工许可证。

大型和省重点建筑工程的施工许可证，由市建设行政主管部门负责办理。其他建筑工程的施工许可证，按照管理权限由建筑工程所在地建设行政主管部门负责办理。

第十条 建设单位申请领取施工许可证，应当具备下列条件，并提交相应的证明文件：

（一）已经办理建筑工程用地批准手续；

（二）在城市规划区的建筑工程，已经取得建设工程规划许可证；

（三）施工现场已经具备施工条件；

（四）确定的施工企业的资质条件和所配备的技术、经济管理人员的从业资格符合建筑工程项目的要求；

（五）施工图设计文件已经法定部门审查合格；

（六）应当委托监理的建筑工程已经签订委托合同；

（七）已经办理工程质量监督和安全监督手续；

（八）建设资金已经落实并能满足建筑工程施工进度需要。

第十一条 境外相关企业到本省从事建筑市场活动的，按照国家有关规定管理。

第三章 建筑工程发包与承包

第十二条 建筑工程发包与承包依法实行招标投标制度。

省人民政府可以根据有关法律、行政法规和本条例制定建筑工程招标投标管理的具体办法。

第十三条　施工单项合同估算价二百万元以上或者勘察、设计和监理等建筑工程中介服务单项合同估算价五十万元以上以及项目总投资三千万元以上的下列建筑项目，必须进行招标：

（一）房屋建筑及其配套设施项目；

（二）供水、排水、供热、供气项目；

（三）城市道路及桥梁、涵洞、地铁、轻轨、公共停车场项目；

（四）污水排放及处理、垃圾处理项目；

（五）其他市政基础设施项目。

第十四条　本条例第十三条规定的建筑工程项目，有下列情形之一的，必须实行公开招标：

（一）全部使用国有资金投资的；

（二）国有资金投资占控股或者主导地位的；

（三）使用国际组织或者外国贷款投资的；

（四）政府融资的。

其他建筑工程项目可以邀请招标。

公开招标、邀请招标应当有三个以上的投标单位参加，否则招标无效。

第十五条　建筑工程招标由招标人依法组织实施。

招标人不得以不合理条件限制或者排斥潜在投标人，不得对潜在投标人实行歧视性待遇，不得对潜在投标人提出过高的资质等级要求和其他不合理要求。

违反前款规定尚未确定中标人的，由建设行政主管部门责令限期依法修改招标文件；已经确定中标人的，由建设行政主管部门责令依法重新组织招标。

第十六条　招标文件一经发出，招标人不得无故中止招标活动，对于中止招标活动给投标人造成损失的，招标人应当给予赔偿。

招标人发售的招标文件只可收取工本费。

第十七条　招标人自行办理工程招标事宜，应当具备下列条件：

（一）有专门的组织机构；

（二）有与工程规模、复杂程度相适应的，熟悉有关工程招标法律、法规的工程技术、概预算和工程管理专业人员。

不具备上述条件的招标人，应当委托招标代理机构实施招标。

第十八条　招标人自行办理工程招标事宜，应当在发布招标公告五日前，向当地建设行政主管部门备案，并提交下列资料：

（一）按照国家和省的有关规定办理审批手续的批准文件；

（二）有关工程技术、概预算、工程管理专业人员名单及其技术职称、执业资格以及工作经历等书面证明材料；

（三）国家和省规定的其他材料。

招标人不具备自行办理招标事宜条件的，建设行政主管部门应当自收到备案材料之日起五日内，责令招标人停止自行办理招标事宜。

第十九条　本条例规定必须进行公开招标的建筑工程，应当在有形建筑市场进行招标活动。

有形建筑市场是自主经营的建筑工程中介服务机构，应当按照省价格行政主管部门核定的收费标准收取服务费用。

第二十条　招标人在发出工程招标文件的同时，应当将工程招标文件报送工程所在地建设行政主管部门备案。建设行政主管部门发现招标文件有违法内容的，应当责令招标人改正。

依法可以直接发包的建筑工程，建设单位应当在取得《建设工程规划许可证》之日起十五日内，到当地建设行政主管部门备案。

第二十一条　建筑工程施工招标人可以在招标文件中要求提供投标担保。投标担保可以采取投标保函或者投标保证金的方式。投标保证金可以使用支票或者银行汇票，一般不得超过投标总价的百分之二，最高不得超过八十万元。

招标结束后十日内，招标人应当退还投标保证金，但中标人未按招标文件规定的内容和期限与招标人签订施工合同的，其投标保证金不予退还。

第二十二条　发包单位应当将建筑工程发包给具备相应资质条件的承包

单位。

任何单位和个人不得干涉、刁难和限制发包单位依法选择、确定的承包单位。

第二十三条 禁止发包单位将建筑工程肢解发包。禁止承包单位转包和违法分包。

肢解发包、转包和违法分包行为按照国务院《建设工程质量管理条例》的规定认定。

第二十四条 供水、供气、供热、供电、排水、消防等企业或者部门不得利用垄断地位或者行政权力，限定发包单位将建筑工程发包给其指定的承包单位。

供水、供气、供热、供电、排水、消防等专业设计、施工企业，应当通过公平竞争承包建筑工程，不得与前款规定的企业或者部门串通承包建筑工程。

第二十五条 省建设行政主管部门应当建立全省建筑工程评标专家名册，建立、健全建筑工程评标制度。

进入专家名册的专家应当具备国家规定的条件，经省建设行政主管部门考试合格并领取岗位证书后方可从事评标业务。

第二十六条 建筑工程开标时，由投标人或者其推选的代表检查投标文件的密封情况，也可以由招标人委托的公证机构检查并公证；经确认无误后，由工作人员当众拆封，宣读投标人名称、投标价格和投标文件的其他主要内容。

第二十七条 建设行政主管部门应当建立建设、勘察、设计、施工、监理等单位及其专业技术人员和评标专业人员的信用档案，并通过有形建筑市场或者新闻媒体向社会公布。

第四章　建筑工程中介服务

第二十八条 监理、造价咨询、招标代理、施工图设计文件审查代理、项目管理和风险担保等建筑工程中介服务单位不得与行政执法机关或者具有管理公共事务职能的组织有行政隶属关系或者经济利益关系。

建筑工程中介服务单位的收费标准，按照国家和省价格行政主管部门核定的标准执行。

第二十九条 委托人可以自主选择建筑工程中介服务单位，法律、法规另有规定的除外。

任何单位和个人不得以任何方式为委托人指定建筑工程中介服务单位，不得限制或者排斥建筑中介服务单位进行合法的中介服务活动。

第三十条 建筑工程中介服务单位应当在资质证书许可的业务范围内承接业务，并自行完成，不得转让。

从事建筑工程中介服务活动的专业技术人员，应当具备与所承担的业务相适应的执业资格。

第三十一条 下列建设工程必须实行监理：

（一）国家重点建设工程；

（二）大中型公用事业工程；

（三）中、小学校校舍工程；

（四）成片开发建设的住宅小区工程；

（五）利用外国政府或者国际组织贷款、援助资金的工程；

（六）国家规定必须实行监理的其他工程。

前款所列建筑工程以外的工程项目是否监理，由建设单位自行决定。

第三十二条 施工、房地产开发、工程总承包企业不得组建监理单位，并不得与监理单位发生股权关系。

第三十三条 政府投资、国有单位投资以及国有企事业单位投资控股的建筑工程，应当按照国家有关规定委托造价咨询单位进行工程造价咨询。

第三十四条 造价咨询单位根据委托，可以对建筑工程造价的确定与控制提供专业服务，并出具工程造价成果文件。

造价咨询单位应当在工程造价成果文件上注明资格证书的等级和编号，加盖单位公章和造价工程师执业专用章，否则无效。

第三十五条 造价咨询单位及其造价工程师应当严格执行工程建设标准、规范和定额，真实、准确、客观、公正地出具工程造价成果文件，不得弄虚作假，对其所出具的证明文件和材料应当依法承担相应的法律责任。

第三十六条　招标代理单位根据建设单位的委托，编制工程招标方案、招标文件、工程标底等文件和草拟建筑工程合同。

招标代理单位及其工作人员不得向任何单位和个人泄露与其所承接的业务有关的信息。

第五章　建筑工程合同与造价

第三十七条　建筑工程发包和承包单位应当签订建筑工程合同，建筑工程中介服务的双方当事人应当签订委托合同，并按照国家和省有关部门制订的合同示范文本的规定内容约定双方的权利和义务。

第三十八条　全部使用国有资金投资或者国有资金投资为主的大中型建筑工程，建设单位和施工单位应当执行国务院建设行政主管部门颁布的建设工程工程量清单计价规范，并参照省建设行政主管部门发布的消耗量定额和价格信息，约定合同造价。其他建设工程，建设单位和施工单位可以按照国家和省建设行政主管部门制定的计价规则和计价方法，约定合同造价。

招标发包的建筑工程合同的造价等主要条款应当与中标文件中的内容一致。

第三十九条　建筑工程合同签订之日起五日内，建设单位应当将合同文本报送工程所在地建设行政主管部门备案，备案的建筑工程合同作为确定双方当事人权利义务的最终依据。

经双方同意补充、变更建筑工程合同的，应当按照前款规定备案。

第四十条　工程款的支付实行预付工程款和支付工程进度款制度。

发包单位应当在施工合同约定的开工之日起十五日内，向承包单位支付不少于合同约定的工程造价百分之二十五的预付工程款。

发包单位应当在建筑工程项目开工后按照施工合同的约定，向承包单位支付工程款，并按照比例冲销预付工程款。

第四十一条　承包单位应当在建筑工程项目竣工验收之日起三十日内向发包单位交送竣工结算文件，发包单位应当在接到竣工结算文件之日起五十日内完成竣工结算审核，并支付应付的工程款。

比较复杂的大、中型建筑工程项目的竣工结算期限，经发包、承包双方协商一致，可以适当延长。

发包单位收到承包单位交送的竣工结算文件时，应当书面签收。发包单位不签收的，承包单位可以申请建设行政主管部门责令签收，拒不签收的，以建设行政主管部门责令期限的最后一天作为发包单位收到竣工结算文件的日期。

第四十二条　发包单位自接到竣工结算文件之日起五十日内未完成竣工结算审核，且未支付应付的工程款的，视为拖欠工程款。拖欠工程款应当按照省人民政府的有关规定支付滞纳金。

有关部门对拖欠工程款的发包单位不得办理新建建筑工程的立项和有关审批手续，建设行政主管部门不得为其办理施工许可证。审查和解决拖欠工程款的具体办法由省人民政府另行制定。

第四十三条　发包单位要求承包单位提供履约担保的，承包单位应当提供担保；承包单位要求发包单位提供工程款支付担保的，发包单位应当提供担保，发包单位拒绝提供担保的，承包单位可以拒绝施工。

第六章　法律责任

第四十四条　建设单位违反本条例，有下列情形之一的，由建设行政主管部门责令停止违法行为，限期改正，并给予以下处罚：

（一）不具备国家和省规定的条件自行组织建筑工程招标的，处以八万元至十万元的罚款；具备国家和省规定的条件，但未向建设行政主管部门备案的，限期补办手续，处以一万元至三万元的罚款；

（二）未取得施工许可证擅自施工的，责令停止施工，处以合同价款百分之一至百分之二的罚款；

（三）未办理报建手续的，处以一万元至三万元的罚款；

（四）依法应当公开招标而未公开招标的，责令重新组织招标，并处以建筑工程合同价款百分之零点五至百分之一的罚款，并追究单位法定代表人和直接责任人的行政责任；

（五）招标人发售招标文件超出工本费变相牟利的，超出部分责令返还。拒不返还的，由价格行政主管部门依法给予处罚；

（六）将建筑工程发包给不具备相应资质条件的承包单位的，处以五十万元至一百万元的罚款；

（七）将建筑工程肢解发包的，处以合同价款百分之零点五至百分之一的罚款；

（八）应当实行监理而未实行监理的，处以二十万元至五十万元的罚款；

（九）合同文本未按规定报送工程所在地建设行政主管部门备案的，责令限期补办备案手续，逾期未补办的，处以一万元至三万元的罚款。

第四十五条　勘察、设计、施工和建筑工程中介服务单位违反本条例，有下列情形之一的，由建设行政主管部门责令停止违法行为并给予以下处罚：

（一）向建设行政主管部门提供虚假证明文件骗取资质证书的，予以吊销，有违法所得的，予以没收；三年内不得重新申请资质证书。

（二）未取得施工许可证擅自施工的，对施工单位处以五千元至三万元的罚款。

（三）未取得资质等级证书从事相关建筑活动的，予以取缔，对勘察、设计单位或者中介服务单位处以合同约定的勘察费、设计费或者服务费用一倍至二倍的罚款；对施工单位处以合同价款百分之二至百分之四的罚款；有违法所得的，予以没收。

（四）施工单位越级承包的，处以五十万元至一百万元的罚款，有违法所得的，予以没收，并降低资质等级或者吊销资质等级证书。

（五）建筑工程中介服务单位超越资质证书许可的业务范围承接业务的，处以合同约定的服务费用百分之二十五至百分之五十的罚款；责令停业整顿或者降低资质等级；情节严重的，吊销资质证书。

（六）承包单位将承包的建筑工程转包或者违法分包的，没收违法所得，对勘察、设计或者中介服务单位处以合同约定的勘察费、设计费或者服务费用百分之二十五至百分之五十的罚款；对施工单位处以合同价款百分之零点五至百分之一的罚款；责令停业整顿或者降低资质等级；情节严重的，吊销资质证书。

（七）咨询单位出具虚假工程造价成果文件的，处以合同约定的服务费用一倍至二倍的罚款，降低资质等级直至吊销资质证书，并吊销在虚假工程造价成果文件上盖章的造价工程师的执业资格证书。

（八）供水、供气、供热、供电、排水、消防等专业设计、施工企业违反本条例，与相关企业或者部门串通承包建筑工程的，处以合同价款百分之零点五至百分之一的罚款，有违法所得的，予以没收。

第四十六条 供水、供气、供热、供电、排水等单位违反本条例，限定发包单位将建筑工程发包给指定的承包单位的，责令停止违法行为，处以十万元至二十万元的罚款。

第四十七条 建设行政主管部门及其执法监察机构的行政执法人员以及其他行政主管部门的工作人员违反本条例，有下列行为之一的，由其所在单位或者上级主管部门给予行政处分；构成犯罪的，依法追究刑事责任：

（一）违法办理审批、许可事项的；

（二）超出规定工作期限不作为的；

（三）利用职权谋取私利的；

（四）发现违反本条例行为不予制止，应当处罚而不予处罚的；

（五）利用职权指定施工单位、勘察单位、设计单位以及中介服务单位的；

（六）利用职权为建筑工程指定建筑材料或者其他材料设备的；

（七）泄露管理相对人商业机密的；

（八）其他损害管理相对人合法权益的。

第四十八条 法律、行政法规对违反本条例规定的其他违法行为有法律责任规定的，从其规定。

第七章 附 则

第四十九条 国务院、中央军事委员会规定的军事设施建设和乡村自建二层以下（含二层）住宅建设不适用本条例。

第五十条 本条例自 2004 年 1 月 1 日起施行。1994 年 7 月 25 日黑龙江省第八届人民代表大会常务委员会第十次会议通过的《黑龙江省建筑市场管理条例》同时废止。

黑龙江省城市房地产开发管理条例

(1997 年 8 月 20 日黑龙江省第八届人民代表大会
常务委员会第二十九次会议通过)

第一章 总 则

第一条 为加强城市房地产开发管理，规范房地产开发行为，维护房地产开发当事人的合法权益，促进房地产业的健康发展，根据《中华人民共和国城市房地产管理法》等法律、法规，结合本省实际，制定本条例。

第二条 本条例所称房地产开发，是指在城市规划区内取得国有土地使用权的土地上进行基础设施、房屋建设的行为。

第三条 在本省城市规划区内，从事房地产开发，实施房地产开发管理，应当遵守本条例。

第四条 房地产开发应当符合国家的产业政策，鼓励和扶持开发建设居民住宅。

第五条 房地产开发必须执行土地利用总体规划和城市规划，以项目定开发，按照经济效益、社会效益、环境效益相统一以及旧区改造和新区开发相结合的原则，实行全面规划、合理布局、综合开发、配套建设。

第六条 省人民政府建设行政主管部门主管全省的房地产开发管理工作，组织实施本条例。

市、县人民政府的建设行政主管部门或房地产管理部门（以下简称开发主管部门）主管本城市规划区内的房地产开发管理工作。

县以上人民政府的发展和改革、规划、土地、工商、物价等有关部门按照法律、法规赋予的职责，做好房地产开发管理的有关工作。

第七条 市（地）、县（市）人民政府要加强房地产开发管理，保证房地产开发健康、有序地发展。

市、县开发主管部门及有关部门应当实行公开办事制度，提高办事效率，公布并执行与房地产开发有关的审批程序和时限；逾期未批复的视为批准。

开发主管部门及有关部门、法定验资机构在资质审批、综合验收等房地产开发管理和验资中，应当严格履行法定职责，不得滥用职权，徇私舞弊，并对审批的结果或出具的结论负责。

第八条 房地产开发企业应遵循诚实、信用的原则，依法经营，认真履约，不得损害有关当事人合法权益，不得破坏房地产开发的正常管理秩序。

第二章　开发企业

第九条 房地产开发企业（以下简称开发企业），是指以营利为目的，从事房地产开发和经营的经济组织。

第十条 设立开发企业，除应当符合有关法律、法规的规定以外，还应当具备下列条件：

（一）专营开发企业、兼营开发企业的注册资本不低于国家和省资质等级标准规定的数额，单项开发企业的注册资本不低于房地产开发项目（以下简称开发项目）投资总额的25%，并有法定的验资机构出具的验资证明；

（二）有与资质等级相适应的专职技术、经济等管理人员；

（三）取得省建设行政主管部门或者市（地）开发主管部门颁发的资质等级证书。

设立开发企业，应当在取得资质等级证书后向工商行政管理部门申请设立登记。工商行政管理部门对符合前款规定条件的，应当予以登记，发给营业执照；对不符合前款规定条件的，不予登记。

第十一条 开发企业依法取得资质等级证书和营业执照后，即可从事房地产开发活动，各地不得再设置其他开发市场准入条件。

开发企业应当根据取得的资质等级承担相应的开发项目。

第十二条 开发企业在本省行政区域内跨市（地）从事房地产开发活动，应当向开发项目所在地的开发主管部门办理资质等级备案。

第十三条 省建设行政主管部门或者市（地）开发主管部门发现开发企业不符合原定资质标准的，予以降级或者吊销资质等级证书。

第十四条 国家规定不得兴办企业的单位和开发主管部门不得兴办开发企业，其工作人员不得在开发企业兼职，不得参与房地产开发经营活动。

第三章 开发项目确立与取得

第十五条 开发主管部门应当根据国民经济和社会发展规划、城市规划、土地利用总体规划，会同有关部门编制房地产开发发展规划，报同级人民政府批准。

第十六条 开发主管部门应当根据房地产开发发展规划和年度建设用地计划，提出年度开发项目计划，按规定报计划部门批准立项。

第十七条 开发项目立项后，开发主管部门应当根据项目的性质、规模、规划设计条件、开发期限、基础设施和配套公用设施的建设、拆迁补偿安置等内容，编制房地产开发项目建设条件意见书，作为开发项目建设的依据。

第十八条 开发项目应由开发主管部门通过公开招投标，确定开发企业。招投标活动应当符合国家和省的有关规定，坚持公开、公平、公正的原则，不得舞弊。

第十九条 有下列情形之一的开发企业，不得参与开发项目的招投标活动：

（一）已取得的开发项目未按开发项目建设合同约定期限开工和建设的；

（二）已取得的开发项目未落实动迁安置方案的；

（三）已取得的开发项目未按动迁安置补偿协议约定期限安置被动迁人的；

（四）违反本条例其他规定的。

第二十条 开发企业取得开发项目后，应当依法办理土地使用权审批手续，取得土地使用权。

第四章 开发项目建设

第二十一条 开发企业在房地产开发建设过程中，应当严格执行开发项目建设合同和规划批准文件，不得擅自改变规划设计条件；确需改变的，应当按规定报经原批准机关批准，并相应调整开发项目综合价款底价。

第二十二条　开发企业应当将开发项目建设过程中的主要事项和有关部门对房地产开发活动的审查处理意见，记录在房地产开发项目手册中，并定期送开发主管部门核验。

第二十三条　开发项目竣工后，开发主管部门应当按照基本建设程序会同规划、消防等有关部门进行综合验收。

综合验收应当包括以下主要内容：

（一）开发项目建设是否符合规划、用地批准文件；

（二）基础设施和配套公用设施是否建设完毕；

（三）单位工程是否符合国家规定的工程质量验收标准和设计配套功能、验收手续及有关技术资料是否完备；

（四）拆迁补偿安置方案是否落实；

（五）环境绿化面积是否符合国家规定标准；

（六）法律、法规规定需要验收的其他事项。

开发项目验收合格后，方可交付使用。

第二十四条　住宅小区等群体建筑开发项目在交付使用前，应当选聘相应的物业管理公司；开发企业自行管理物业的，应当按照国家和省的有关规定办理资质审批手续。

第二十五条　开发企业应当严格执行《黑龙江省建筑市场管理条例》和《黑龙江省建设工程质量管理条例》，并对开发项目实行建设工程监理制度。

开发项目交付使用前，由开发企业划拨施工净产值5%的工程款，存入工程质量监督机构账户，作为质量保修抵押金，工程保修期满未发生质量问题的，抵押金连同利息返还给开发企业。

第五章　商品房预售

第二十六条　开发企业在开发项目建设过程中，可以预售商品房，但必须向开发项目所在地房地产管理部门申请，取得《商品房预售许可证》后方可进行。

第二十七条 开发企业在预售商品房时，应当向预购人出示开发项目许可证、商品房预售许可证，执行物价管理部门核准的基准价格；需要发布广告的，经工商行政管理部门审查合格后方可发布。

第二十八条 开发企业预售商品房，应当符合《中华人民共和国城市房地产管理法》第四十四条规定，与商品房预购人签订由省建设行政主管部门商省工商行政管理部门印制的书面合同。

开发企业应当按照国家有关规定将商品房预售合同报县以上人民政府房地产管理部门备案。

第二十九条 开发企业应当按照商品房预售合同约定的期限向商品房预购人交付质价相称的商品房；商品房预购人应当按照合同约定期限缴纳购房款项。合同双方当事人应当严格履行合同，违约者应当承担违约责任。

第三十条 开发企业预售商品房所得价款，必须专款用于开发项目建设，接受开发主管部门和同级财政部门的监督管理。

第三十一条 开发企业没有依法取得房屋产权证照，不得出租其商品房。开发企业已取得房屋产权证照出租商品房时，应执行法律法规和省人民政府的有关规定。

第六章　法律责任

第三十二条 违反本条例第十条、第十一条规定，未取得资质等级证书从事房地产开发活动或者超过其资质等级承担开发项目的，由开发主管部门责令停止房地产开发活动，没收违法所得，并处以开发项目投资额1%至3%的罚款。

第三十三条 违反本条例第十二条规定，开发企业未办理跨区备案手续的，由开发主管部门责令限期改正，并处以二千元至一万元的罚款。

第三十四条 违反本条例第二十三条规定，开发企业未如实填写或者未按时送验房地产开发项目手册的，由开发主管部门责令限期改正，并处以一千元至五千元的罚款。

第三十五条 违反本条例第二十七条规定，开发项目未经综合验收或者经验收不合格即交付使用的，由开发主管部门责令限期改正，并处以开发项目投资额 1% 至 3% 的罚款。

违反动迁安置补偿协议的，按《黑龙江省城市建设动迁管理条例》处罚。

第三十六条 违反本条例第二十九条规定，开发项目不实行建设工程监理制度的，由开发主管部门责令停止开发建设活动，并处以三万元至五万元的罚款；工程监理单位监理的工程质量不合格的，按国家和省的有关规定处罚，并承担赔偿责任。

第三十七条 违反本条例第三十条规定，开发企业未取得商品房预售许可证，擅自预售商品房的，由房地产管理部门责令停止预售活动，并处一万元至五万元的罚款。

第三十八条 违反本条例第三十一条规定，开发企业未经工商行政管理部门审查合格发布商品房预售广告的，由工商行政管理部门按有关法律法规处罚。

第三十九条 违反本条例第三十五条规定，出租商品房的，由有关部门按有关法律法规处罚。

第四十条 违反本条例有下列行为之一的，由监察机关或上级主管部门或所在单位对有关责任人员，视情节轻重，给予行政处分；造成损失的，应予赔偿；构成犯罪的，由司法机关依法追究刑事责任：

（一）开发项目招投标弄虚作假的；

（二）开发主管部门及有关部门的工作人员对不符合资质标准的开发企业予以批准或者对不合格开发项目出具验收合格结论的；

（三）开发主管部门及有关部门受理审批事项或到现场检查时，故意刁难，给企业造成损失的；

（四）开发主管部门及有关部门的工作人员在执法过程中勒卡的；

（五）法定验资机构出具虚假验资证明的；

（六）出具验收结论与工程质量不符的。

第四十一条 有关主管部门在实施行政处罚时，应当按照《中华人民共和国行政处罚法》规定的程序执行。

第四十二条 当事人对行政处罚不服的，可以按《行政复议条例》和《中华人民共和国行政诉讼法》的规定申请复议或者提起诉讼；当事人逾期不申请复议或者不向人民法院起诉又不履行处罚决定的，由做出处罚决定的机关申请人民法院强制执行。

第七章 附 则

第四十三条 在城市规划区以外的国有土地范围内从事房地产开发活动，实施房地产开发管理，参照本条例执行。

第四十四条 本条例由省建设行政主管部门负责应用解释。

第四十五条 本条例自 1997 年 10 月 1 日起施行。

黑龙江省建设工程质量监督管理条例

（2006 年 8 月 19 日黑龙江省第十届人民代表大会常务委员会第二十二次会议通过）

第一章 总 则

第一条 为加强建设工程质量监督管理，保证建设工程质量，保护人民生命和财产安全，保障公民、法人和其他组织的合法权益，根据《中华人民共和国建筑法》和国务院《建设工程质量管理条例》等有关法律、法规的规定，结合本省实际，制定本条例。

第二条 凡在本省行政区域内从事建设工程的新建、扩建、改建以及建设工程质量监督管理活动，应当遵守本条例。

第三条 本条例所称建设工程，是指土木工程、建筑工程、线路管道和设备安装工程及建筑装修工程。

本条例所称建设工程质量责任主体，是指对建设工程质量负有法定责任的建设、勘察、设计、施工、工程监理、工程检测、施工图审查等单位。

本条例所称质量行为，是指建设工程项目在建设过程中各责任主体履行法定质量责任和义务的行为。

第四条 县以上建设行政主管部门对本行政区域内的建设工程质量实施

统一监督管理，其所属的建设工程质量监督管理机构（以下简称工程质量监督机构）具体负责建设工程质量监督管理工作。

省农垦总局、分局、省森林工业总局、林业管理局负责垦区内、国有森工林区内的建设工程质量监督管理，其所属的工程质量监督机构具体负责建设工程质量监督管理工作。业务上接受省建设行政主管部门的指导和监督。

交通、水利等行政主管部门按照职责分工负责本行政区域内本专业建设工程质量的监督管理工作。专业工程质量监督机构设立应当按照国家有关规定进行考核并向省建设行政主管部门备案。

第五条　工程质量监督机构履行下列职责：

（一）贯彻有关建设工程质量方面的法律、法规；

（二）执行国家和省有关建设工程质量方面的规范、标准；

（三）对建设工程质量责任主体的质量行为实施监督；

（四）对下级工程质量监督机构实行层级监督和业务指导；

（五）组织建设工程质量执法检查；

（六）巡查、抽查建设工程实体质量；

（七）参与建设工程质量事故处理；

（八）调解在建建设工程和保修期内的建设工程质量纠纷，受理对建设工程质量的投诉；

（九）监督建设工程竣工验收活动，办理建设工程竣工验收备案手续。

第六条　省建设行政主管部门负责本省建设工程质量检测单位的资质管理工作，具体组织实施工作由省工程质量监督机构负责。

第七条　工程质量监督机构履行监督管理职责时，有权采取下列措施：

（一）要求被检查单位提供有关建设工程质量的文件和资料；

（二）进入被检查单位的施工现场进行检查；

（三）发现有影响建设工程质量的问题时，责令改正；

（四）依法查处违反有关建设工程质量法律、法规和规章的行为。

第八条　各级人民政府应当鼓励和引导建设工程采用先进技术，推广使用节能环保材料。

第二章　建设工程质量监督注册

第九条　建设单位在领取建设工程施工许可证或者开工报告前，应当向建设工程所在地的工程质量监督机构办理建设工程质量监督注册手续，并提交下列文件：

（一）建设工程施工合同；

（二）建设单位、施工单位的负责人和项目机构组成；

（三）施工现场项目负责人、技术人员的资质证书和质量检查人员的岗位证书；

（四）施工组织设计；

（五）施工图设计文件审查报告和批准书；

（六）建设工程消防设计审查合格书面证明文件；

（七）其他有关法律、法规规定的文件。

实行建设工程监理的，还应当同时提交下列文件：

（一）建设工程监理合同；

（二）现场建设工程监理人员的注册执业证书；

（三）监理单位建设工程项目的负责人和机构组成；

（四）建设工程监理规划。

第十条　工程质量监督机构应当自接到建设单位报送的建设工程质量监督注册合格文件之日起一个工作日内办结建设工程质量监督注册手续。

未履行建设工程质量监督注册手续的，建设行政主管部门不予发放施工许可证，有关部门不得发放开工报告。

第十一条　工程质量监督机构办结建设工程质量监督注册手续后，应当及时制定《建设工程项目质量监督工作方案》，确定监督责任人员。

工程质量监督机构对建设工程项目实施质量监督前，应当将《建设工程项目质量监督工作方案》送达建设单位、施工单位和监理单位，并对相关单位进行技术交底。

第三章　建设工程质量行为的监督

第十二条　建设工程项目在建设过程中，公安消防、人民防空、环境保护、燃气、供热、给排水、电气、信息、智能、电梯等专项配套建设工程应当与建设项目主体建设工程同步设计、同步施工、同步验收。

第十三条 建设单位要求施工单位提供建设工程质量担保的，应当同时向施工单位提供建设工程价款支付担保。

第十四条 建设单位应当在开工前将全套施工图设计文件送交施工图审查单位，并提交下列文件：

（一）作为勘察、设计依据的政府有关部门的批准文件及附件；

（二）建设工程项目勘察成果报告；

（三）建设工程结构设计计算书和建设工程节能计算书；

（四）有关专项配套建设工程施工图设计文件及审查合格意见。

按规定需要进行初步设计的建设工程项目，还应当提供初步设计文件。

第十五条 下列建设工程项目的地基基础、主体结构、重要设备安装的施工阶段，设计单位应当向施工现场派驻设计代表：

（一）国家和省重点建设工程；

（二）大型公共建筑、市政基础设施建设工程；

（三）超限高层建设工程；

（四）专业技术性较强，需要设计单位指导施工的建设工程；

（五）设计单位建议采用新技术、新结构的建设工程。

施工现场设计代表的责任和酬金应当在设计合同中约定。

第十六条 建设工程施工所使用的建筑材料、建筑构配件和设备应当符合下列要求：

（一）国家和省有关标准、设计要求和合同约定；

（二）有产品出厂质量证明文件和具有相应资质的检测单位出具的检测合格报告；

（三）有国家实行生产许可证管理产品的生产许可证；

（四）国家和省规定的其他有关产品质量要求。

建筑材料和建筑装修材料还应当符合国家规定的环境保护标准。

第十七条 施工单位因使用不合格建筑材料、建筑构配件导致建设工程质量事故，由其承担质量责任。但因建设单位、监理单位明示或者暗示施工单位使用不符合国家标准和设计文件要求的建筑材料、建筑构配件和设备，导致建设工程质量隐患或者事故的，建设单位应当承担相应的质量责任。

第十八条 监理建设工程师应当严格按照建设工程监理规范履行职责。

地基基础、主体结构的关键部位和关键工序的施工阶段应当实行全过程无间断旁站监理，并留存影像资料。

第十九条 监理单位应当在分部工程、单位建设工程完工后五个工作日内出具真实、完整的建设工程质量评估报告和其他监理文件。

对进入施工现场的建筑材料、建筑构配件和设备，未经监理人员签字同意的，不得使用。

监理单位对违反建设工程建设技术标准、质量标准的行为以及发现建设工程质量事故隐患，应当立即通知责任单位采取措施予以处理，并同时通报建设单位。

责任单位对建设工程质量事故隐患拒不处理的，监理单位应当报告工程质量监督机构。

第二十条 建设工程质量检测单位应当依据国家和省有关标准、规定进行检测，所出具的检测数据和结论应当真实、准确。

建设工程质量检测单位对经检测不合格的检测项目应当立即通知委托检测的单位，同时报告建设工程所在地的工程质量监督机构。

第二十一条 施工图审查单位对违反国家强制性规范和强制性标准的施工图设计文件，应当提出明确的修改意见。对所报送的施工图设计审查文件不符合本条例第十四条规定的，施工图审查单位不得审查。

任何单位和个人不得擅自修改审查合格的施工图。确需修改审查部分的，建设单位应当将修改后的施工图送原审查单位审查。

第四章　建设工程竣工验收监督

第二十二条 施工单位通过自检认定建设工程项目达到竣工条件的，应当向建设单位提交建设工程竣工报告，同时送交建设工程质量控制资料和建设工程技术资料，并在建设工程竣工验收合格后出具《建设工程质量保修书》。

实行监理的工程，工程竣工报告须经总监理工程师签署意见。

第二十三条 建设单位组织竣工验收前，应当向城市规划、公安消防、环境保护、人民防空等主管部门提出建设工程的竣工认可申请，城市规划、公安消防、环境保护、人民防空等主管部门应当在法定期限内出具是否认可或者准许使用的文件。

城市规划部门做出的认可意见应当签署在《建设工程规划许可证》的附图及附件名称栏中。

第二十四条 建设单位应当按照规划设计对住宅小区附属设施组织竣工验收。验收时应当邀请业主代表参加，并由业主代表签署验收意见。

第二十五条 建设单位应当在接到施工单位所提交的建设工程竣工报告之日起十个工作日内组织有关单位进行建设工程竣工验收。

建设工程竣工验收开始前，建设单位应当书面报告工程质量监督机构。工程质量监督机构应当对建设工程竣工验收程序进行监督。

建设工程竣工验收未书面报告工程质量监督机构的，工程质量监督机构不予办理建设工程竣工验收备案手续。

第二十六条 建设工程竣工验收合格后，建设单位应当自工程竣工验收合格之日起十五日内到建设工程所在地的工程质量监督机构办理备案手续。

建设单位申请办理备案手续时，应当同时提交下列文件：

（一）建设工程竣工验收报告；

（二）有关行政主管部门对专项建设工程的认可和准许使用文件；

（三）参与验收的业主代表签署的认可意见；

（四）监理单位出具的建设工程质量评估报告；

（五）建设工程质量保修书；

（六）设计单位和施工图审查单位出具的认可文件；

（七）法律、法规规定的其他文件。

住宅建设工程项目还应当提交《住宅质量保修书》、《住宅使用说明书》和《分户验收证明》。

建设单位提交的文件不符合本条第二款、第三款规定的，工程质量监督机构应当一次性告知；符合规定的，工程质量监督机构应当在五个工作日内向发放《建设工程竣工验收备案证书》。

第二十七条 建设工程交付使用前，应当取得工程质量监督机构核发的《建设工程竣工验收备案证书》，否则不得交付使用。

房屋建筑建设工程未取得《建设工程竣工验收备案证书》的，房屋所有权登记机关不得办理房屋所有权登记手续。

第五章 建设工程质量保修和纠纷处理

第二十八条 建设工程实行质量保修制度，保修范围及期限按照国家和省有关规定执行。

第二十九条 因建设、勘察、设计、施工、监理、检测和施工图设计文件审查等单位责任造成建设工程质量缺陷的，由责任方承担保修责任和赔偿责任。

住宅建设工程项目在保修范围和保修期限内发生质量缺陷的，由建设单位先行承担保修责任，建设单位在承担保修责任后，可以向造成质量缺陷的责任方追偿。

第三十条 房屋所有权人或者使用权人不得擅自拆改房屋承重结构。因建筑装修造成建设工程质量隐患或者结构破坏的，房屋所有权人或者使用权人应当承担法律责任，给他人造成财产损失的，还应当承担赔偿责任。

第三十一条 在建或者保修期内的建设工程发生质量纠纷的，当事人可以向建设工程所在地的工程质量监督机构提出质量纠纷调解申请，也可以直接根据合同约定向仲裁机构申请仲裁，或者向人民法院提起诉讼。

第三十二条 工程质量监督机构应当自接到建设工程质量纠纷调解申请之日起三个工作日内出具是否受理通知。

第三十三条 工程质量监督机构调解建设工程质量纠纷时，应当坚持公平、公正、公开的原则。

第三十四条 工程质量监督机构应当自受理建设工程质量调解纠纷之日起十个工作日内做出调解意见。

第三十五条 有关单位和个人就建设工程质量问题向工程质量监督机构投诉的，工程质量监督机构应当在三个工作日内做出是否受理的决定。

第三十六条 工程质量监督机构在受理投诉之后，应当对投诉事项进行调查，在十五个工作日内做出处理决定，并书面送达当事人。

第六章 法律责任

第三十七条 监理单位违反本条例第十八条第二款规定的，由工程质量监督机构责令改正；未改正的，处以一万元罚款；造成严重质量事故的，建议资质证书颁发机关降低该监理单位资质等级或者吊销其资质证书，并吊销相关人员资格证书。

第三十八条 违反本条例第十九条第四款规定，对建设工程隐患拒不处理的，由工程质量监督机构对责任单位处以五万元的罚款；监理单位未向工程质量监督机构报告的，由工程质量监督机构责令限期改正，逾期未改正的，处以合同价款一倍的罚款；情节严重的，建议资质证书颁发机关降低该监理单位资质等级或者吊销其资质证书，并吊销相关人员资格证书。

第三十九条 建设工程质量检测单位违反本条例第二十条第一款规定的，由工程质量监督机构责令限期改正；逾期未改正的，可处以一万元罚款，建议资质证书颁发机关吊销其资质证书；违反本条第二款规定的，由工程质量监督机构对其处以一万元罚款；情节严重的，建议资质证书颁发机关吊销其资质证书。

第四十条 建设单位违反本条例第二十四条规定的，由工程质量监督机构责令改正，并处以一万元以上三万元以下罚款；违反本条例第二十六条第一款规定的，由工程质量监督机构责令停止违法行为，限期改正。逾期未改正的，处以单位建设工程造价百分之五罚款，但最高不得超过五十万元。

第四十一条 施工图审查单位未按规定进行施工图审查，或者出具虚假审查合格书的，由县级以上人民政府建设行政主管部门处以一万元以上三万元以下罚款。

第四十二条 有关行政主管部门和单位违反本条例规定的，由有关行政机关或者监察机关依法追究其主管人员和工作人员的行政责任。

第四十三条 建设行政主管部门及工程质量监督机构违反本条例，有下列行为之一的，由有关行政机关或者监察机关依法追究其主管人员和工作人员的行政责任：

（一）给未办理建设工程质量监督注册手续的建设工程发放施工许可证的；

（二）未按规定程序和条件办理建设工程质量监督注册手续的；

（三）未按规定程序和条件办理建设工程竣工验收备案手续的；

（四）未按规定程序和标准对建设工程实行质量监督的；

（五）未按规定程序和时限进行建设工程质量纠纷调解的；

（六）对有关建设工程质量举报投诉未及时处理的；

（七）其他以权谋私、滥用职权、徇私舞弊的。

第四十四条 本条例未作处罚规定的，依据国务院《建设工程质量管理条例》实施处罚。

第七章 附 则

第四十五条 本条例自 2006 年 10 月 1 日起施行。1993 年 9 月 17 日黑龙江省第八届人民代表大会常务委员会第五次会议通过的《黑龙江省建设工程质量管理条例》同时废止。

黑龙江省城镇保障性安居工程建设管理办法

（2015 年 2 月 28 日黑龙江省人民政府第 40 次常务会议通过）

第一章 总 则

第一条 为加强城镇保障性安居工程建设管理，解决城镇中等偏下收入和低收入家庭住房困难，改善居民基本居住条件，根据国家相关规定，结合本省实际，制定本办法。

第二条 本省行政区域内城镇保障性安居工程的建设管理，适用本办法。

本办法所称城镇保障性安居工程，是指以公共租赁住房为主的保障性住房建设和为改善城镇居民基本居住条件而实施的棚户区改造工程。

第三条 城镇保障性安居工程建设管理，应当坚持政府主导、社会参与，统筹规划、分步实施，经济适用、保证质量，公开公正、严格监督的原则。

第四条 城镇保障性安居工程建设实行各级人民政府负责制。市（地）、县（市）人民政府（行署）（以下统称城市人民政府）应当将城镇保障性安居工程建设作为本级政府公共服务的重要内容，纳入国民经济和社会发展规划，并负责组织本行政区域内城镇保障性安居工程的建设管理。

第五条 省住房和城乡建设行政主管部门负责指导、监督城镇保障性安居工程建设管理工作，组织实施本办法；城市人民政府确定的保障性安居工程管理部门（以下简称安居工程管理部门），负责本行政区域内城镇保障性安居工程建设管理具体工作。

县级以上发展和改革、财政、价格、国土资源、人力资源和社会保障、民政、公安、税务、统计等部门，按照各自职责，做好城镇保障性安居工程建设管理相关工作。

第六条 鼓励和引导社会力量通过投资、参股、委托代建等方式，参与城镇保障性安居工程建设。

第七条 公共租赁住房采取实物配租、租赁补贴发放的方式予以保障，棚户区改造采取产权调换、货币补偿的方式予以保障。

第二章 规划建设

第八条 城市人民政府应当根据城市总体规划、土地利用总体规划，结合当地经济社会发展水平、城镇住房状况等，编制本行政区域城镇保障性安居工程建设规划。

省住房和城乡建设行政主管部门会同省发展和改革行政主管部门、省财政主管部门，根据各城市人民政府保障性安居工程建设规划，编制全省城镇保障性安居工程建设规划，确定保障性安居工程建设任务，报省人民政府批准。

城镇保障性安居工程建设规划应当明确保障目标、建设规模、供应结构、空间布局、实施时序等内容。

第九条　城市人民政府应当依照城镇保障性安居工程建设规划，合理确定年度建设计划，报省住房和城乡建设行政主管部门、省发展和改革行政主管部门审核。

城镇保障性安居工程年度建设计划应当明确建设任务、项目选址、投资构成、土地供应、建设方式等内容。

第十条　省住房和城乡建设行政主管部门负责审核、下达公共租赁住房和城市棚户区改造年度建设计划。

省发展和改革行政主管部门会同省住房和城乡建设行政主管部门，负责审核和下达国有工矿、林业棚户区（危旧房）改造以及城镇保障性安居工程配套基础设施中央预算内投资年度计划。

第十一条　省财政主管部门会同省住房和城乡建设、发展和改革行政主管部门，根据国家资金计划和全省保障性安居工程年度建设计划，制定城镇保障性安居工程专项资金计划，报省人民政府批准后下达。

第十二条　城镇保障性安居工程建设项目用地指标，由省国土资源行政主管部门在年度用地计划中单列。

列入用地指标的储备用地，不得擅自改变用途。

第十三条　公共租赁住房应当优先采取在商品住房项目中配建的方式建设，也可以通过集中建设、改（扩）建、收购、长期租赁、公有住房转换等方式筹集。

公共租赁住房应当满足基本居住使用功能，新建公共租赁住房单套建筑面积不得超过六十平方米。

第十四条　城市人民政府应当按照法律、法规的规定，采取原地或者异地建设安置住房、向被征收人支付货币补偿款的方式进行棚户区改造安置；也可以通过招标的方式，购买本地存量商品住房作为棚户区改造安置房源，或者引导被征收人自愿购买本地存量商品住房。

被征收人自愿购买本地存量商品住房的，城市人民政府可以搭建服务平台，将户型适合的本地存量商品住房作为棚户区改造安置房源，并统一登记、统一管理，按照被征收人意愿组织购买；在被征收人与建设单位签订购房合同后，将货币补偿款统一支付给建设单位。已购住房价格高于被征收住房补偿额度部分，由被征收人承担；低于被征收住房补偿额度部分，由城市人民政府与被征收人结算差价。

城市人民政府应当结合本地实际和被征收人住房状况，合理确定多层次的棚户区改造安置住房户型面积，最低保障户型单套建筑面积不得小于四十平方米。

第十五条　城镇保障性安居工程建设项目规划和建筑设计方案应当采用比选方式择优确定，做到布局合理、功能齐全、设施完备，体现北方寒地特色。

集中建设的城镇保障性安居工程建设项目选址，应当充分考虑居民就业、就医、就学和出行等需要，优先选择交通便利、基础设施和公共服务设施较为完备的区域。

第十六条　城市人民政府应当根据当地实际，确定商品住房建设项目和棚户区改造项目配建公共租赁住房比例。

第十七条　城镇保障性安居工程建设项目应当配建公共服务设施和市政公用基础设施。配建商业和综合服务设施的经营、出售收入，城市人民政府应当优先用于保障性安居工程项目建设和公共租赁住房的维护。

第十八条　城镇保障性安居工程建设项目应当执行住宅设计规范和国家强制性标准。城市人民政府应当按照节能、环保、宜居的要求，推广使用先进技术和工艺、新型材料和设备，并开展棚户区改造示范项目评选，逐步实施绿色建筑标准。

第十九条　棚户区改造项目建设资金、公共租赁住房建设和租赁补贴资金包括：

（一）各级财政安排资金；

（二）土地出让净收益不低于百分之十比例的资金；

（三）企业和个人非政府债务性质投入、政府债券和社会捐助等。

住房公积金增值收益扣除管理费和风险准备金之后的余额，可以用于公共租赁住房建设。

第二十条　城市人民政府可以通过推行公私合作等方式，吸引社会资金参与城镇保障性安居工程建设。

银行业金融机构应当将信贷资金优先投放城镇保障性安居工程建设。

国家规定的政府举债管理过渡期内，住房公积金试点城市的公积金管理机构在保证职工提取后，可以按照规定将不超过百分之五十比例的住房公积金结余资金用于城镇保障性安居工程建设贷款。

第二十一条　经审核列入城镇保障性安居工程建设规划和年度计划的建设项目，按照规定享受有关优惠政策。

第三章　质量安全

第二十二条　城镇保障性安居工程应当严格执行基本建设程序，坚持先勘察、后设计、再施工的原则。

第二十三条　城镇保障性安居工程建设，应当实行招标投标制、项目法人责任制、合同管理制和工程建设监理制等相关制度。

财政资金和政府贷款达到投资额百分之三十以上的城镇保障性安居工程建设项目，其大宗建筑材料应当按照法律、法规规定的方式实行集中采购，降低工程造价成本。

第二十四条　建设单位不得以低于成本价中标方式发包工程，不得任意压缩合理工期；不得明示或者暗示设计单位、施工单位违反工程建设强制性标准，降低建设工程质量。

施工单位使用的建筑材料、建筑构配件和设备应当符合国家和省有关标准、设计要求和合同约定。

第二十五条　在城镇保障性安居工程建设项目设计文件规定的使用期限内，建设单位及其主要负责人对工程质量承担全部责任，勘察、设计、施工、监理、审图、检测单位及其主要负责人、项目负责人依法承担相应的工程质量责任。

第二十六条　施工单位应当建立健全安全生产责任制度，签订安全生产责任书，明确单位主要负责人、分管负责人以及其他从业人员的责任内容和考核奖惩等事项。

施工单位应当保障安全生产管理制度的落实，建立安全生产管理档案。

第二十七条 城镇保障性安居工程建设项目应当进行分户验收；分户验收不合格的，建设单位不得组织竣工验收。

城镇保障性安居工程建设项目竣工验收合格后，建设单位应当按照国家有关规定设置永久性标识，记载承担相应质量责任的建设、勘察、设计、施工、监理、审图、检测单位名称及其主要负责人姓名。

第四章 分配运营

第二十八条 公共租赁住房保障对象为城镇中等偏下和低收入住房困难家庭、新就业无房职工和在城镇稳定就业的外来务工人员家庭（以下简称住房保障对象）。

第二十九条 棚户区改造安置住房和公共租赁住房应当在竣工交付后六个月内分配。

第三十条 城市人民政府应当根据当地实际，结合居民收入、住房状况等，按照国家和省有关规定，定期合理确定住房保障对象条件和住房保障标准，完善住房保障申请、联合审核、公示、轮候、复核和失信惩戒制度，并依法向社会公布。

第三十一条 符合住房保障对象条件的每一家庭只能申请一套公共租赁住房。

住房保障对象应当如实申报家庭住房、收入和财产状况，声明同意审核机关调查核实。审核机关调查核实时，有关部门和个人应当依法提供便利。

第三十二条 公共租赁住房配租实行轮候制度，轮候期限不得超过五年。公共租赁住房轮候的具体办法，由城市人民政府按照当地实际制定。

有下列情形之一的，轮候期间同等条件下可以优先分配：

（一）享受最低生活保障的家庭或者生活困难的残疾人家庭；

（二）孤寡老人；

（三）家庭成员中有重点优抚对象或者获得省部级以上劳动模范、全国英模称号的；

（四）符合条件的单亲家庭；

（五）法律、法规、规章规定的其他情形。

住房保障对象在轮候期间不再符合保障条件的，应当如实向安居工程管理部门申报，退出轮候。安居工程管理部门发现保障对象在轮候期间不符合保障条件的，取消其轮候资格；对虚假申报的，记入个人信用档案，在轮候等环节重点监督。

第三十三条 住房保障对象取得公共租赁住房承租资格后，应当与房屋产权人签订租赁合同。公共租赁住房的租赁合同应当载明租金、租期和使用要求，以及解除合同、退出、收回住房的条件和处理办法等内容。

公共租赁住房的租赁合同期限不得超过五年。租赁期满需要续租的，承租人应当在合同期满前三个月内重新提出申请，安居工程管理部门应当对其是否仍然符合保障条件予以审核。

第三十四条 住房保障对象应当自收到公共租赁住房入住通知之日起三十日内办理手续。无正当理由，逾期未办理入住手续的，其承租资格自动丧失。

住房保障对象取得公共租赁住房承租权后，通过购买、继承、赠予等方式取得住房的，或者因其他原因不再符合保障条件的，应当自条件发生变化之日起三个月内，向安居工程管理部门说明情况，并按照合同约定退出公共租赁住房。

第三十五条 住房保障对象承租公共租赁住房时，应当合理使用，不得破坏房屋结构、损坏房屋配套设施或者擅自装修。

第三十六条 住房保障对象有下列情形之一的，安居工程管理部门应当书面送达公共租赁住房收回通知书，收回公共租赁住房：

（一）无正当理由，闲置所承租的公共租赁住房超过六个月的；

（二）无正当理由，累计六个月未缴纳租金的；

（三）转租、转借、擅自调换所承租公共租赁住房的；

（四）改变所承租公共租赁住房用途的；

（五）损毁、破坏公共租赁住房拒不赔偿，或者擅自装修、改变房屋结构和配套设施拒不恢复原状的；

（六）以弄虚作假等不正当手段取得公共租赁住房的；

（七）利用公共租赁住房从事违法活动的。

安居工程管理部门应当对被收回公共租赁住房的住房保障对象规定合理的搬迁期限。

第三十七条 公共租赁住房应当根据特困救助户住房困难家庭、享受最低生活保障住房困难家庭、低收入住房困难家庭、中等偏下收入住房困难家庭不同情况，实行差别化租金。对符合条件的特困救助户住房困难家庭，应当减免租金。

城市人民政府价格主管部门会同同级安居工程管理部门，按照不高于同类地段、同品质住房市场租金百分之七十的比例确定公共租赁住房租金标准。

公共租赁住房租金标准和减收比例，经本级人民政府批准后公布实施。公共租赁住房租赁合同约定的租金数额，应当根据城市人民政府批准的公共租赁住房租金标准确定。

第三十八条 公共租赁住房的租金由房屋所有权人或者经营单位收取，缴入同级国库，专项用于偿还公共租赁住房贷款本息以及公共租赁住房的管理和维护。

第三十九条 住房保障对象拖欠公共租赁住房租金的，应当依据合同约定补缴；所承租的公共租赁住房被收回的，应当按照规定期限搬迁；拒不补缴房屋租金、无正当理由拒不搬迁的，房屋所有权人可以依法向人民法院申请强制执行。

第四十条 住房保障对象退出公共租赁住房的，应当结清承租期间产生的费用，包括房屋租金、供热费、物业服务费、垃圾处理费、水费、电费、燃气使用费等。

公共租赁住房退出、被收回或者租赁合同被解除的，住房保障对象在搬迁期限内的房屋租金，按照租赁合同约定的标准收取；应当退出逾期未退出的，按照市场租金标准收取。

第四十一条　棚户区改造应当按照法律、法规、规章的规定，对安置住房的产权进行确认。符合法定条件的，城市人民政府房屋产权登记机关应当依法为其办理商品住房产权登记。法律、法规、规章另有规定的，从其规定。

第四十二条　集中建设的公共租赁住房小区、棚户区改造安置小区和配建公共租赁住房小区的物业服务，可以实行业主自治管理。

棚户区改造安置居民和公共租赁住房承租人应当按时交纳物业服务费。

城市人民政府可以根据实际情况，对住房困难的特困救助家庭和享受最低生活保障家庭的物业服务费给予补助。

第五章　监督管理

第四十三条　省住房和城乡建设、发展和改革、财政等相关部门应当每年不定期对城镇保障性安居工程建设进展情况进行监督检查。

第四十四条　棚户区改造回迁安置、补偿和公共租赁住房轮候、分配过程应当公开透明，接受新闻媒体和社会各界监督。

城市人民政府及其安居工程管理部门应当通过媒体和政府网站公布以下信息：

（一）保障性住房建设规划、年度计划及其执行情况；

（二）保障性住房建设项目和房源；

（三）住房保障对象信息和公共租赁住房的轮候、分配、退出等情况；

（四）违反保障性安居工程法律、法规、规章和相关政策行为的查处情况等。

第四十五条　安居工程管理部门应当建立举报投诉制度，公开举报投诉电话、信箱或者电子邮件地址，受理相关城镇保障性安居工程的举报或者投诉，并依法及时查处。相关部门收到举报、投诉后，应当按照各自职责依法调查处理，并答复举报人、投诉人。

第四十六条　安居工程管理部门应当按照规定时限，向同级统计部门和上一级安居工程管理部门上报城镇保障性安居工程建设和住房保障统计数据。

安居工程管理部门应当配合统计等有关部门，建立保障性安居工程统计信息分析与发布制度，及时审核评估统计数据，做好统计信息分析与发布工作。

第四十七条 安居工程管理部门应当建立城镇保障性安居工程纸质档案和电子档案，档案应当详细记载以下内容：

（一）公共租赁住房的建设、出租和分配情况；

（二）住房保障对象的申请、审核、轮候和公示情况；

（三）住房保障对象家庭人口、收入、财产、住房变化情况和公共租赁住房承租、退出情况；

（四）住房保障对象失信、违约情况；

（五）棚户区改造的项目名称、征收补偿方案、征收补偿协议情况；

（六）其他应当记载的内容。

第六章 法律责任

第四十八条 城市人民政府有下列行为之一，由上一级人民政府约谈问责、通报批评或者核减相关补助资金，并可以对主管负责人和其他直接责任人给予处分：

（一）未按照规定编制城镇保障性安居工程建设规划或者年度建设计划的；

（二）未按照规定筹集、拨付和使用城镇保障性安居工程资金的；

（三）未完成省人民政府确定的年度建设任务的。

第四十九条 安居工程管理部门和其他有关部门有下列行为之一，由有权机关按照相关规定，对其直接负责人和其他直接责任人员给予处分：

（一）向不符合条件的申请人提供公共租赁住房的；

（二）为公共租赁住房申请人或者其家庭成员出具虚假证明材料的；

（三）擅自变更公共租赁住房面积标准的；

（四）擅自变更租赁收费标准以及增减收费项目的；

（五）未按照规定建立城镇保障性安居工程档案的；

（六）未按照规定公示住房保障对象以及公共租赁住房分配、退出等信息的；

（七）无正当理由，棚户区改造安置住房和公共租赁住房在竣工交付后六个月内未分配的；

（八）未及时、准确上报数据以及上报虚假数据的；

（九）拒不配合安居工程管理部门对公共租赁住房申请人信息进行调查核实的。

第五十条　安居工程管理部门工作人员有下列行为之一，由有权机关依法处理：

（一）利用职务之便谋取不正当利益的；

（二）不依法履行法定职责的；

（三）滥用职权、徇私舞弊、玩忽职守的。

第五十一条　建设单位擅自改变城镇保障性安居工程用地性质、规划设计、建设标准以及有其他违法行为的，由相关部门依法予以处罚。

对城镇保障性安居工程建设项目参建单位的违法违规行为，应当依法给予处罚并记入企业信用档案。

第五十二条　建设单位在城镇保障性安居工程建设中，有下列行为之一的，由城市人民政府建设行政主管部门给予相应处罚：

（一）擅自降低建设工程质量的，责令改正；情节严重的，处二十万元以上五十万元以下的罚款。

（二）未按照规定设置保障性安居工程建设项目永久性责任标牌的，责令改正，并处二万元罚款。

第五十三条　施工单位在施工建设中偷工减料的，使用不合格建筑材料、建筑构配件和设备的，或者有不按照工程设计图纸或者施工技术标准施工的其他行为的，由城市人民政府建设行政主管部门责令改正，处工程合同价款百分之二以上百分之四以下的罚款；造成建设工程质量不符合规定质量标准的，负责返工、修理，并赔偿因此造成的损失；情节严重的，依法责令停业整顿，或者依法降低资质等级或者吊销资质证书。

施工单位未建立安全生产责任制度，未明确相关人员责任的，给予警告,并责令改正。

第五十四条 承租人有下列行为之一,由安居工程管理部门责令改正,并处一千元以下罚款;有违法所得的,处违法所得三倍以下罚款,但是最高不超过三万元,造成损失的,应当依法赔偿:

(一)无正当理由连续六个月以上闲置公共租赁住房的;

(二)转借、转租或者擅自调换所承租公共租赁住房的;

(三)改变所承租公共租赁住房用途的;

(四)损毁、破坏所承租的公共租赁住房拒不赔偿,或者擅自装修、改变房屋结构和配套设施,拒不恢复原状的;

(五)利用公共租赁住房从事违法活动的。

第七章 附 则

第五十五条 本办法所称公共租赁住房,是指由政府投资建设并运营管理的公共租赁住房;外来务工人员集中的开发区和工业园区,可以自行建设公共租赁住房,并参照本办法的规定自行运营和管理。

第五十六条 本办法自 2015 年 5 月 1 日起施行。

黑龙江省城市清除冰雪条例

(2014 年 8 月 14 日黑龙江省十二届人大常委会第十三次会议通过)

第一条 为了加强城市清除冰雪工作,保障道路畅通、出行安全和市容环境整洁,根据有关法律、法规,结合本省实际,制定本条例。

第二条 本省城市规划区内的清除冰雪活动,适用本条例。

清除冰雪的具体范围,由城市人民政府自行确定。

第三条 城市清除冰雪实行政府领导、部门管理、分区负责、全民参与的原则。

第四条 省住房和城乡建设行政主管部门监督指导本省城市清除冰雪工作。

城市人民政府确定的城市清除冰雪主管部门具体实施本条例。其他有关行政主管部门和单位按照各自分工，落实相关职责。

第五条 城市人民政府组织领导本辖区内清除冰雪工作，负责制定清除冰雪工作实施方案和灾害性降雪应急预案。

由城市人民政府承担的清除冰雪经费应当列入同级财政预算。

第六条 建立社会动员机制，落实全民义务清除冰雪责任制，实现清除冰雪范围内责任全覆盖。

城市清除冰雪主管部门负责组织清扫城市快速路、主次干路、桥梁、公共广场，以及未确定责任人的人行过街天桥和人行道的冰雪。

街道办事处负责组织清扫支路、巷道和未选聘物业服务企业的居民区内的冰雪；未设街道办事处的，由城市清除冰雪主管部门负责组织清扫。街道办事处和社区居委会负责监督落实已选聘物业服务企业居民区的清除冰雪责任。

第七条 本条例第六条规定以外的区域，按照下列规定确定清扫责任人：

（一）临街的建筑物墙体或者围栏至道路路边石（绿化带除外）区域，临街单位和工商业户为责任人。

（二）临街的建筑施工现场围挡至道路路边石（绿化带除外）区域，建设单位为责任人。

（三）露天集贸市场、封闭式或者收费停车场等公共区域，收费单位为责任人；没有收费单位的，管理单位为责任人。

（四）选聘物业服务企业的居民区，物业服务企业为责任人。

（五）机场高速等公路，高速公路经营企业或者公路管理机构为责任人。

（六）机关、团体、企事业单位、驻军等单位的自用自管区域，该单位为责任人。

（七）供排水、供热等管线渗漏形成的道路积冰区域，管线管理单位为责任人。

清扫冰雪责任区域未确定或者有争议的，由城市清除冰雪主管部门确定并书面告知。

第八条 城市清除冰雪可以采取市场化方式。采取市场化方式清除冰雪的，清扫、装运冰雪按照合同约定执行。

第九条 气象主管机构所属的气象台（站）应当负责加强灾害性降雪的预测预报，并向城市清除冰雪主管部门提供相关气象信息。可以预警的灾害性降雪即将发生或者发生的可能性增大时，城市人民政府应当依法发布相应级别的警报。

第十条 灾害性降雪发生时，城市人民政府应当及时启动应急预案。在应急处置期间，城市人民政府可以自行或者要求有关部门，依法采取以下措施：

（一）动员组织辖区内单位和个人；

（二）征用、调度社会清除冰雪物资、设备、交通运输工具和场地；

（三）实施交通管控措施，拖移妨碍清除冰雪作业的占道车辆；

（四）适当调整中小学校以及幼儿园上课时间；

（五）实行机关、企事业单位上班时间错峰错时安排；

（六）其他应急措施。

组织冰雪抢险救灾需要军队参加的，省人民政府或者城市人民政府依法向当地军事机关或者驻军部队提出救助请求。

第十一条 城市快速路、主次干路的冰雪，应当及时清除，保持道路畅通。

城市快速路、主次干路（含其桥梁、坡路车行道）的冰雪清扫，属于小雪、中雪量级的，应当在降雪停止后 24 小时以内完成；属于大雪量级的，应当在降雪停止后 48 小时以内完成。城市其他道路和区域的冰雪清扫，按照小雪、中雪、大雪的量级，应当分别在降雪停止后 24 小时、48 小时和 72 小时以内完成。

城市快速路、主次干路（含其桥梁、坡路车行道）的冰雪外运，应当在同量级降雪清扫时限后的 12 小时以内完成；其他道路和区域的冰雪需要外运的，应当在同量级降雪清扫时限后的 24 小时以内完成。

鼓励即下即清，连续降雪超过 12 小时的，清雪责任单位应当进行清雪。暴雪（灾害性降雪）的清扫和外运时限，由城市人民政府规定。

供排水、供热等管线渗漏形成的道路积冰，应当在管线渗漏修复后 3 日内，完成清除和外运。

第十二条　清扫城市快速路、主次干路、桥梁、坡路车行道以及人行道的冰雪，应当露出原路面；清扫其他道路和区域的冰雪，应当达到不影响行人和车辆通行的标准。

建筑物、构筑物的管护单位或者使用人，应当及时清除因冰雪融化产生的冰溜。无管护单位或者使用人的，由街道办事处负责组织清除。

公园、广场、风景区、景观带等区域，在保证行人安全通行的情况下，可以保留冰雪景观。具体区域由管理部门确定。

省住房和城乡建设行政主管部门应当制定冰雪清扫装运技术规范。

第十三条　清扫的冰雪应当堆放到指定地点。任何单位和个人不得在道路交叉口、消防通道以及公共交通站台（点）、垃圾容器、公共厕所等公共设施周围堆放冰雪，不得向雪堆倾倒垃圾污物，不得向道路、广场等公共区域抛洒冰雪、液体。

第十四条　城市清除冰雪主管部门或者街道办事处负责组织装运城市公共区域的冰雪。

自用自管区域的冰雪需要外运的，由责任人自行装运或者委托其他运输企业装运。居民区的冰雪需要外运的，由物业服务企业清扫或者街道办事处组织清扫到指定地点，城市清除冰雪主管部门组织装运。

冰雪装运应当场清雪净，装运的冰雪应当运送到城市人民政府指定的冰雪消纳场地，不得沿途遗撒或者倾卸。

第十五条　鼓励城市清除冰雪少用或者不用融雪剂，实行绿色清除冰雪。必要时，城市快速路、主要干路以及坡路、引桥、环岛可以使用融雪剂。使用融雪剂的道路和区域应当在 4 小时内完成清扫。融雪剂的撒播区域应当设置明显标志。

城市人民政府可以制定严于本条例规定的融雪剂使用范围，并自行确定灾害性降雪时融雪剂的使用范围。

融雪剂由城市清除冰雪主管部门统一采购，统一分发。采购的融雪剂及其使用，应当符合国家和省相关技术标准。

含有融雪剂的冰雪，应当单独堆放，并运送到城市人民政府指定的场所集中处理，不得在树木、花坛、绿地及其周围堆放。

第十六条 城市人民政府应当按照国家和省有关清除冰雪作业标准定额加大资金投入，提高清除冰雪机械化程度。

城市清除冰雪主管部门应当加强对政府采购的清除冰雪机械设备的管理。机械设备使用单位应当定期检修保养并入库管理，提高机械设备的使用效率和寿命。

第十七条 公安机关交通管理部门可以根据城市清除冰雪作业需要，采取临时交通管控措施，设置禁行、缓行、绕行、禁停等交通标志。

清除冰雪作业单位应当加强作业安全管理，定期对专业作业人员进行安全培训，并配发安全作业装备。

行人和车辆应当主动避让清除冰雪作业车辆以及现场作业人员。夜间实施清除冰雪作业时，作业单位应当设置必要的警示、反光标志。

清除冰雪作业车辆在作业期间，可以在收费停车场免费临时停放。

第十八条 清除冰雪作业时，不得损坏城市市政公用设施、树木、绿化带和景观带。

第十九条 在街路两侧停放的车辆，不得妨碍清除冰雪作业。

机动车驾驶人应当在机动车前风挡明显位置上预留移动车辆电话，并按照清除冰雪作业要求移动车辆。

第二十条 城市人民政府应当建立清除冰雪监督检查制度，公布清除冰雪监督举报电话和电子信箱，及时受理社会投诉。

新闻媒体应当加强对城市清除冰雪工作的宣传报道，及时播发、刊登气象信息，并对清除冰雪工作开展不力、妨碍作业以及破坏作业成果的行为予以曝光。

第二十一条 城市人民政府违反本条例规定，有下列情形之一的，按照有关法律、法规给予主要负责人、直接责任人行政处分：

（一）未制定城市清除冰雪工作实施方案和灾害性降雪应急预案的；

（二）灾害性降雪发生时，未及时启动应急预案或者未依法采取应急措施的；

（三）组织、督导、检查清除冰雪工作不力的；

（四）未按照规定指定集中处理含有融雪剂冰雪场所的；

（五）其他依法应当给予行政处分的情形。

第二十二条 城市清除冰雪主管部门违反本条例规定，有下列情形之一的，按照有关法律、法规给予主要负责人、直接责任人行政处分：

（一）未按照规定划分和落实清扫冰雪责任区域的；

（二）未按照规定的时限和质量标准完成组织清除冰雪任务的；

（三）灾害性降雪应急预案启动后，未按照要求落实工作责任的；

（四）督导、检查清除冰雪工作不力的；

（五）违反规定采购、分发、使用融雪剂的；

（六）未按照规定管理政府采购的清除冰雪机械设备的；

（七）其他依法应当给予行政处分的情形。

其他有关行政主管部门和单位未按照本条例规定履行相应职责的，依法给予相关责任人行政处分。

第二十三条 单位和个人违反本条例规定，有下列情形之一的，由城市清除冰雪主管部门或者实行相对集中行政处罚权的部门责令限期改正；逾期不改正的，按照下列规定予以行政处罚：

（一）未按照规定时限和标准清扫冰雪的，处以每平方米30元罚款；

（二）未按照规定堆放冰雪的，处以每立方米50元罚款；

（三）向道路、广场等公共区域抛洒冰雪、液体或者向雪堆倾倒垃圾污物的，处以500元罚款；

（四）装运冰雪过程中，沿途遗撒或者倾卸冰雪的，处以每立方米50元罚款；

（五）未按照要求清除因管线渗漏形成的道路积冰的，处以每平方米

100 元罚款。

停放车辆妨碍清除冰雪作业，无法联系机动车驾驶人或者机动车驾驶人拒绝移动车辆的，由公安机关交通管理部门依法处理。

未按照规定及时清除冰溜的，责令限期改正；造成损害的，依法承担赔偿责任。

第二十四条　单位和个人违反本条例规定，有下列情形之一的，由城市清除冰雪主管部门或者实行相对集中行政处罚权的部门按照下列规定予以行政处罚：

（一）未按照规定和技术标准使用融雪剂的，处以每平方米 500 元罚款；

（二）未按照要求堆放或者运送含有融雪剂冰雪的，处以每立方米 500 元罚款。

第二十五条　本条例所称小雪、中雪、大雪、暴雪（灾害性降雪）根据国家气象部门发布的量级标准确定。

第二十六条　县人民政府所在地的镇和国有重点林区、垦区内的小城镇的清除冰雪工作，按照本条例执行。

其他建制镇的清除冰雪工作，参照本条例执行。

第二十七条　城市人民政府可以根据本条例制定具体实施办法。

第二十八条　本条例自 2014 年 10 月 1 日起施行。

（资料整理　冯庆祥*）

---

　*　冯庆祥，黑龙江省城镇建设研究所高级工程师，研究方向为城镇基础设施建设。

后　记

以黑龙江省社会科学院和黑龙江省城镇建设研究所领导及专家学者为主，历经半年多时间的研创，撰写的《黑龙江住房和城乡建设发展报告（2016）》一书与读者见面了。

2015 年是"十二五"收官之年。本书以习近平总书记"四个全面"战略布局为指导思想，客观回顾了"十二五"期间黑龙江省住房和城乡建设取得的成就，分析了纷繁复杂的国内外发展环境变化给当前及今后黑龙江省住房和城乡建设带来的影响，展望了"十三五"黑龙江省住房与城乡建设的发展趋势；提出了一些具有前瞻性、针对性、可行性的对策和建议。

本书按照黑龙江省委、省政府工作部署和要求，在黑龙江省社会科学院、黑龙江省住房和城乡建设厅领导的大力支持下，在社会科学文献出版社的鼎力协助下完成出版的第一部研究"黑龙江省住房与城乡建设发展"的专题著作。

从本书的选题到最终的专题拟定，从篇章结构的组成到最终定稿，省社会科学院院长朱宇、省住房和城乡建设厅副厅长杨春青、省社会科学院经济所所长王爱新研究员、省城镇建设研究所所长李若冰同志、省社会科学院经济研究所副所长程遥研究员等都进行了反复认真的研讨，凝聚众智得以完成。另外，省社会科学院的刘懿锋、冉政语、宋晓丹同志，省城镇建设研究所的冯庆祥、张钧志同志不辞辛苦承担了两单位的联系工作。

在本书的完成过程中，召开了开题会、统稿会和多次研讨会。哈尔滨市社会科学院经济研究所所长曾燕南研究员、《龙江房地产》杂志编辑白萍等分别对报告撰写提出了指导意见。

最后，在本书的最终定稿过程中，省住房和城乡建设厅各有关处室领导也进行了认真审读，提出了宝贵的修改意见，在此表示衷心的感谢。由于作者对资料搜集、分析、提炼等原因，致使报告可能会存在一定的问题和不足，恳请诸位领导、专家和广大读者提出宝贵意见。

编　者

2015 年 10 月 25 日

图书在版编目（CIP）数据

黑龙江住房和城乡建设发展报告.2016："十二五"回顾与"十三五"前瞻/朱宇，杨春青主编. —北京：社会科学文献出版社，2015.12

ISBN 978 - 7 - 5097 - 8576 - 8

Ⅰ.①黑…　Ⅱ.①朱…　②杨…　Ⅲ.①住宅建设 - 研究报告 - 黑龙江省 - 2016②城乡建设 - 研究报告 - 黑龙江省 - 2016　Ⅳ.①F299.273.5

中国版本图书馆 CIP 数据核字（2015）第 312984 号

黑龙江住房和城乡建设发展报告（2016）
——"十二五"回顾与"十三五"前瞻

主　　编/朱　宇　杨春青
副 主 编/李若冰　王爱新
执行主编/程　遥

出 版 人/谢寿光
项目统筹/任文武
责任编辑/高　启　王　颉

出　　版/社会科学文献出版社·皮书出版分社（010）59367127
　　　　　地址：北京市北三环中路甲29号院华龙大厦　邮编：100029
　　　　　网址：www. ssap. com. cn
发　　行/市场营销中心（010）59367081　59367090
　　　　　读者服务中心（010）59367028
印　　装/北京季蜂印刷有限公司

规　　格/开　本：787mm × 1092mm　1/16
　　　　　印　张：22.25　字　数：341 千字
版　　次/2015 年 12 月第 1 版　2015 年 12 月第 1 次印刷
书　　号/ISBN 978 - 7 - 5097 - 8576 - 8
定　　价/68.00 元